KB123096

한국과 동아시아
동궁 연구

전덕재 · 나용재 · 김문식 · 최재영 · 강은영

도서출판
역사산책

책을 펴내며

  동궁(東宮)은 국왕이 거처하는 정궁(正宮)의 동쪽에 위치한 건물이라는 의미로서 춘궁(春宮) 또는 청궁(靑宮)이라고도 불렀고, 거기에 태자(또는 세자)가 거처하였기 때문에 태자(또는 세자)를 가리키는 용어로도 함께 사용되었다. 중국에서 처음에 동궁은 주(周) 왕실이 분봉한 제후를 지칭하거나 또는 지명과 방위상 동쪽에 있는 건축물을 가리키는 범칭이었다. 전한시대(前漢時代)에 동궁은 태자뿐만 아니라 황태후(皇太后) 또는 황태후의 거처를 가리키는 용어로 쓰였다고 알려졌다. 후한대(後漢代)부터 비로소 동궁이 태자를 가리키거나 또는 태자가 거처하는 공간이라는 의미로 사용되기 시작하였고, 위진남북조에 이르러 동궁제도가 체계적으로 정비되기에 이르렀다. 일본에서는 6세기 말 이후에 차기 황위계승자가 정전의 동남쪽에 위치한 전각에 거처하였다고 추정되고 있다. 율령체제가 성립된 8세기에 이르러 비로소 동궁에 황태자가 거처하기 시작하였고, 이에 따라 동궁과 관련된 여러 제도를 체계적으로 정비한 것으로 확인된다.

  우리나라에서는 삼국통일 이전에 고구려와 백제, 신라에서 태자가 거처하는 공간을 동궁이라고 부르고, 태자를 동궁이라고 별칭하였음을 알려주는 기록을 찾을 수 없다. 『삼국사기』에 679년(문무왕 19)에 신라에

3

서 처음으로 동궁을 건립하였다고 전하지만, 통일신라에서 태자를 동궁이라고 별칭하였다는 구체적인 자료를 발견할 수 없다. 통일신라에서 태자가 동궁에 거처한 것은 사실이다. 그러나 동궁 내에 국왕이 자주 연회를 개최한 임해전(臨海殿) 및 국왕과 관련된 만수방(萬壽房) 등이 위치하였기 때문에 당시에 동궁을 순수하게 태자의 전용공간이라고 인식하지 않았고, 이로 말미암아 통일신라에서 태자를 동궁이라고 별칭하지 않은 것으로 추정된다. 그럼에도 불구하고 통일신라에서 동궁관(東宮官)을 두어 동궁과 관련된 제도를 체계적으로 정비하였음이 확인된다. 월지(月池: 안압지)에서 출토된 목간과 금석문을 통하여 동궁 내에 사정당(思正堂)과 우궁(隅宮) 등의 건물이 존재하였음을 알 수 있다. 또한 근래에 월지 동쪽 지역을 발굴하면서 동궁 내에 위치한 건물의 변천과정 등에 대한 이해가 약간 진전되었다고 볼 수 있다. 그러나 여전히 신라 동궁에 대한 이해는 초보적인 수준을 벗어났다고 말하기 어려운 실정이다.

고려시대에 태자(또는 세자)가 정궁의 동쪽에 위치한 동궁에 거처하고, 그것이 비로소 태자를 가리키는 용어로 널리 사용되었다. 지금까지 고려의 태자를 대상으로 하는 정치사 및 책봉의례, 동궁 부속 관서의 운영 실태를 밝히는 연구가 중심을 이루었고, 개경에 위치한 고려 동궁의 규모나 거기에 위치한 전각의 구조에 대해서는 연구가 미흡한 편이었다고 평가할 수 있다. 이에 반해 조선시대 동궁의 구조와 기능에 대해 알려주는 자료가 비교적 많이 남아 있는 편이고, 게다가 동궁의 건물 명칭과 배치를 기재한 도면도 다수 전하고 있기 때문에 조선시대 동궁의 구조와 건물 배치, 동궁제도에 대한 연구와 이해는 상당히 심화되었다고 보아도 과언이 아니다.

근래에 경주시에서는 신라의 동궁과 월지(안압지)를 복원하기 위한 다양한 사업을 전개하였다. 이 사업의 일환으로 2010년부터 한국전통문화대학교에서 '경주 동궁과 월지 종합정비 기본계획'을 마련하는 연구과제를 수행하여, 2014년에 '동궁과 월지 복원 세부계획 수립 및 기본설계'라는 보고서를 발간하였다. 위의 보고서에서 신라 동궁과 월지의 공간구성을 기능을 중심으로 정사공간(政事空間), 장수공간(藏修空間), 유식공간(遊息空間)으로 분류한 다음, 월지 서편에 위치한 6동의 건물에 대한 당호(堂號)와 문호(門號)를 확정지어 제안하였는데, 예를 들어 중문은 인화문(仁化門), 정전은 홍인전(弘仁殿), 편전은 평의전(平議殿), 동쪽 협문은 임해문(臨海門), 북쪽 협문은 현덕문(玄德門), 서쪽 협문은 망은문(望恩門), 침전은 서란전(瑞蘭殿), 강학공간은 숭의각(崇義閣), 서고는 장경각(藏經閣), 연회시설은 월영루(月迎樓), 휴식공간은 청연각(靑淵閣), 연회시설은 임해전(臨海殿)이라고 제안한 것이다. 그러나 이와 같은 제안은 각종 문헌과 금석문 등에 전하는 당호(堂號)와 문호(門號)에 기초한 것이 아니었기 때문에 학계에서 많은 비판을 받았고, 이에 대한 보다 체계적이고 종합적인 연구의 필요성이 제기되었다. 본서는 바로 이와 같은 문제의식에서 기획된 것이라고 말할 수 있다.

본서에서는 먼저 신라 동궁의 운영과 동궁에 부속된 관청, 동궁 내에 위치한 임해전의 성격을 규명한 논고를 게재하였다. 이 논고에서는 한국 고대의 문헌과 금석문, 목간 등에 전하는 신라 동궁과 거기에 위치한 당호 및 문호의 기능, 동궁 및 월지 구역에서 발굴 조사된 건물지의 성격과 용도를 검토하고, 이와 더불어 신라 동궁 및 그와 관련된 제도의 변천과정을 집중적으로 조명하였다. 이어서 고려와 조선시대 동궁의 성격 및 건물 배치 현황, 동궁제도에 대해 검토한 논고를 게재하고, 마지막으로 한국 동궁의 기원과 변천과정에 대한 이해를 심화시키기 위해 선진시대(先秦時代)에서 수·당대(隋·唐代)에 이르는 중국의 동궁 및 동궁제도의 변천을 다룬 논고, 고대 일본 동궁의 성립과 변화과정 등을 살핀 논고를 수록하였다.

본서를 통해 우리나라 동궁의 역사에 대한 종합적이면서도 체계적인

5

이해가 어느 정도 가능해질 것으로 짐작된다. 아울러 중국에서 정비된 동궁제도가 한국, 일본으로 전래되면서 어떻게 변모되었는가에 대한 이해도 심화될 것으로 기대된다. 나아가 우리나라 동궁과 중국 및 일본 동궁에 대한 비교 검토를 통해 우리나라 동궁의 특징적인 면모, 동아시아 궁궐사에서 차지하는 우리나라 궁궐 및 동궁의 역사적 위상을 규명하기 위한 기초 작업으로서 널리 주목을 받을 것으로 믿어 의심치 않는다. 그리고 향후 신라와 고려, 조선의 동궁 건물 복원을 위한 계획을 수립할 때에도 본서가 커다란 참고가 될 것으로 확신하는 바이다. 다만 본서는 여러 학자의 연구성과를 묶어서 출간한 것이기 때문에 논리적 일관성과 체계성이 부족하다는 점을 고백하지 않을 수 없다. 아울러 수·당대 이후 중국과 율령국가 이후 일본 동궁의 변천을 검토한 논고를 망라하지 못하였다는 점도 한계로 지적할 수 있을 것이다. 이와 같은 한계는 추후에 수정, 보완할 것을 약속한다.

본서를 기획하는 데에 경주시와 경북문화재연구원의 지원과 배려가 크게 도움이 되었다. 이 자리를 빌어 감사의 말을 전하는 바이다. 아울러 어려운 환경 속에서도 본서의 출간을 기꺼이 허락해주신 역사산책 출판사의 박종서 사장님에게도 감사를 표하고자 한다.

2018년 5월 필자 謹識.

차 례

01

신라 동궁의 변화와 임해전의 성격

• • •

전 덕 재 (단국대학교 문과대학 사학과 교수)

머리말

『삼국사기』 신라본기에 문무왕 19년(679)에 동궁(東宮)을 창조(創造)하였다고 전하는데, 중국 사서에서 인용한 기록을 제외한다면, 이것이 『삼국사기』에 처음 나오는 동궁의 용례라고 볼 수 있다. 이후 시기의 『삼국사기』 기록에서 태자가 거처하는 건물 그 자체를 가리키는 동궁의 용례만이 발견되고, 태자(太子) 그 자체를 가리키는 용례를 확인할 수 없다. 비록 『삼국유사』에서 그러한 용례를 찾을 수 있지만, 당나라의 사례에 해당하거나 또는 고려시대에 부회한 것이기 때문에 신라인들이 동궁을 태자를 가리키는 용례로 사용하였다는 증거로 삼기 어렵다. 이는 태자(太

子)가 거처하는 건물이 정궁(正宮)의 동쪽에 위치하지 않았거나 또는 비록 정궁의 동쪽에 있어 동궁이라고 불렸다고 하더라도 그것이 태자의 전용 공간이라고 인식되지 않았음을 반영하는 것이다. 다만 경덕왕 11년(752)에 동궁아(東宮衙)와 동궁관(東宮官)을 설치하고, 어룡성(御龍省)과 세택(洗宅) 등을 비롯한 여러 관청을 동궁관에 소속케 하는 조치를 취하였는데, 이에 따라 동궁의 성격이나 위상에 무엇인가 약간의 변화가 있었을 가능성을 상정해볼 수 있다.

주지하듯이 동궁 내에 임해전(臨海殿)이 존재하였다. 『삼국사기』 신라본기에 국왕이 임해전에서 백관(百官) 또는 귀한 손님을 위하여 연회를 베풀었다는 기록이 여럿 전한다. 태자는 동궁에 기거하면서 정사업무를 처리하였음이 분명하다. 여기서 문제는 임해전이 과연 태자가 정사업무를 처리하던 전각으로 볼 수 있느냐에 관해서이다. 임해전에서 국왕이 백관들을 위하여 자주 연회를 개최하였음을 감안한다면, 과연 임해전을 태자가 정사업무를 처리하거나 여러 의례를 거행하던 전각(殿閣)으로 볼 수 있느냐에 대한 의문이 제기될 수 있기 때문이다.

본고는 경덕왕 11년 동궁아와 동궁관 설치 이후 동궁의 성격 변화와 아울러 동궁 내에 위치하면서도 국왕이 자주 연회를 베풀었던 임해전의 성격을 규명하기 위하여 준비된 것이다. 본고에서는 경덕왕 11년 동궁관과 동궁아의 설치 이후에 동궁이 태자의 활동공간이라는 인식이 널리 공유되었지만, 이럼에도 불구하고 신라 말기까지 동궁은 국왕의 공간인 임해전을 포괄하고 있는 복합적인 성격을 지녔음을 밝히는 데에 초점을 맞출 것이다. 본고가 향후 신라 동궁과 임해전의 성격에 대한 이해와 연구를 심화시키는 데에 조금이라도 도움이 되었으면 하는 바람이며, 많은 질정을 바란다.

Ⅰ. 동궁과 월지 연구동향과 문제점

안압지(雁鴨池)라는 명칭은『삼국사기』와『삼국유사』등 조선 이전의 문헌과 금석문 등에서 찾을 수 없다. 조선 초기 생육신(生六臣)의 하나였던 김시습(金時習)이 지은 '안하지구지(安夏池舊址)'란 시가 있는데, 여기서 안하 지가 바로 안압지를 가리킨다. 조선 성종과 중종 때에 편찬된『동국여지 승람』과『신증동국여지승람』, 조선 후기에 편찬된『동경잡기(東京雜記)』 와 다양한 시와 문집에 안압지(雁鴨池)라는 명칭이 보인다. 그리고 이들 자료에서 안압지 서편에 위치한 임해전지(臨海殿址)는 옛 신라의 고궁(古宮) 터라고 기록하였다. 조선시대에 '안압지'란 명칭을 널리 사용하였고, 그 서편에 위치한 임해전지를 신라의 고궁 터라고 이해하였음을 알려준다.

『삼국사기』신라본기에 '문무왕 14년(674) 2월에 궁궐 안에 연못을 파 고 산을 만들어 화초를 심고 진기한 새와 기이한 짐승을 길렀다'고 전하 고, 이어 '문무왕 19년 8월에 동궁을 창조(創造)하고 궁궐 안팎의 여러 문 이름을 처음으로 정하였다'고 전한다. 조선시대에 문무왕 14년에 조 성한 연못의 이름이 전해지지 않았고, 신라 멸망 이래 수백 년이 지나면 서 안압지 주변에 조성한 산에서 깎여 내려온 흙과 홍수 등 천재지변으 로 연못이 본래의 모습을 잃고 못 안이 거의 흙으로 매몰된 상태였는데, 이러한 연못에 갈대와 부평초(浮萍草)가 무성하고 이 사이를 기러기와 오 리들만 날아다니자, 조선의 시인묵객들이 이 연못의 이름을 안압지라고 불렀던 것으로 이해된다.

그런데 1974년과 1975년에 걸쳐 안압지를 발굴조사한 결과, 연못 안 에서 명문이 있는 유물이 100여 점 출토되었다. 이 가운데에는 '동궁아 일(東宮衙鎰)'명 철제자물쇠, '세택(洗宅)'명 토기와 목간, '태자(太子)'명 목제 뚜껑과 목간, '용왕신심(龍王辛審)' 및 '신심용왕(辛審龍王)'명 토기 등이 포함되었다. 세택은 동궁 관청의 하나였고, '용왕신심' 및 신심용왕'명 토기는 동궁 관청의 하나인 용왕전(龍王典)과 관련이 깊다고 볼 수 있다. 종래에 이것들과 더불어 '동궁아일'명 철제자물쇠, 동궁이 월성 안에 위치한 대궁(大宮), 즉 정궁(正宮)의 동쪽에 위치한 궁궐이라는 뜻인 점, 안압지가 월성의 동쪽에 위치하였다는 점 등을 두루 고려하여 안압지 근처에 동궁(東宮), 즉 태자궁이 위치하였다고 이해하는 것이 일반적이었다. 그리고 나아가 안압지 서편에 위치한 임해전지가 바로 동궁의 핵심 건물이라고 추정하기도 하였다.[1]

한편 『삼국사기』 신라본기에 '헌덕왕 14년(822) 봄 정월에 왕의 동모제(同母弟)인 수종(秀宗)을 부군(副君)으로 삼아 월지궁(月池宮)에 들어가게 하였다'고 전하고, 녹진열전에 '(헌덕왕) 14년(822)에 국왕에게 왕위를 이을 아들이 없으므로 동복(同腹) 아우 수종을 저이(儲貳)로 삼아 월지궁에 들게 하였다'고 전한다. 여기서 부군과 저이는 태자의 별칭이다. 따라서 위의 기록에 의거하건대, 헌덕왕 14년에 수종을 태자로 삼고 월지궁에 들어가 기거하게 하였다고 이해할 수 있다. 이에 따른다면, 수종이 태자궁에 기거하였음이 분명하므로 월지궁을 태자궁의 별칭으로 불렀다고 볼 수 있다. 이와 더불어 태자궁, 즉 동궁이 안압지 근처에 위치하였기 때문에 신라시대에 안압지를 월지(月池)라고 불렀음을 유추하여도 크게 문제가 되지 않는다. 이러한 논리에 기초하여 현재 안압지가 아니라 월지라고 부르는 것이 일반적이다.[2]

현재 월지는 안압지, 월지궁은 거기에 위치한 태자궁으로 이해하는

---

1 최근에 홍승우, 2016 「문헌으로 본 신라의 동궁과 그 운영」 『문헌으로 보는 신라의 왕경과 월성』(학술연구총서 99), 국립경주문화재연구소, pp.160~161에서 월지 서편에 위치한 건물지가 태자의 거처에 해당하는 동궁의 핵심 영역일 가능성이 높다는 견해를 피력하기도 하였다.

2 한병삼, 1982 「안압지 명칭에 대하여」 『고고미술』 153; 고경희, 1993 「신라 월지 재명유물에 대한 명문 연구」, 동아대학교 석사학위논문, pp.3~4; 고경희, 2000 「안압지 명칭에 대한 고찰」 『고고역사학지』 16.

것이 통설인데, 근래에 이에 대한 반론이 제기되었다. 월지궁은 안압지 근처에 위치하였고, 그것을 동궁이라고도 불렀다고 주장하면서, 동궁=월지궁을 반드시 태자궁을 가리키는 것으로 보기 어렵다는 견해가 제기되었다.[3] 이에 따르면, 『삼국사기』 등에 태자궁을 동궁이라고 부른 기록이 전혀 전하지 않을 뿐만 아니라 현재 알려진 동궁은 태자의 전용공간보다 지나칠 정도로 규모가 크기 때문에 동궁=태자궁이라는 등식을 인정하기 어렵다는 것이다. 아울러 국왕과 태자 사이에 명분이 엄격함에도 불구하고 국왕이 태자의 전용공간에서 연회를 베풀고, 국가의 기무를 관장하고 국가적인 행사를 거행한다는 것을 쉽게 납득할 수 없다는 점도 동궁=태자궁의 등식이 성립되기 어렵다는 이유로 들었다. 이 견해는 월지궁이 안압지에 위치하였다는 사실을 인정하면서도, 월지궁을 동궁=태자궁으로 보는 것에 대하여 의문을 제기한 것이 특징적이다.

그런데 최근에 이러한 견해와는 달리, 월지궁을 안압지에 위치한 태자궁, 즉 동궁으로 보기 어렵다는 견해가 제기되어 커다란 반향을 일으켰다. 이 견해는 동궁의 성격 및 기능과 관련하여 매우 중요한 문제이므로, 이에 대하여 상세하게 검토할 필요가 있다고 생각된다.

이 견해에서 첫 번째 반론의 근거로서 든 것은 태자궁이 동궁이나 춘궁(春宮) 또는 청궁(靑宮)으로 표기된 바 있지만, '월(月)'과 연계되어 설명된 바가 없다는 점이다. 이에 따르면, 헌덕왕대 부군 수종의 거소(居所)가 월지궁이 분명하지만, 당시에 태자와 태자비가 별도로 존재하였기 때문에 월지궁은 동궁이 될 수 없다는 것이다. 이에서 동궁과 월지궁은 별도의 건물이라는 결론을 도출하였다. 두 번째 반론의 근거로 제시한 것은 동양의 왕실 원지인 태액지(太液池)는 신선사상(神仙思想)에 입각해 '해(海)'를 상징해서 만드는데, 안압지 근처에서 임해전(臨海殿)이라는 전각이 발견

---

3   윤무병, 2009 「신라왕궁고」 『학술원논문집』(인문·사회과학편) 49-1; 최영성, 2014 「월지궁 관련 자료 재검토-동궁은 태자궁이 아니다-」 『태동고전연구』 55.

되므로 신라시대에 안압지의 정식 명칭은 월지(月池)가 될 수 없다는 점이다. 그리고 월지는 월성과 관련이 깊다고 보이며, 그것은 월성 북단의 해자를 통일 직후 정원화한 연못일 가능성이 높다고 주장하였다. 세 번째 반론의 근거로서『삼국사기』직관지에 전하는 급장전(給帳典), 월지전(月池典), 승방전(僧房典), 포전(庖典), 월지악전(月池嶽典), 용왕전(龍王典)은 동궁관(東宮官)에 소속된 관청으로 보기 어렵고, 내성(內省) 예하의 관청으로 볼 수 있기 때문에 월지전과 월지악전을 동궁 예하의 관청으로 이해한 전제에서 출발한 월지궁=태자궁(동궁)설은 그대로 신뢰하기 어렵다는 점을 들었다.[4]

『삼국사기』신라본기에 헌덕왕 14년(822) 정월에 수종을 부군으로 삼았고, 이 해 3월에 충공(忠恭)의 딸 정교(貞嬌)를 태자비(太子妃)로 삼았다고 전한다.[5] 그런데『삼국사기』와『삼국유사』에 흥덕왕의 부인은 각기 소성왕의 딸 장화부인(章和夫人), 창화부인(昌花夫人)이라고 전한다.[6] 종래에 정교와 장화부인이 별개의 인물임이 확실시된다고 보아, 부군 수종과 정교를 비로 맞이한 태자를 별도의 인물로 이해한 다음, 수종을 태자로 보기 어렵다는 견해를 제기하였던 것이다.[7] 그런데『삼국사기』녹진열전에서는 헌덕왕이 왕위를 이을 아들이 없었기 때문에 동모제인 수종을

---

4 김병곤, 2013a「신라 헌덕왕대의 부군 수종의 정체성과 태자」『동국사학』55; 김병곤, 2013b「안압지의 월지 개명에 대한 재고」『역사민속학』43; 김병곤, 2015「신라 동궁의 역할과 영역-임해전 및 안압지와의 상관성을 중심으로-」『한국고대 사탐구』20.

5 『삼국사기』신라본기제10 헌덕왕 14년 3월, "聘角干忠恭之女貞嬌 爲太子妃."

6 『삼국사기』신라본기제10 흥덕왕 즉위년, "興德王立 諱秀宗 後改爲景徽 憲德王同母弟也. 冬十二月 妃章和夫人卒 追封爲定穆王后. 王思不能忘 悵然不樂. 羣臣表請再納妃. 王曰 隻鳥有喪匹之悲 況失良匹 何忍無情 遽再娶乎 遂不從. 亦不親近女侍 左右使令 唯宦竪而已〈章和姓金氏 昭聖王之女也〉."
『삼국유사』권제1 왕력제1 第四十二興德王, "金氏 名景暉 憲德母弟 妃昌花夫人 諡定穆王后 昭聖之女. 丙午年 理十年 陵在安康北比火壤 與妃昌花合葬."

7 김창겸, 1993「신라시대 태자제도의 성격」『한국상고사학보』13, pp.166~167; 조범환, 2010「신라 하대 헌덕왕의 부군 설치와 그 정치적 의미」『진단학보』110, pp.33~36; 김병곤, 2015 앞의 논문, pp.184~192.

저이(儲貳)로 삼았다고 전한다. 종래에 이 기록을 신뢰한 연구자들은 헌덕왕 14년(822) 정월에 수종을 부군, 즉 태자로 삼았음이 분명하다고 본 다음, 정교를 태자비로 삼았다는 기록을 그대로 믿을 수 없다고 보거나[8] 또는 정교와 장화부인은 선비(先妃)와 차비(次妃)를 가리킨다고 이해하기도 하였다.[9] 그러면 이들 견해 가운데 어느 것이 더 사실에 가까울까?

이 문제와 관련하여 신라본기와 녹진열전에서 모두 수종을 부군 또는 저이(저군〈儲君〉)라고 불렀다는 사실을 유의할 필요가 있다. 부군과 저이(저군)는 모두 태자를 가리키는 별칭이기 때문이다. 그런데 종래에 『삼국사기』 신라본기에 예외없이 '입인명위〈왕〉 태자(立人名爲〈王〉太子)', '봉인명위〈왕〉 태자(封人名爲〈王〉太子)'로 인명 앞에 '입(立)'과 '봉(封)'을 적기하는 것이 일반적이었다는 사실을 주목한 다음, '이모제수종위부군(以母弟秀宗爲副君)'이라고 표기한 것은 매우 예외적인 것이므로 부군으로 삼은 사실을 곧바로 태자로 책봉한 사실로 받아들이기 곤란하다는 입장을 표명하였다.[10] 『삼국사기』에 태자를 책봉할 때에 '입(立)'이나 '봉(封)'자를 사용하였다는 사실은 부인하기 힘들다. 그렇다고 '이(以)~위(爲)~'란 표현을 사용하였다고 하여 전혀 다른 뜻으로 이해하는 것도 온당치 않다.

김부식이 살았던 고려 당대에 태자를 저이(儲貳)로 인식한 증거가 발견된다. 예를 들어 고려 예종이 1115년(예종 10) 2월에 왕자 구(構: 인종)를 태자로 책봉하면서, 책봉문에서 '옛날 어진 임금들이 나라를 다스림에 있어 반드시 저이를 세워(必立儲貳) 왕통을 잇게 한 것은 부자간의 애정에

<hr>

8   이기동, 1980 「신라 하대의 왕위계승과 정치과정」 『역사학보』 85, pp.14~16; 1984 『신라 골품제사회와 화랑도』, 일조각, pp.157~159.

9   손홍호, 2016 「신라 헌덕왕·흥덕왕대 정치동향과 충공의 동향」, 한국고대사학회 제149회 정기발표회 발표문, p.7.
한편 윤경진, 2015 「신라 흥덕왕대 체제정비와 김유신추봉-삼한일통의식 출현의 일 배경-」 『사림』 52, pp.113~114에서도 부군 수종이 그의 조카인 정교와 혼인한 것이 분명하다고 이해하였다.

10 김병곤, 2013a 앞의 논문, pp.190~191.

서가 아니라 장차 인심을 안정시켜 나라의 근본을 확고하게 하려는 것이다'고 언급하였다.[11] 또한 인종이 1133년(인종 11) 2월에 왕자 철(徹: 의종)을 왕태자로 책봉하면서, 책봉문에서 '그 덕행은 (태자의) 자격을 갖추었고 나이는 저이에 오를 만하다(天序當於儲貳)'라고 표현하였다.[12] 김부식이 생존하였던 고려 예종과 인종대에 태자를 저이라고 불렀음을 알려주는 자료들이다. 이러한 점을 감안하건대, 김부식을 비롯한 『삼국사기』 찬자들이 저이를 태자와 정치적 위상이 전혀 다른 존재로 이해하였다고 보기 어렵다.

만약에 부군이나 저이를 태자의 별칭이 아니라 태자에 버금가는 정치적 위상을 지닌 고위 관직자를 가리키는 별칭이라고 한다면, 종래의 견해는 나름대로 설득력을 지닐 수 있다. 헌덕왕대에 수종이 부군이었고, 그의 동생인 충공이 상대등(上大等)이었다. 따라서 부군(저이)을 상대등을 가리키는 별칭이라고 보기 어렵다. 한편 신라 하대에 상대등보다 정치적으로 더 중요한 역할을 수행한 것이 바로 상재상(上宰相)이었다. 상재상을 집정자(執政者)라고 불렀음을 시사해주는 자료가 전하고,[13] 선덕

---

11 『고려사』 권14 세가14 예종 10년, "二月癸卯 冊子構爲王太子. 其文曰 古先哲王 撫有方夏 必立儲貳 以承天序者 非敢私於親愛之間 將以繫人心而固國本也. 肆 朕續服 若昔大猷眷 惟上嗣之良 恊重明之象. 考從於龜筮 叠度於臣工 申擇令 辰 誕揚休命. 咨爾 元子構賦中和之粹 挺歧嶷之姿 仁義孝友之誠 發自天性 篤 實輝光之德 通於神明. 雖在妙齡 凤彰全範 出言而合度 擧足而中規 不事盤遊 樂 從善道終始 典于學 左右逢其源究 詩書禮樂之文明 父子君臣之義 與夫周昌 之事王季 漢盈之奉高皇 無以異也. 所宜據前載之言正 東朝之位主之 以匕鬯對 越於祖宗. 是用遣使 持節冊命 爾爲王太子. 於戲 惟敬遜可以能盡心 惟謹愼可 以長守貴爾 其嚴師傅之訓 誠宴安之娛 非正人勿親 非正言勿聽. 以揚三善之風 以貞萬邦之心. 則朕之有子 無愧於古先哲王矣. 尙遠乃猷永膺多福."

12 『고려사』 권16 세가16 인종 11년 2월, "癸卯 臨軒 冊封元子徹爲王太子. 冊曰 易以一索爲長男之位 記以三善爲世子之禮. 古之王者 以固宗廟社稷之本 以定 君臣父子之分. 咨爾 元子天賦英銳之性 幼挺岐嶷之表雅 不好弄 自知嚮學讀書 若宿習揮翰 若神助 德行恊於元良 天序當於儲貳 必能承匕鬯之嚴塞 中外之望 今遣使 冊爾爲王太子. 於戲 惟主仁可以主重器 惟作善 可以保令名爾 其愼時 習敏厥修 疏遠邪佞之人 親近方正之士 惟忠孝之 是務非禮義而勿踐 丕承祖宗 之耿光 以永邦家之景業."

왕 사후에 여러 신하가 상대등 김경신이 아니라 상재상 김주원을 왕으로 세우려 하였음을 살필 수 있는데,[14] 이는 상재상이 상대등보다 앞선 순번의 왕위계승 후보였음을 시사해주는 자료로서 주목된다. 경문왕대에 왕의 친동생 위홍(魏弘)은 상재상이었다.[15] 당시 태자는 정(晸: 헌강왕)이었다. 그는 경문왕 6년(866) 정월에 태자로 책봉되었다.[16] 그런데 이때 김위홍을 부군 또는 저이라고 불렀다는 자료는 전하지 않는다. 또한 다른 시기에 상재상을 부군 또는 저이라고 불렀음을 시사해주는 자료를 찾을 수 없다.

한편 애장왕대에 언승(彦昇)이 어린 조카 애장왕을 대신하여 섭정하였는데, 이때에 언승을 부군(저이)으로 삼았다는 기록이 전하지 않는다.

---

13 『續日本紀』卷33 光仁天皇 寶龜 5년(774) 3월 癸卯 기록에 774년(惠恭王 10) 일본에 파견된 사신 金三玄이 이 해에 신라의 執政者가 金邕이었다고 언급하고 있다. 이때에 金邕이 上大等이었다는 기록은 전하지 않는다. 혜공왕 4년부터 10년까지 神猷가 상대등이었고, 10년 9월에 김양상이 상대등에 새로이 임명되었다. 당시 金邕의 관직을 추정케 해주는 자료가 바로 惠恭王 7년 12월에 작성된 聖德大王神鐘銘이다. 말미에 神鐘造成에 간여한 인물들을 명기하고 있는데, 그에 의하면 金邕과 金良相이 檢校使로서 神鐘造成의 최고 책임자였다고 한다. 이때 金邕은 兵部令 兼殿中令(內省私臣), 司馭府令(乘府令), 修城府令(京城周作典令), 監四天王寺府令, 檢校眞智大王寺(奉恩寺)事 上相 大角干이었다고 한다. 上相은 上宰(上宰相)의 다른 표현이다. 혜공왕 10년에 金邕이 상재상이면서 고위 관직들을 두루 겸직하면서 집정자였던 정황으로 미루어 볼 때, 7년 무렵에도 그가 執政者였을 것으로 믿어 의심치 않는다. 김옹의 사례는 통일기에 상대등을 겸직하지 않은 상재상이 집정자였음을 직접적으로 실증해주는 증거자료로서 주목된다(전덕재, 2004 「신라 화백회의의 성격과 그 변화」『역사학보』182, pp.16~17).

14 『삼국사기』신라본기제10 원성왕 즉위년, "初 惠恭王末年 叛臣跋扈 宣德時爲上大等 首唱除君側之惡. 敬信預之 平亂有功. 洎宣德即位 即爲上大等. 及宣德薨 無子. 群臣議後 欲立王之族子周元 周元宅於京北二十里. 會 大雨 閼川水漲 周元不得渡. --- 於是 衆議翕然 立之繼位. 旣而雨止 國人皆呼萬歲."
『삼국유사』권제2 기이제2 원성왕, "伊飱金周元 初爲上宰 王爲角干 居二宰. --- 王曰 上有周元 何居上位. 阿飱曰 請密祀北川神可矣. 從之. 未幾宣德王崩 國人欲奉周元爲王 將迎入宮 家在川北 忽川漲不得渡. 王先入宮即位 上宰之徒 衆 皆來附之 拜賀新登之主 是爲元聖大王諱敬信."

15 황룡사9층목탑찰주본기에 경문왕의 동생인 魏弘이 上宰相 伊干이라고 전한다.

16 『삼국사기』신라본기제11 경문왕 6년 봄 정월, "封王考爲懿恭大王 母朴氏爲光和夫人爲光懿王太后 夫人金氏爲文懿王妃 立王子晸爲王太子."

이러한 사실과 아울러 헌덕왕 사후에 수종이 왕위를 계승하였음을 염두에 둔다면, 부군과 저이는 태자를 가리키는 별칭이라고 이해하는 것이 합리적이라고 판단된다. 이에 따른다면, 헌덕왕 14년 3월에 태자비로 삼은 정교(貞嬌)는 흥덕왕의 차비(次妃)일 가능성을 상정해볼 수 있고, 또한 수종이 즉위하기 전에 그녀가 사망하였을 가능성도 제기해볼 수 있으며, 나아가 무엇인가 곡절이 있어서 정교가 흥덕왕비가 되지 못하고 장화부인이 왕비가 되었을 가능성도 완전히 배제하기 어렵지 않을까 한다. 결국 이상에서 살핀 것처럼 수종이 태자로 책봉되었음이 확실하다면, 월지궁은 태자궁, 즉 동궁을 가리키는 별칭이라고 이해하여도 별다른 이의가 없을 것으로 보인다.

종래에 급장전, 월지전, 승방전, 포전, 월지악전, 용왕전은 동궁관에 소속된 관청으로 보기 어렵다는 견해를 제기하였다.[17] 동궁관에는 어룡성과 세택이 있었다. 그런데 내성 예하에도 어룡성과 세택이 존재하였다. 만약에 급장전 등이 내성 예하의 관청이라고 한다면, 직관지에서 내성 예하의 관청과 겹치는 동궁관의 관청을 설명하기 이전에 그것들에 관하여 서술하는 것이 옳다. 즉 동궁관 및 어룡성, 세택에 대한 서술에 앞서 급장전 등에 관해 기술하는 것이 옳다는 의미이다. 그러나 〈그림 1〉에서 보듯이 직관지에서는 분명하게 동궁관(東宮官)이라고 적기하고, 한줄 띄워서 동궁아(東宮衙)에 대하여 기록한 다음, 또 다시 한 줄 씩 띄워서 어룡성(御龍省), 세택(洗宅)에 대해 소개하고, 이어서 그 뒤에 급장전, 월지전, 승방전, 포전, 월지악전, 용왕전 등을 나열하였던 것이다. 이상에서 살핀 직관지의 표기 방식에 주목한다면, 거기에서는 내성과 동궁관 예하의 관청을 분명하게 구분하여 적기하였다고 이해하는 것이 합리적이다. 만약에 급장전 이하의 관청이 내성 예하의 관청이었다면, 그것들을 동궁관 예하의 관청에 대하여 기술하기 이전에 소개하는 것이 옳지만, 그러

---

17 김병곤, 2015 앞의 논문, pp.93~97.

나 직관지에서는 그와 같이 서술하지 않고, 동궁관을 적기한 다음에 그것들을 소개하는 형식을 취하였던 것이다. 결국 급장전 이하의 관청은 모두 동궁관 예하의 관청이라고 볼 수밖에 없는데, 이에 따른다고 할 때, 동궁의 위치와 관련하여 동궁관 예하에 월지전과 월지악전, 용왕전이 존재한다는 사실을 주목할 필요가 있다.

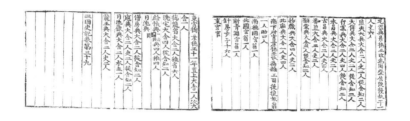

〈그림 1〉『삼국사기』 직관지 동궁관과 그 예하 관청 서술 방식

용왕전의 위치와 관련하여 안압지에서 '신심용왕' 또는 '용왕신심'이라는 명문이 묵서된 접시와 완, 대접 10여 점이 발견된 사실이 유의된다.[18] 이와 같은 명문이 새겨진 접시 등은 용왕신에 대한 제사를 담당한 용왕전에서 제사용기로 사용한 것으로 보인다. 이것들을 근거로 하여 용왕전은 안압지 근처에 위치하였다고 추론하는 것이 가능할 듯싶다. 결국 용왕전이 동궁관 예하의 관청이었으므로, 동궁은 안압지와 결코 무관하다고 보기 어려울 것이다. 한편 월지전과 월지악전이라는 관청은 '월지'와 관련이 깊을 텐데, 그것들이 모두 동궁관 예하의 관청인 바, 결국 월지와 동궁은 밀접한 연관성을 지녔다고 보는 것이 합리적일 것이다. 더구나 안압지에서 '동궁아일'명 철제자물쇠가 발견된 점, 동궁이 어의상으로 월성에 위치한 정궁, 즉 대궁의 동쪽에 위치한 궁궐이라는 뜻을

---

18 고경희, 1993 앞의 논문, p.25.

지닌 점 등을 두루 감안하건대, 월성 동쪽에 있는 안압지 근처에 동궁이 위치하였다고 추론하여도 크게 문제가 되지 않을 듯싶다. 나아가 동궁관 예하의 월지전이나 월지악전에서의 '월지(月池)'는 바로 안압지를 가리킨다고 보는 것이 가장 안전한 추론이라고 할 수 있다.

한편 월지가 안압지가 아니라 월성 북쪽에 위치한 해자와 연결시켜 이해하기도 하였는데,[19] 봉암사지증대사탑비에 전하는 월지궁 관련 기록을 분석하면, 이에 대해서도 선뜻 동의하기 어렵다는 사실을 살필 수 있다. 봉암사지증대사탑비에 지증대사가 헌강왕의 부름을 받아 선원사(禪院寺)에서 이틀 동안 묵고, 다시 월지궁에서 헌강왕과 선문답을 하였다는 일화가 전하는데, 여기에 '월지궁에서 헌강왕이 대사에게 심(心)에 대하여 질문하였는데, 그때는 섬세한 조라(萬蘿)가 전혀 흔들리지 않을 정도로 바람 한 점 불지 않았고, 온수(溫樹), 즉 궁궐에 바야흐로 어둠이 짙게 깔리기 시작할 무렵이었다. 마침 달그림자가 맑은 못 가운데 똑바로 비친 것을 보고, 지증대사께서 그것을 유심히 살피다가 다시 하늘을 우러러보며 말하였다.'는 기록이 전한다.[20]

봉암사지증대사탑비에서 헌강왕과 지증대사가 월지궁에서 맑은 연못(玉沼) 한 가운데에 달빛이 비추는 것을 보았다(適覩金波之影)고 하였다. 여기서 금파(金波)는 달빛에 비쳐 일어나는 황금 물결을 가리킨다. 이에서 월지궁은 연못의 한 가운데에 달빛이 비치는 것을 볼 수 있는 구조를 갖춘 건물임을 유추할 수 있고, 더구나 달빛에 비쳐 일어나는 물결이란

---

19 김병곤, 2013b 앞의 논문, pp.27~28.
20 봉암사지증대사탑비, "太傅大王 以華風掃弊 慧海濡枯. 素欽靈育之名 渴聽法深之論 乃注心鷄足 灑翰鶴頭 以徵之曰 外護小緣 念踰三際. 內修大惠 幸許一來. 大師 感動琅函言及 勝因通世 同塵率土 懷玉出山. 轡織迎途 至憩足于禪院寺 錫安信宿 引問心于月池宮. 時屬纖蘿不風 溫樹方夜 適覩金波之影 端臨玉沼之心. 大師俯而覭 仰而告曰 是卽是 餘無言. 上洗然欣契曰 金仙花目 所傳風流, 固協於此. 遂拜爲忘言師."
비문의 해석은 최영성, 2014 앞의 논문, p.186을 참조하였다.

표현을 쓸 정도의 맑은 연못이라고 한다면, 그것은 규모가 비교적 컸다고 연상할 수 있다.

지금까지 발굴된 월성 해자 가운데 4호 해자는 3차례에 걸쳐 조성되었는데, 1차 석축해자의 너비는 최대 37m, 2차는 30m, 3차는 25m이며, 전체 길이는 각기 270.9m, 188.5m, 175.1m라고 하며, 담수의 깊이는 0.6m에서 0.9m 정도로 추정된다고 한다.[21] 다른 월성 해자의 경우도 이와 크게 다르지 않았을 것이다. 현재까지 연못형 해자 근처에서 그것들을 조망할 수 있는 누각 건물이 확인되지 않았다. 더구나 해자의 깊이 0.6m~0.9m, 너비 약 25~30m인 연못형 해자에 달그림자가 비추는 것을 보고, 헌강왕과 지증대사가 선문답을 하였다고 상정하기가 그리 녹록치 않다. 반면에 월지궁이 안압지 내에 위치하고, 달빛이 안압지에 비추는 장면을 헌강왕과 지증대사가 목격하였다면, 둘 사이의 선문답도 나름 널리 공감을 얻을 수 있지 않을까 한다. 결과적으로 봉암사지증대사탑비에 전하는 월지궁 관련 기록을 면밀하게 분석한다면, 월지를 월성 북쪽에 위치한 연못형 해자로 이해하는 견해는 재고의 여지가 많다고 보지 않을 수 없다. 이상의 검토에 따른다면, 월지는 현재의 안압지, 월지궁은 바로 태자궁, 즉 동궁을 가리킨다고 이해한 기존의 통설은 나름대로 상당한 근거를 가지고 있다고 보지 않을 수 없고, 월지궁이 동궁의 별칭이라고 보기 어렵다는 견해는 문제가 있다고 이해하는 것이 합리적일 듯싶다.

---

21 국립경주문화재연구소·경주시, 2011 『월성해자 발굴조사보고서Ⅲ(4號垓字)』, pp.81~82.

Ⅱ. 동궁의 성격과 그 변화

1. 동궁 관련 기록의 검토

『삼국사기』 고구려본기 광개토왕 17년(407) 3월 기록에 고운(高雲)이 모용보(慕容寶)가 태자였을 때, 동궁을 시위(侍衛)하였는데, 모용보가 그를 아들로 삼아 모용씨(慕容氏)의 성을 내렸다는 내용이 보인다.[22] 고구려본기에서 태자를 동궁이라고 불렀음을 알려주는 유일한 기록이다. 그런데 이 기록은 고구려 자체 전승기록이 원전이 아니라 『삼국사기』 찬자가 『진서(晉書)』 권124 재기(載紀)24 모용운(慕容雲〈高雲〉)조에 전하는 기록을 그대로 고구려본기에 인용한 것이다.[23] 따라서 위의 기록을 근거로 하여 고구려에서 태자를 동궁이라고 불렀다고 주장하기는 곤란할 듯싶다. 고구려본기에 태자와 관련된 내용은 이른 시기의 기록부터 보이지만, 태자 또는 태자궁을 동궁이라고 불렀음을 알려주는 기록은 찾을 수 없다.

백제본기에서도 태자와 관련된 내용은 이른 시기의 기록에서부터 발견할 수 있지만, 동궁에 관한 기록은 전혀 찾을 수 없다. 다만 백제본기 의자왕 15년(655) 2월 기록에 태자궁(太子宮)을 극히 사치스럽고 화려하게 수리하였다는 내용이 보이고, 의자왕 19년(659) 4월 기록에 태자궁의 암탉이 참새와 교미하였다고 전한다. 의자왕대에 태자가 국왕과 별도의 건물에 기거하였을 뿐만 아니라 그 건물을 동궁이 아니라 태자궁이라고 불렀음을 이를 통해서 살필 수 있다. 자료가 매우 영성(零星)하여 단정하

---

22 『삼국사기』 고구려본기제6 광개토왕 17년 3월, "遣使北燕 且敘宗族 北燕王雲遣 侍御史李拔報之. 雲祖父高和 句麗之支屬 自云高陽氏之苗裔 故以高爲氏焉. 慕容寶之爲太子 雲以武藝侍東宮. 寶子之賜姓慕容氏."

23 『晉書』 卷124 載紀24 慕容雲, "慕容雲 字子雨 寶之養子也. 祖父高和 句驪之 支庶 自云高陽氏之苗裔 故以高爲氏焉. … 寶之爲太子 雲以武藝給事侍東宮 拜侍御郎 襲敗慕容會軍 寶子之賜姓慕容氏."

긴 어렵지만, 이들 자료를 근거로 하여 백제에서 태자 또는 태자궁을 동궁이라고 부르지 않았을 가능성을 엿볼 수 있지 않을까 한다. 이처럼 고구려와 백제에서 태자를 동궁이라고 부르지 않았다면, 두 나라에서 태자가 기거하는 건물이 반드시 대궁, 즉 정궁의 동쪽에 위치하였다고 보기도 어렵지 않을까 한다.

『삼국사기』 신라본기 문무왕대 이전 기록에서 태자에 관한 내용을 발견할 수 있지만, 동궁에 관한 기록을 하나도 찾을 수 없다.[24] 동궁(東宮) 이란 표현은 문무왕 19년 8월 기록에 비로소 처음으로 나온다. 이에 관한 기록을 제시하면 다음과 같다.

> 동궁을 짓고[創造], 궁궐 안팎의 여러 문 이름을 처음으로 정하였다
> (『삼국사기』 신라본기제7 문무왕 19년 8월).

위에서 인용한 기록은 월성의 정궁 동쪽에 동궁을 지었음을 알려주는 자료이다. 기록에서 '창조동궁(創造東宮)'이라고 표현하였는데, '창조(創造)' 의 사전적인 의미는 '전에 없던 것을 처음으로 만듦'으로 풀이된다. 결국 문무왕 19년(679) 8월에 신라는 월성의 정궁(正宮) 동쪽에 또 다른 궁궐, 즉 동궁이라고 명명한 건물을 새로 건립하였다고 볼 수 있는 것이다. 사전적으로 동궁은 황태자(皇太子〈王世子〉)라는 의미와 더불어 태자〈세자〉가

---

24 『삼국유사』 권제3 흥법제3 原宗興法 厭觸滅身條에 元和 연간(806~820)에 南澗 寺 沙門 一念이 지은 '觸香墳禮佛結社文'이 전한다. 여기에 '於是群臣戰戰兢懼 懍侗作誓 指手東西 王喚舍人而詰之. 舍人失色 無辭以對. 大王忿怒 勅令斬 之. 有司縛到衙下 舍人作誓 獄吏斬之 白乳湧出一丈 … 甘泉忽渴 魚鼈爭躍 直木先折 猿猱群鳴. <u>春宮連鑣之侶</u> 泣血相顧 月庭交袖之朋 斷腸惜別'이란 구절 이 보인다. 밑줄 친 부분은 '춘궁에서 말고삐를 나란히 하였던 친구'라고 해석할 수 있는데, 春宮은 東宮을 가리키며, 여기서 춘궁은 태자궁이란 의미로 사용되었 다. 그러나 '觸香墳禮佛結社文'은 신라 하대에 작성된 것이기 때문에 이것을 근거 로 법흥왕대에 태자궁을 동궁이라고 불렀다고 단정하기 곤란하다. 신라 하대에 동 궁에 태자가 기거하게 되면서, 법흥왕대에 太子가 기거하던 건물을 春宮이라고 소급하여 부회한 것으로 봄이 옳지 않을까 한다.

사는 건물, 즉 태자궁(세자궁)이라는 의미를 지닌다. 그런데 흥미로운 사실은 『삼국사기』에 전하는 동궁에 관한 기록을 살펴보건대, 태자가 기거하는 건물, 즉 정궁의 동쪽에 위치한 궁궐을 가리키는 동궁의 용례만이 발견될 뿐이고,[25] 태자의 지위 또는 신분을 가리키는 개념으로 사용된 동궁의 용례를 하나도 발견할 수 없다는 점이다.

『삼국사기』와 달리 『삼국유사』에서 태자를 동궁이라고 부른 기록을 여럿 발견할 수 있다. 예를 들어 『삼국유사』 권제1 기이제2 태종춘추공 기록에서 김춘추가 왕위에 오르기 이전 시기를 '동궁시(東宮時)'라고 표현하였음을 확인할 수 있고, 권제4 의해제5 자장정률조에서 당나라의 태자를 동궁이라고 표현한 사실을 찾을 수 있다.[26] 후자의 사례는 당나라 태자를 가리키는 것이기 때문에 신라의 사례로 들기 힘들다. 주지하듯이 김춘추는 진덕왕대에 태자로 임명된 적이 없었다. 일반적으로 태자로 책봉되지 않은 종실(宗室)이 왕위(王位)에 올랐을 경우, 그가 왕위에 오르기 이전 시기를 '잠저시(潛邸時)'라고 표현한다. 이에 따른다면, 김춘추가 왕위에 오르기 이전 시기를 표현할 때, '동궁시(東宮時)'가 아니라 '잠저시(潛邸時)'라고 표현하는 것이 정확하다고 볼 수 있다. 아마도 고려시대에 태자를 일반적으로 동궁이라고 불렀기 때문에,[27] 김춘추가 왕위에 오르기 이전 시기를 '잠저시(潛邸時)'가 아니라 '동궁시(東宮時)'라고 표현한 것으로

---

25 『삼국사기』 신라본기제9 경덕왕 4년 가을 7월, "葺東宮. 又置司正府 · 少年監典 · 穢宮典."; 같은 책, 경덕왕 11년 가을 8월, "置東宮衙官."; 같은 책, 신라본기제10 애장왕 5년 가을 7월, "重修臨海殿 新作東宮萬壽房."
이밖에 직관지에 東宮官과 東宮衙가 보이고 있다. 이들 기록에 보이는 동궁은 태자를 가리키는 용례로 사용되었다고 보기 어렵고, 모두 건물 자체를 가리키는 용례로 봄이 옳을 것이다.

26 『三國遺事』 卷第4 義解第5 慈藏定律, "貞觀十七年癸卯 本國善德王上表乞還 詔許引入宮 賜絹一領 雜綵五百端 東宮亦賜二百端."

27 『고려사』 권1 세가1 태조 18년 11월조에 신라 경순왕이 開京에 이르자, 태조가 직접 교외에 나가 영접하고, 東宮에게 명하여 여러 대신과 함께 (경순왕을) 호위하여 柳花宮에 들어가 머물도록 하게 하였다는 기록이 보인다. 적어도 고려 초기에 태자를 동궁이라고 별칭하였음을 시사해주는 자료로서 주목된다.

이해된다. 따라서 위의 기록을 근거로 하여 신라에서 태자를 동궁이라고 불렀다고 주장하는 것은 위험하다고 볼 수 있다.

앞에서 문무왕 19년 8월 기록은 동궁이라는 건물을 처음 건립한 사실을 반영한다고 언급하였다. 물론 동궁에는 태자(太子)가 기거하였음이 분명하다.[28] 그러나 태자의 지위·신분을 표시하는, 즉 태자의 별칭으로 사용된 동궁의 용례를 발견할 수 없다는 점을 염두에 둔다면, 문무왕 19년 동궁을 창건할 무렵에 신라인이 과연 동궁을 태자의 전용공간으로 인식하였는가에 대해서는 의문의 여지가 없지 않다. 문무왕 19년 무렵 전체 궁궐 내에서 차지하는 동궁의 위상을 정확하게 고구(考究)하고자 할 때, 통일신라에 남궁(南宮)과 북궁(北宮)이 존재하였다는 사실을 주목할 필요가 있을 것이다.

국립경주박물관 부지의 신라 우물에서 '남궁지인(南宮之印)'명 기와편이 발견되었고,[29] 동일한 명문의 기와편이 동천동 696-2번지 유적에서도 조사되었다.[30] 최치원이 지은 성주사낭혜화상탑비에서 예부(禮部)를 남궁(南宮)이라고 표현하였다.[31] 근래에 이를 근거로 하여 기와편에 보이는 남궁을 예부의 별칭으로 이해한 견해가 제출되었다.[32] 그러나 남궁에

---

28 문무왕 19년(679)에 동궁을 처음으로 짓고, 당시부터 태자가 동궁 내에 거처하였는가에 대해서는 명확하게 밝히기 어렵다. 다만 大宮과 인접한 離宮이 東宮이었고, 진성여왕의 사례를 통해서 엿볼 수 있듯이 北宮에 일반적으로 공주가 거처하였음을 염두에 둔다면, 문무왕 19년이나 거기에서 멀지 않은 시기에 동궁에 다음 왕위를 계승할 太子가 기거하였을 가능성이 높지 않았을까 여겨진다. 뒤에서 자세하게 살펴볼 예정이지만, 국왕의 활동공간인 임해전을 동궁의 영역 안에 건립하였던 바, 중국의 경우처럼 신라에서 동궁을 곧바로 태자의 별칭으로 사용하지 않은 것으로 추정된다.

29 이한상, 2005 「경주 월성 동남쪽 왕궁유적 조사의 성과-'南宮'의 경관복원을 위하여-」『신라문화제학술논문집』26, p.278.

30 한국문화재보호재단·탑스리빙월드(주), 2010 『경주 동천동 696-2번지 유적-공동주택 신축부지 발굴조사보고서(본문)』, p.166 및 p.170, p.644.

31 聖住寺朗慧和尙塔碑, "太傅王覽 謂介弟南宮相曰 三畏比三歸 五常均五戒. 能踐王道 是符佛心 大師之言至矣哉 吾與汝宜倦倦."

32 이현태, 2011 「신라 남궁(南宮)의 성격-'南宮之印'銘 출토지 분석을 중심으로-」『역

대응되는 북궁이 존재하였다는 사실과 신라인이 과연 예부를 남궁으로 별칭한 사실을 알고, 그 명칭을 널리 사용하여 기와에 새겨 넣었다고 이해하기가 그리 녹록치 않다는 사실 등을 염두에 둔다면, 남궁을 예부의 별칭으로 이해한 견해는 재고의 여지가 많다고 하겠다. 남궁은 월성 남쪽, 즉 오늘날 국립경주박물관 부지에 위치하였던 궁궐을 가리키는 것으로 봄이 옳지 않을까 한다.

『삼국사기』 신라본기제11 진성여왕 11년(897) 12월 기록에 왕이 북궁에서 사망하였다고 전한다. 진성여왕은 이 해 6월에 왕위를 조카인 요(嶢효공왕)에게 물려주었는데, 이때부터 6개월 동안 북궁에서 기거한 것으로 추정된다. 『삼국유사』 권제2 기이제2 혜공왕 기록에도 북궁(北宮)에 관한 내용이 전하고,[33] 『지리산화엄사사적(智異山華嚴寺事蹟)』에 실린 최치원찬 (崔致遠撰) 「봉위헌강대왕결화엄경사원문(奉爲憲康大王結華嚴經社願文)」(896년)에 '북궁장공주(北宮長公主)'란 표현이 보인다.[34] 여기서 장공주(長公主)는 진성여왕을 가리킨다고 보인다.

종래에 북궁의 위치를 성동동전랑지로 이해하는 것이 일반적이었다.[35] 그런데 성동동전랑지는 영창궁(永昌宮) 터일 가능성이 높기 때문에

사와 현실』 81.

한편 최영성, 2014 앞의 논문, p.184에서 '南宮之印'銘 기와편을 근거로 하여 남궁에 예부가 속해 있었다고 추론하기도 하였다.

33 『삼국유사』 권제2 기이제2 혜공왕, "是年(大曆 2年: 767년) 七月 北宮庭中 有二星隕地. 又一星隕 三星皆沒入地."

34 『智異山華嚴寺事蹟』 奉爲憲康大王結華嚴經社願文, "遂寫義熙本經 復有國統及僧錄等 寫貞元新經. 北宮長公主聞之 仍捨淨財 爲褾帶曁軸之直. 美矣哉. 天倫義重 已垂主會之榮 月姊恩深 又備裝經之具."

李弘稙, 1971 「羅末의 戰亂과 緇軍」 『韓國古代史의 硏究』, 新丘文化社, p.554.

35 윤무병, 1972 「역사도시 경주의 보존에 대한 조사」 『문화재의 과학적 보존에 대한 연구』Ⅰ, 과학기술처; 윤무병, 1987 「新羅 王京의 坊制」 『李丙燾博士九旬紀念 韓國史學論叢』, 지식산업사, pp.47~49; 김창호, 1995 「고신라의 도성제 문제」 『신라문화제학술발표회논문집』 16, pp.91~95.

윤무병과 김창호선생은 중국의 長安宮이나 고대 일본의 平城宮, 발해 上京城의

그대로 수긍하기 어렵다.[36] 북궁의 위치와 관련하여 금입택(金入宅)으로 전하는 남택(南宅)과 북택(北宅)을 주목할 필요가 있다. 『삼국사기』에서 '택(宅)'을 '궁(宮)'으로 치환한 사례를 발견할 수 있다.[37] 이에 따른다면, 금입택으로 전하는 남택과 북택, 양택(梁宅)과 사량택(沙梁宅), 본피택(本彼宅), 한기택(漢歧宅)도 각각 남궁(南宮)과 북궁(북宮), 양궁(梁宮)과 사량궁(沙梁宮), 본피궁(本彼宮), 한기궁(漢歧宮)으로 치환할 수 있을 것이다. 이 가운데 한기택을 제외하고 나머지는 모두 기와 명문이나 문헌에 나오는 것들이다. 특히 양궁이나 사량궁은 월성 내에 위치한 대궁과 더불어 중고기의 핵심 궁궐이었고, 내성에서 그것을 관할하였다. 본피궁 역시 내성에서 관할하는 이궁(離宮)의 성격을 지닌 것이었다.[38]

남택과 북택은 월성(月城)을 중심으로 그 남쪽과 북쪽에 위치한 저택이란 의미로 해석된다. 이에 따른다면, 남택과 북택은 바로 남궁과 북궁을 가리킨다고 보아도 크게 문제가 되지 않을 것이다.[39] 물론 남궁은 '남궁지인'명 기와편이 발견된 국립경주박물관 부지에 위치하였다고 볼 수 있고, 북궁은 월성 북쪽에 위치하였다고 이해할 수 있는데, 현재 그 위치를 정확하게 고증하기 어렵다. 추후의 과제로 남겨둘 수밖에 없다.

王宮 등이 모두 북쪽에 위치하였으므로 신라 역시 북궁으로 추정되는 성동동전랑지가 宮城이었을 것이라고 주장하였다.

36 전덕재, 2009 『신라 왕경의 역사』, 새문사, pp.218~220에서 성동동전랑지가 북궁이 아니라 永昌宮 터일 가능성이 높다는 사실을 자세하게 논증하였다.

37 『삼국사기』 신라본기제10 민애왕 원년 12월조에 민애왕이 月遊宅에서 살해되었다고 전하고, 열전제4 김양조에 민애왕이 離宮에서 살해되었다고 전한다. 신라인이 月遊宅을 離宮의 하나로 이해하였음을 알려주는 사례로서 주목된다. 한편 열전제4 김양조에서 금입택으로 알려진 板積宅을 積板宮(板積宮)으로 기술하였음을 확인할 수 있다. 판적택은 김균정의 저택으로 추정되며, 金祐徵이 후에 왕이 되었기 때문에 그가 거주하였다고 추정되는 판적택을 후에 別宮으로 지정하여 판적궁(적판궁)으로 표기한 것으로 보인다.

38 『三國史記』 雜志第8 職官中 內省, "本彼宮 神文王元年置. 虞一人 私母一人 工翁二人 典翁一人 史二人."

39 전덕재, 2009 앞의 책, pp.220~223.

헌덕왕 14년(822) 정월에 수종(秀宗: 흥덕왕)이 저이(儲貳(副君))에 책봉되어 월지궁(月池宮), 즉 동궁에 들어가 기거(起居)하였다고 전하므로,[40] 동궁에 태자가 기거하는 건물이 존재하였음은 분명하다고 할 수 있다. 김만(金曼), 즉 진성여왕을 북궁장공주(北宮長公主)라고 부른 것으로 보아, 그녀는 공주 시절에 북궁에 거처하였던 것으로 이해된다. 진성여왕은 퇴위한 뒤에도 북궁에서 거처하였다고 알려졌다. 이에서 공주는 북궁에 기거하는 것이 관례였음을 추론할 수 있다. 남궁에도 역시 왕족이 거처하였을 것으로 짐작된다. 남궁과 북궁의 존재를 염두에 둔다면, 중대 초기에 동궁은 왕족 가운데 태자가 기거하는 궁궐의 하나로서 인식되었다고 봄이 합리적일 것이다. 즉 당시에 동궁은 단지 정궁의 동쪽에 위치한 이궁(離宮)으로 인식되었다는 의미이다.[41] 문무왕 19년 이후에도 동궁을 이와 같이 인식하였기 때문에 태자를 동궁이라고 별칭한 자료가『삼국사기』등에 전혀 전하지 않았던 것으로 이해된다.[42]

『삼국사기』신라본기에 경덕왕 11년(752) 8월에 동궁아관(東宮衙官)을 설치하였다고 전한다. 한편 직관지에서는 경덕왕 11년에 동궁관(東宮官) 예하의 관청으로서 동궁아(東宮衙)를 설치하였고, 그 관원으로 상대사(上大舍) 1인, 차대사(次大舍) 2인이 있었다고 전한다. 전자에서는 경덕왕 11년에

---

40 『삼국사기』신라본기제10 헌덕왕 14년 봄 정월, "以母弟秀宗爲副君 入月池宮 〈秀宗或云秀升〉."

41 최영성, 2014 앞의 논문, pp.176~179에서 문무왕 19년에 지은 동궁은 정궁의 동쪽에 건립된 궁궐, 즉 離宮이라고 규정한 바 있어 참조된다. 본고에서 離宮은 국왕과 왕비 등이 거주하기 위해 지은 正宮(大宮)과 별도의 장소에 건립된 內省 관할의 宮闕을 가리키는 개념으로 사용되었다.

42 漢과 曹魏에서 東宮은 황태자의 居所가 아니었다. 西晉代에 이르러 비로소 황태자의 居所인 동궁이 궁성의 동쪽에 건립되었고, 그에 대칭되는 西宮은 後宮을 포함한 황제의 거소인 궁성을 가리키는 의미로 이해되었다고 한다. 남북조시대에 동궁은 황태자의 거소를 가리킬 뿐만 아니라 황태자의 별칭으로 널리 사용되었다고 알려졌다(岡部毅史, 2016「漢晉五胡十六國時代の東宮と西宮」『中國都市論への挑動』, 汲古書院; 岡部毅史, 2013「六朝建康東宮攷」『東洋史研究』72-1). 통일신라의 동궁에 대한 이해와 관련하여 西晉 이전 동궁의 개념이 주목된다.

동궁아관(東宮衙官)을, 후자에서는 단지 동궁아(東宮衙)만을 설치하였다고 전하여 차이를 보인다. 동궁아관을 '동궁아라는 관청'이란 의미로 해석한다면, 동궁관이 이미 존재한 상황에서 경덕왕 11년에 동궁아를 설치하였다고 이해할 수 있다. 동궁아관을 동궁아·관(東宮衙·官)으로 해석한다면, 직관지의 기록과 연결시켜, 경덕왕 11년에 동궁아를 설치하면서 동시에 동궁관을 두었다고 이해할 수 있다. 동궁관의 핵심 관청이 동궁아였다는 점을 감안한다면, 후자의 해석이 보다 타당하지 않을까 한다.

『삼국사기』 직관지에서 동궁관 예하에 동궁아, 어룡성, 세택, 급장전(給帳典), 월지전(月池典), 월지악전(月池嶽典), 승방전(僧房典), 포전(庖典), 용왕전(龍王典)이 존재하였다고 언급하였다. 동궁아는 동궁의 여러 건물과 관청을 총괄하는 업무를 맡았을 것이다. 어룡성은 내성 예하의 어룡성과 마찬가지로 태자의 행행(行幸)에 필요한 거기(車騎)와 말을 관리할 뿐만 아니라 경호업무를 담당하였을 것이다. 세택은 태자를 측근에서 보좌하는 시종업무뿐만 아니라 문한업무(文翰業務)를 맡았을 것이다. 어룡성과 세택은 내성 예하에도 존재하며, 관리의 격이나 숫자에 차이가 있음을 확인할 수 있다.[43] 급장전은 그 명칭으로 보아 장막(帳幕)에 관한 일을 수행한 관청, 포전은 태자에게 음식을 준비하고 제공한 관청으로 추정된다.[44] 월지전과 월지악전은 월지 및 그 주변에 위치한 여러 산봉우리를 관리하는 관청이었고, 용왕전은 용왕에 대한 제사를 담당하였던 것으로 이해된다. 그리고 승방전은 동궁 내에서 설행(設行)되었던 불교행사를 관장하였을 뿐만 아니라 승려들이 기거하는 방(房)을 관리하는 관청이었을 것이다.

---

43 내성 예하의 御龍省에는 私臣 1人, 御伯郎(奉御, 卿) 2人, 稚省 14人이, 세택에는 大舍 8人, 從舍知 2인이 있었다. 반면에 동궁관 예하의 御龍省에는 大舍 2人, 稚省 6人이, 洗宅에는 大舍 4人, 從舍知 2人이 있었다.

44 이용현, 2007 「안압지와 동궁 포전」 『신라문물연구』 창간호, pp.65~66에서 포전은 국왕이 베푸는 연회 등 행사시의 요리뿐만 아니라 동궁 예하 기관의 일상 음식을 관장하였을 것이라고 추정하였다.

주지하듯이 월지, 즉 안압지는 문무왕 14년(674)에 조성되었고, 동궁은 문무왕 19년(679)에 건립되었다. 월지의 조성과 더불어 그것을 관리하는 관청으로서 월지전과 월지악전을 설치하였다고 짐작된다. 동궁 건립 이후에 급장전과 포전, 승방전과 용왕전도 설치하였다고 봄이 자연스러울 것이다. 경덕왕 11년(752) 8월 이전, 즉 동궁관을 설치하기 이전에 급장전과 월지전 등의 여러 관청을 통괄한 주체는 궁궐의 여러 관청을 총괄한 내성(內省)이라고 보아야 한다. 그런데 동궁아를 설치하면서 급장전 등의 여러 관청을 동궁아가 관할하게 하고, 이에 따라 동궁아가 관할하는 관청들을 총칭하여 동궁관이라고 명명하였을 것으로 짐작된다.

679년 동궁 건립 이전에도 태자의 행행(行幸)에 필요한 거기(車騎) 및 말의 관리, 그리고 경호업무를 맡은 관리들 및 태자를 보좌하는 시종업무와 문한업무를 맡은 관리들이 존재하였을 것이지만, 과연 당시에 내성 예하의 어룡성 및 세택과 별도로 동궁에 어룡성과 세택을 설치하였을까에 대해서는 의구심이 든다. 당시에는 태자의 행행에 필요한 거기 및 말의 관리, 태자의 경호, 태자를 보좌하는 시종과 문한업무 등은 내성의 어룡성과 세택의 관원들이 수행하였을 가능성이 높다고 추정되기 때문이다. 동궁의 어룡성과 세택은 경덕왕 11년에 동궁아와 더불어 설치한 것으로 이해되는데, 이에 대해서는 뒤에서 자세하게 언급할 예정이다.

심원사수철화상탑비(深源寺秀徹和尙塔碑)에 경복(景福) 2년(893, 진성여왕 7)에 수철화상이 향년 79세로 입적하자, 진성여왕이 동궁관(東宮官) 봉식랑(奉食郎) 왕로(王輅)를 보내 교서를 전달하고 애도하게 하였다고 전한다. 종래에 봉식랑(奉食郎)의 성격에 대하여 명칭상에 주목하여 동궁의 음식 관련 업무를 맡은 관리로 이해하는 견해,[45] 동궁 어룡성 또는 중사성 소속의 근시직으로 보는 견해가[46] 제기되었다. 동궁관 봉식랑 왕로가 진성여왕

---

45 이문기, 2007 「신라 효공왕(嶢)의 태자책봉과 왕위계승」『역사교육논집』39, p.196.
46 이승현, 2009 「신라의 동궁제도」『한국고대사연구』55, p.226.

의 교서를 전달한 것으로 보건대, 봉식랑은 태자 측근에서 보좌하는 근시직의 성격을 지녔을 가능성이 높다고 판단된다.[47]

봉림사진경대사탑비에 중사성(中事省) 내양(內養) 김문식(金文式), 흥녕사 징효대사보인탑비에 동궁(東宮) 내양(內養) 안처현(安處玄)이 보인다. 종래에 내양은 사인(舍人)을 가리키며, 중사성 내양과 연결시켜 동궁 내양을 동궁 중사성(세택) 소속 근시직으로 이해한 견해가 제기되었다.[48] 동궁관 봉식 랑 왕로가 세택의 관리였는가, 포전의 관리였는가는 분명하게 알 수 없지만, 아무튼 왕로와 안처현이 세택 또는 포전 소속의 관원이었음에도 불구하고, 그들의 소속 관청을 명확하게 밝히지 않고, 단지 그들이 '동궁 관(東宮官)' 또는 '동궁(東宮)' 소속이었다는 사실만을 적기한 점이 주목을 끈다. 경덕왕 11년(752) 동궁관 설치 이후에 그 예하 관청에 소속된 관원 들을 통상 동궁관 또는 동궁의 관원으로 부르는 관행이 일반화되었음을 시사해주는 측면으로서 유의되기 때문이다.

경덕왕 11년(752) 8월 동궁관과 동궁아를 설치하면서 월지전과 급장전 등의 여러 관청에 대한 관할권이 내성에서 동궁아로 이양되었고, 또한 그 이후에 동궁 예하의 관청에 소속된 관원의 인명표기에서 동궁관 또는 동궁 소속이라는 사실만을 밝히고 구체적인 관청 명칭을 적기하지 않는 관행이 일반화된 것은 동궁의 운영과 위상에도 무엇인가 변화가 있었음 을 전제로 할 때, 합리적으로 이해할 수 있을 텐데, 이에 대한 자세한 내용은 절을 달리하여 살펴보도록 하겠다.

---

47 『삼국사기』 직관지에서 東宮官 자체에 官員이 존재하였다는 정보를 찾을 수 없다. 만약에 봉식랑이 동궁의 음식 관련 업무를 맡았다면, 봉식랑은 庖典의 관리였다고 볼 수 있고, 근시직의 성격을 지녔다고 한다면, 洗宅(中事省)의 관리였다고 이해할 수 있다. 다만 직관지에서 포전과 세택의 관리 가운데 봉식랑이 존재하였다는 언급 을 찾을 수 없다는 점이 문제로 제기된다. 포전 또는 세택의 관리 가운데 大舍 또는 從舍知를 하대에 奉食郎으로 개칭하였거나 봉식랑이란 새로운 관직을 이들 관청에 설치하였다고 추론할 수 있는데, 필자는 전자의 가능성에 무게를 두고 싶다.

48 이기동, 1984 「나말여초 근시기구와 문한기구의 확장-중세적 측근정치의 지향」 『신 라 골품제사회와 화랑도』, 일조각, pp.238~239.

2. 동궁의 내부구조와 성격 변화

1) 동궁의 내부구조

월지, 즉 안압지에서 '사정당(思正堂)'이란 명문이 새겨진 철제자물쇠가 발견되었는데,[49] 이에서 동궁 내에 사정당이란 당호(堂號)를 가진 건물이 존재하였음을 엿볼 수 있다. 그리고 애장왕 5년(804)에 동궁에 만수방(萬 壽房)을 지었다고 한다. 이밖에 목간을 통하여 동궁에 우궁(隅宮)이 존재하 였음을 확인할 수 있다.[50] 사정당(思正堂)은 '정사(政事)를 바르게 행하기를 생각하는 건물'이란 뜻으로 풀이할 수 있다.[51] 남조시대 동궁의 정전(正殿) 이 숭정전(崇正殿)이며, 이것을 숭정전(崇政殿)이라고 표기하기도 한다.[52] 이에 의거하여 사정당(思正堂)을 사정당(思政堂)으로 표기하여도 크게 문제 가 되지 않을 것이다. 주지하듯이 경복궁의 편전(便殿)이 사정전(思政殿)인 데, 정도전(鄭道傳)은 '매일 아침 이 전에서 정사를 보시고, 만기(萬機)를 거듭 모아서 전하(殿下)에게 모두 품달(稟達)하면, 조칙(詔勅)을 내려 지휘하 기 때문에 더욱 생각하지 않을 수 없습니다. 이에 신은 이 전을 사정전(思

---

49 문화재관리국, 1978 『안압지 발굴조사보고서』, p.352에서 '思正堂北宜門'이라고 판독하였으나, 고경희, 1993 앞의 논문, p.19에서는 '思正堂北○'라고 판독하였다.

50 하시모토 시게루(橋本繁), 2007 「안압지 목간 판독문의 재검토」『신라문물연구』 창간호, p.98에서 '隅宮北門迂 向□/才者在 同宮西門迂 元方在/馬叱下在 / 東門迂 三 毛左/ □□□ 開義門迂 小巴乞在/金老在'로 판독하였고, 윤선태, 2007 「안압지 출토 '門號木簡'과 신라 동궁의 경비-국립경주박물관 촬영 적외선 善本寫眞을 중심으로-」 『신라문물연구』 창간호, pp.78~80에서 '隅宮北門迂 阿□/才者左 同宮西門迂 元方 左/馬叱下左 / 東門迂 三毛左/□□□ 開義門迂 小巴乞左/金老左'로 판독하였다. 이밖에 안압지에서 '策事門思易門' 묵서 목간도 발견되었다.

51 『明一統志』 권50 饒州府, "思正堂〈即餘干縣後堂 宋李虛舟建 周常改曰思政 吳與復曰思正. 或問之與 曰思正者 思政之正也. 虛舟之思正也 思政之正而民 感之. 常之思政也 以私爲思不以正爲政而民怨之 吾舍常而取虛舟焉〉."

52 『南齊書』卷4 本紀第4 鬱林王, "永明五年 十一月戊子 冠於東宮崇政殿.";『宋 書』卷7 本紀第7 前廢帝, "大明二年 出東宮 四年 講孝經於崇正殿.";『宋書』 卷15 志第5 禮2, "宋文帝 元嘉十七年 七月壬子 元皇后崩 兼司徒給事中劉溫 持節監喪 神虎門設凶門柏歷至西上閤 皇太子於東宮崇正殿及永福省 竝設廬 諸皇子未有府第者 於西廂設廬.";『南齊書』卷21 列傳第2 文惠太子, "永明三 年 於崇正殿講孝經."

政殿)이라고 명명하기를 청합니다.'라고[53] 언급하였다. 이상에서 언급한 여러 정황을 두루 감안하건대, 사정당이 동궁 내에서 가장 핵심적인 건물, 즉 태자가 정무를 처리하거나 태자가 학문을 닦거나 또는 태자와 관련된 여러 가지 의례를 거행하던 건물이었다고 보아도 이론이 없을 것이다.[54]

최근에 안압지 동편에 대한 발굴조사를 진행하여 여러 건물지를 확인할 수 있었다. 이 가운데 1호건물지는 정면 9칸 이상, 측면 4칸을 가진 동향 건물이고, 남·북 양 끝에 계단시설을 설치하였던 것으로 조사되었다. 현재까지 발굴된 건물지의 평면 크기는 정면 16.4m, 측면 13.2m이며,[55] 한 칸의 규모와 형태는 정면 2.4m×측면 3.2m의 장방형 또는 2.4m×2.4m나 3.2m×3.2m의 정방형으로 구분된다고 한다. 발굴보고자는 이 건물을 7세기 후반에 조성된 전각건물로 추정하였다. 1호건물지와 관련이 있는 남북방향으로 설치된 1호담장지와 그것과 연결된 회랑지는 현재까지 95.6m 이상의 길이인 것으로 알려졌다.[56] 1호건물지와 담장지는 7세기 후반 동궁을 조성할 때에 적어도 정면 9칸 이상의 전각

---

53 『太祖實錄』권8 태조 4년 10월 7일, "其思政殿曰 … 每朝視事於此 萬機荐臻 皆稟殿下 降勅指揮 尤不可不之思也 臣請名之曰思政殿."

54 남조 송나라 明帝 泰豫 원년(472)에 東宮의 正殿인 崇正殿에서 臥病中인 明帝를 대신하여 황태자 劉昱(後廢帝)의 주관하에 元會(新年賀禮儀式)를 거행하였고, 또한 여기에서 황태자가 『孝經』 講義를 하였는데, 특히 『효경』의 강의는 釋奠·冠禮와 함께 황태자의 황제권계승자격의 완성을 表徵하는 의례로서 중요한 상징적 의미를 지녔다고 한다(岡部毅史, 2013 앞의 논문, p.49). 이러한 송나라의 동궁 숭정전의 사례를 참고하건대, 사정당은 신라 태자가 정무를 보는 政廳의 성격을 지니면서도 동궁과 관련된 중요한 의례를 거행하던 곳임과 동시에 학문을 닦는 교육의 장소였다고 추론하여도 크게 문제가 되지 않을 것이다.

55 1호건물지의 전체 면적은 대략 정면 32.8m×측면 13.2m(432.96㎡)였다고 추정된다.

56 국립경주문화재연구소, 2012 『경주 동궁과 월지Ⅰ-발굴조사보고서-』, pp.42~57 및 pp.94~99; 국립경주문화재연구소, 2014 『경주 동궁과 월지Ⅱ-발굴조사보고서-』, pp.54~61 및 pp.140~147.
참고로 1호담장지와 연결된 회랑지에 대한 정보는 필자가 직접 현장을 답사하여 확인한 것임을 밝혀둔다.

〈그림 2〉 1호건물지 전경/동—서
(국립경주문화재연구소, 2012 『경주 동궁과 월지 Ⅰ -발굴조사보고서-』, p.44 사진 17 인용)

건물과 아울러 그 동편에 담장을 둘러 동궁의 경역을 분명하게 설정하였음을 시사해주는 고고학적인 자료로서 주목된다고 하겠다.

애장왕 5년(804)에 건립한 만수방을 1호건물지와 연관시켜 이해하기 어려울 것이다. 우궁에 동문(東門), 서문(西門), 북문(北門), 개의문(開義門)이 존재하였다. 우궁은 사방에 문이 있는 건물이었고, 각 문마다 교대로

문을 지키는 수위(守衛)들을 두었던 것으로 확인된다.[57] 이와 같은 우궁의 성격을 감안한다면, 1호건물지를 우궁과 연결시켜 이해하기는 힘들고, 아마도 태자와 그의 가족들이 일상생활을 영위하던 건물이었을 가능성이 높지 않을까 한다. 동궁에 임해전(臨海殿)이 있었는데, 그것은 월지 서편에 위치하였다.[58] 이처럼 만수방과 우궁, 임해전 등을 1호건물지와 연결시키기 어렵다고 한다면, 일단 1호건물지와 사정당과의 연관성을 한번 상정해볼 수 있을 것이다. 물론 아직까지 1호건물지와 동궁 영역 전체를 발굴하지 않았기 때문에 1호건물지를 사정당과 직접 연결시키는 것은 매우 위험한 발상임을 고백하지 않을 수 없다. 아무튼 여기서는 단지 그 가능성만을 제시해두는 차원에서 머물고 싶으며, 차후에 발굴조사가 더 이루어진다면, 사정당과 1호건물지와의 관계에 대한 보다 심층적인 이해가 가능해질 것으로 기대된다.

근래에 국립경주박물관 남측 부지에서 '신심〈부〉동궁세택(辛審〈夫〉東宮洗宅)'명 청동접시와 '동궁아(東宮衙)'명 호(壺)가 발견되었다. 발굴보고자는 이들 자료를 근거로 하여 국립경주박물관 남측 부지에 동궁의 관아가 있었을 가능성과 아울러 이곳까지 동궁의 영역을 확대하여 이해할 수 있지 않을까 하는 의견을 피력하였다.[59] 그리고 최근에 이러한 견해에 동조하는 연구성과가 제출되기도 하였다.[60] 그러면 과연 이러한 견해들을 그대로 수긍할 수 있을까가 궁금하다.

최근에 월성을 발굴하면서 국립경주박물관 남측 부지에서 발견된 것

---

57 윤선태, 2007 앞의 논문, pp.81~83에서 동문과 개의문은 동궁 전체를 둘러싼 外垣에 설치된 四方門이고, 우궁은 동궁 내부에 별도의 內垣으로 둘러싸인 건물군을 지칭하며, 우궁의 북문과 그 서문은 그 내원에 설치된 重門으로 추정하였다. 우궁의 문을 수위하는 사람들을 관리하는 관청이 바로 동궁관 어룡성이었을 가능성이 높다고 보인다.

58 임해전의 위치에 대해서는 뒤에서 자세하게 검토할 예정이다.

59 최순조, 2013 「국립경주박물관 남측부지 유적 출토 신명문자료-東宮衙銘 壺 및 辛番(?)東宮洗宅銘 청동접시-」『목간과 문자』 10, pp.196~201.

60 김병곤, 2015 앞의 논문, pp.100~102.

과 동일한 '동궁아(東宮衙)'명 호(壺)가 발견되었다.[61] 이에 따른다면, '동궁
아'명 호가 발견된 장소를 곧바로 동궁아가 위치한 곳으로 추론하는
것은 문제가 있다고 보지 않을 수 없다. 안압지에서 '동궁아일(東宮衙鎰)'명
철제자물쇠가 발견되었다.[62] 이것은 동궁아의 문을 잠그는데 사용한 것
이 분명한 바, 동궁아가 안압지 근처에 위치하였음을 입증해주는 결정적
인 증거물로 볼 수 있을 것이다.

그렇다면, 진단구로 사용된 청동접시에 새겨진 명문에 근거하여 세택
이 박물관 남측 부지에 위치하였다고 볼 수 있을까? 안압지에서 발견된
경질계 회색 대부완(臺附盌)의 굽바닥 외면에 '세택(洗宅)'이라는 주서(朱書)
가 있었다. 또한 대부완의 파편으로 보이는 굽바닥 안쪽에서도 '세택(洗
宅)'이란 묵서가 발견되었다.[63] 이밖에 안압지에서 발견된 목간에서도
세택이라는 묵서를 확인할 수 있다.[64] 대부완은 세택에서 사용한 것이
분명하고, 세택이라는 묵서가 있는 목간은 세택의 관원들이 작성한 것으
로 보인다. 이것들은 세택이 안압지 근처에 위치하였음을 입증해주는
자료들이다.

'남궁지인(南宮之印)'명 기와편이 국립경주박물관 부지뿐만 아니라 동천
동 696-2번지 유적에서도 발견되었다. 그런데 후자의 유적에서 '재성(在
城)'명 기와편도 함께 발견되었다.[65] 여기서 재성(在城)은 월성을 가리킨
다. 그런데 '재성'명 기와편이 동천동 696-2번지 유적에서 발견되었다고

---

61 필자가 2016년 5월 27일 오후에 월성 발굴 현장에서 '東宮衙'銘 壺를 실견하였다.
62 고경희, 1993 앞의 논문, p.18.
63 고경희, 위의 논문, p.35.
64 遣急使條(牒?)高城�缶/辛番洗宅□□瓮一品仲上; 曹洗宅家/曹洗宅家; 洗宅白
    之二典前四□子頭身沐浴□□木松茵(앞면)/□迎□入日□□(좌측면)/十一月卅
    七日前□ 思林(뒷면)
    함순섭, 2007 「국립경주박물관 소장 안압지 목간의 새로운 판독」『신라문물연구』
    창간호, p.120 및 p.143; 하시모토 시게루(橋本繁), 2007 앞의 논문, p.97 및 p.99.
65 한국문화재보호재단·탑스리빙월드(주), 2010 앞의 보고서, p.595.

하여, 이곳을 월성이라고 비정할 수 없는 것처럼 '남궁지인'명 기와편이 이 유적에서 발견되었다고 하여서 그곳을 남궁이라고 비정할 수 없음은 물론이다. 이처럼 명문 자료가 발견된 유적을 명문 내용과 관련이 있는 곳과 곧바로 연결시켜 이해하기가 곤란하다는 점을 감안한다면, 국립경주박물관 남측 부지에서 '동궁세택(東宮洗宅)'명 청동접시 1점이 출토되었다고 하여서, 단지 이것만을 근거로 하여 그곳에 동궁의 세택이란 관청이 위치하였다고 보거나 또는 동궁의 경역이 그곳까지 미쳤다고 추정하는 것은 위험하다고 보지 않을 수 없다. 특히 국립경주박물관 부지가 월성 대궁의 남쪽에 위치하였으므로, 그곳이 바로 남궁 터였을 가능성이 높다는 점을 염두에 둔다면, 박물관 남측 부지를 동궁의 경역에 포함시켜 이해하는 것은 문제가 많다고 볼 수밖에 없을 것이다.

이상에서 살핀 것처럼 국립경주박물관 남측 부지에 동궁아 또는 동궁세택이 존재하였다고 보기 어렵다면, 현재 안압지 근처에 동궁아와 세택이 위치하였다고 봄이 옳을 것이다. 태자가 정무를 보았다고 추정되는 사정당 근처에 동궁아와 세택, 그리고 어룡성이 존재하였을 가능성이 높다고 짐작된다. 동궁아 설치 이후에 애장왕대에 만수방(萬壽房)을 지었던 바, 신라 하대에 동궁 내에는 임해전, 사정당, 만수방, 동궁관 예하의 각 관청, 그리고 태자와 태자비 등이 일상생활을 영위하는 거소(居所)와 관련이 깊다고 여겨지는 우궁(隅宮) 등이 위치하였다고 볼 수 있다.[66] 임해전은 월지 서편에, 만수방은 임해전 근처에, 사정당과 동궁아, 어룡성, 세택은 월지 동편 1호건물지 근처에, 월지전과 월지악전, 용왕전은 월지 근처에 위치하였다고 보이고, 나머지 관청 건물은 월지 동편이나 남편에 위치하였던 것으로 추정된다.

---

[66] 기존에 월지 남쪽에 동서로 긴 건물터를 庖典과 관련시켜 이해하는 견해가 제기되기도 하였다(이용현, 2007 앞의 논문, pp.67~68).

2) 동궁의 성격 변화

경덕왕 11년(752) 동궁관을 설치하기 이전까지 동궁의 여러 잡다한 업무를 처리하던 포전, 급장전 및 월지와 관련된 업무를 수행하는 월지전, 월지악전, 용왕전 등의 여러 관청을 내성에서 관할하였다고 볼 수 있다. 이것은 결과적으로 동궁 역시 내성에서 관할하였음을 전제하는 것인데, 이에서 경덕왕 11년 이전까지 동궁 역시 내성에서 관할한 양궁, 사량궁, 본피궁, 영창궁 등과 같은 성격의 이궁(離宮)으로 인식되었음을 다시금 상기할 수 있음은 물론이다. 그러나 경덕왕 11년(752) 8월에 동궁관·동궁아를 설치하면서 내성이 아니라 동궁아가 동궁의 여러 건물과 관청을 관할하게 되었고, 이에 따라 동궁은 태자의 공간임을 제도적으로 보장받게 되었다고 평가할 수 있다. 그렇다면 경덕왕은 왜 하필이면 752년 무렵에 동궁의 위상을 새로 정립하기 위한 조치를 단행하였을까가 궁금하다.

경덕왕의 첫 번째 왕비는 삼모부인(三毛夫人)이었다. 그녀는 경덕왕 즉위 이후에 아들을 낳지 못하였다는 이유로 출궁(出宮)당하였다. 경덕왕은 743년(경덕왕 2) 4월에 서불한(舒弗邯) 김의충(金義忠)의 딸을 맞아들여 왕비(王妃)로 삼았는데, 이가 바로 만월부인(滿月夫人)이다. 만월부인은 한동안 아들을 낳지 못하다가 경덕왕 17년(758) 7월 23일에 건운(乾運)을 낳았다. 경덕왕이 애타게 아들 낳기를 바랐음은『삼국유사』권제2 기이제2 경덕왕 충담사 표훈대덕조에 표훈대덕(表訓大德)으로 하여금 상제(上帝)께 아들을 낳게 해달라고 청원하여 겨우 아들을 얻게 되었다는 내용의 설화가 전하는 사실을 통하여 엿볼 수 있다. 경덕왕은 소망하던 아들을 얻자, 겨우 만 2살밖에 안 된 건운을 경덕왕 19년(760) 7월에 서둘러 태자로 책봉하였다. 경덕왕이 건운의 태자 책봉을 서두른 이유와 경덕왕 11년 (752) 동궁의 위상을 강화하는 조치를 취한 것은 밀접한 상관관계를 지녔을 것으로 판단된다.

경덕왕 11년 8월은 경덕왕이 아들을 낳기 이전 시기에 해당한다. 경덕왕은 태자가 존재하지 않은 상황에서 동궁아를 설치하고, 급장전, 포전, 월지전, 월지악전, 용왕전, 승방전 등의 관청을 동궁관에 소속시켜 동궁아로 하여금 그것들을 관리하게 하였던 셈이 된다. 동궁관에 속한 관청의 관원 가운데 동궁아의 상대사(上大舍)가 최고위직에 해당한다. 따라서 태자 부재시(不在時)에는 동궁아의 상대사가 동궁의 여러 건물과 관청을 관리하는 임무를 수행하였다고 볼 수 있다. 태자가 동궁에 거처할 경우에 상대사가 태자의 지휘와 감독을 받아 동궁의 제반 업무를 총괄하였을 것으로 짐작된다.

앞에서 동궁을 건립한 679년 무렵에 내성 예하의 어룡성과 세택이 태자를 경호하거나 보좌하였을 것이라고 언급하였다. 『삼국사기』 직관지에 동궁관 예하에 어룡성과 세택이 존재하였다고 전하므로, 동궁아를 설치하면서 동궁에 별도로 태자를 경호하거나 보좌하는 업무를 담당하는 관청으로서 어룡성과 세택을 설치하였다고 봄이 자연스러울 것이다.[67] 결과적으로 경덕왕 11년에 동궁아를 설치하면서 비록 당대(當代)의 중국과 일본의 동궁기구(東宮機構)에 비하여 관청 및 관원의 숫자 등이 매우 적었다고 하더라도[68] 동궁아-어룡성-세택을 중심으로 하는 동궁기구를 나름 체계적으로 정비하였다고 볼 수 있는데, 이럼에 따라 태자는 차기 왕으로서 성군(聖君)의 덕성(德性)과 자질을 함양할 수 있는 체계를

---

67 다만 태자의 不在時에는 동궁의 어룡성과 세택의 관원을 두지 않았을 것으로 추정된다.

68 당나라 太子府는 太子三師, 太子三少, 太子賓客, 太子詹事府, 太子左·右春坊, 太子內坊, 太子內官, 三寺(太子家令寺·太子率更寺·太子僕寺), 十率府 (左右衛·左右司禦·左右淸道·左右監門·左右內)로 구성되었고, 그 流內官員은 289명으로 알려졌다(김호, 2005 「당대 태자부의 구조와 운용」『중국사연구』 36, pp.113~120). 『令義解』 東宮職員令에 의하면, 고대 일본 동궁 소속 관인은 東宮傅 1인, 東宮學士 2인 이외에 春宮坊 소속의 春宮大夫 1인, 亮 1인, 大進 1인, 少進 2인, 大屬 1인, 少屬 2인, 使部 30인, 直丁 3인으로 구성되어 있다고 한다(강은영, 2016 「고대 일본의 동궁에 관한 연구」『일본역사연구』 44, p.14).

갖추었다고 평가할 수 있을 뿐만 아니라 태자가 국가 경영에 필요한 여러 가지 사항을 안정적으로 준비할 수 있는 제도적 장치가 마련되기에 이르렀으며, 나아가 갑작스러운 국왕의 변고에 대비하여 왕조(王朝)의 불안을 최소화할 수 있는 여건이 조성되었다고 규정할 수 있을 것이다.

일반적으로 왕조국가에서는 왕가(王家)의 무궁한 존속을 대내외에 공지하고, 왕조의 재생산 기반을 확고하게 다지기 위해서뿐만 아니라 왕위 계승을 둘러싼 다툼을 미연에 방지하여 국정을 안정적으로 유지하기 위한 목적에서 태자의 책봉에 커다란 관심을 기울였다고 이해되고 있다. 이러한 사실을 염두에 두건대, 경덕왕 역시 태자를 책봉하여 국가의 근본을 공고하게 다져 민심을 수습하고, 이를 바탕으로 정국의 안정을 꾀할 뿐만 아니라 나아가 태자 관련 제도를 체계화하여 강력한 왕권의 확립을 도모하려는 의도에서 752년 8월에 동궁기구를 새롭게 정비하였다고 추정해볼 수 있다. 경덕왕이 아들 낳기를 애타게 바랐고, 아들을 얻은 후에 겨우 두 살밖에 안 된 건운을 급하게 서둘러 태자로 책봉한 사실을 통해서 이러한 추정이 결코 허황된 억측만이 아니었음을 엿볼 수 있지 않을까 한다.

경덕왕 11년에 동궁아-어룡성-세택을 중심으로 동궁기구를 정비하였음에도 불구하고 하대에 이르러 태자가 부재(不在)한 시기가 많았기 때문에 태자제도의 정상적 운영을 기대하기가 사실 그리 쉽지 않았을 것이라고 추정해볼 수 있다. 다음 〈표 1〉은 경덕왕 11년 이후 태자가 존재한 시기를 정리한 것이다.

〈표 1〉 경덕왕 11년(752) 이후 태자의 재위 시기와 동궁 거주 기간

태자	재위 시기	동궁 거주기간	태자	재위 시기	동궁 거주기간
건운	경덕왕 19년(760) 7월~ 경덕왕 24년(765) 6월	5년	경응 (慶膺)	신무왕 원년(839) 정월~ 신무왕 원년 7월	6개월
인겸 (仁謙)	원성왕 원년(785) 2월~ 원성왕 7년(792) 정월	7년	?	문성왕 9년(847) 8월~ 문성왕 14년(852) 11월	5년 3개월
의영 (義英)	원성왕 8년(793) 8월~ 원성왕 10년(795) 2월	2년 6개월	정(晸)	경문왕 6년(866) 정월~ 경문왕 15년(875) 7월	9년 6개월
준옹 (俊邕)	원성왕 11년(796) 정월~ 원성왕 14년(799) 12월	3년	요(嶢)	진성왕 9년(895) 10월~ 진성왕 11년(897) 6월	1년 8개월
청명 (淸明)	소성왕 2년(801) 6월~ 소성왕 2년 6월	1개월	승영 (昇英)	신덕왕 원년(912) 5월~ 신덕왕 6년(917) 7월	5년 2개월
수종 (秀宗)	헌덕왕 14년(822) 정월~ 헌덕왕 18년(826) 10월	4년 9개월	?	경순왕 원년(927) 11월~ 경순왕 9년(935) 10월	8년 1개월?
충공 (忠恭) 69	흥덕왕 원년(826) 10월~ 흥덕왕 11년(836) 12월 사이 재위	?			

〈표 1〉을 통해서 태자 책봉에 크게 관심을 기울인 왕이 원성왕이었음을 엿볼 수 있다. 원성왕 역시 경덕왕과 비슷한 의도로 태자가 사망하면 이어서 왕자 또는 손자를 태자로 책봉한 것으로 판단된다. 신라 하대에 태자제도가 가장 안정적으로 운영된 시기는 태자가 가장 오랜 동안 존속한 경문왕대였는데,[70] 이러한 사실은 경문왕대에 태자를 교육하는 시스템을 체계적으로 정비한 사실을 통하여 뒷받침할 수 있다.

황룡사9층목탑찰주본기에 경문왕 12년(872) 당시 요극일(姚克一)이 '숭

---

[69] 봉암사지증대사탑비에 흥덕대왕이 즉위하자, 宣康太子(忠恭)가 監撫하였다(興德大王纂戎 宣康太子監撫)고 전한다. 이 기록을 통해 흥덕왕대에 그의 동생인 충공을 副君(太子)으로 책봉하였음을 엿볼 수 있다(이승현, 2009 앞의 논문, p.31). 충공이 흥덕왕보다 먼저 죽었던 것으로 추정되는데, 현재 그가 태자로 재위한 기간을 정확하게 考究하기 어렵다.

[70] 중고기부터 태자책봉제를 통한 왕위계승이 확립되었다고 보는 것이 일반적이다. 다만 하대에 이르러 왕위계승분쟁이 잦아지면서 태자책봉을 통한 왕위계승이 정상적으로 이루어지지 못하였다가 경문왕대에 비로소 태자책봉을 통한 왕위계승이 안정되었다고 볼 수 있다.

문대랑(崇文臺郎) 겸춘궁중사성(兼春宮中事省)'이라고 전한다. 춘궁(春宮)은 동궁의 별칭이다. 한편『삼국사기』직관지에 경덕왕대에 세택을 중사성(中事省)으로 개칭하였다가 후에 복고(復故)하였다고 전한다. 찰주본기의 기록을 통해 경문왕 12년 이전에 다시 세택을 중사성으로 개정하였음을 살필 수 있다.『삼국사기』직관지에서 동궁관 세택에 대사(大舍) 4인, 종사지(從舍知) 2인이 있었다고 하였다. 찰주본기에는 요극일이 대사인지 종사지인지 명확하게 밝히지 않았지만, 그가 숭문대에서 가장 높은 직임인 낭(郎)을 겸직하고 있었던 것으로 보건대, 그는 대사였을 가능성이 높다고 보인다.[71] 한편 경문왕 12년(872)에 건립된 대안사적인선사탑비에 요극일이 중사인(中舍人)이라고 전하는데, 중사인을 중서(성)사인으로 이해하고 있다.[72]

당나라의 경우 숭문관(崇文館)은 동궁 예하의 관청이었는데, 정관(貞觀) 연간(627~649)에 학사(學士)·직학사(直學士)를 설치하였다고 한다.[73] 그런데 신라의 숭문대는 동궁 예하가 아니라 내성 예하의 관청이었다. 당에서 숭문관은 경적도서를 관리하고, 학생의 교육을 담당한 관서였다. 주로 황족이나 고위 관리 자손의 교육을 관장한 것으로 알려졌다.[74] 『삼국사기』직관지에 내성(內省) 예하에 성덕왕 20년(721)에 소내학생(所内學生)을 두었다고 전한다. 소내학생은 주로 왕족이나 고위 귀족의 자제들로 구성되었고, 숭문대에서 그들을 교육하였던 것으로 보인다. 이처럼 숭문대

---

71 『삼국사기』직관지에 崇文臺에는 郎 1인, 從舍知 2인, 史 4인이 있었다고 전한다.

72 이기동, 1984, 앞의 논문, p.239.
한편『삼국사기』열전제8 실해조에 上舍人, 下舍人이 보인다. 中舍人은 舍人의 종류 가운데 하나였을 가능성이 높다고 보인다.

73 『大唐六典』卷26 崇文館, "崇文館學士〈魏文帝 招大儒之士 始置崇文館…自貞觀中 崇文館有學士直學士 員不常置 掌教授學生等〉 … 崇文館學士 掌刊正經籍圖書 以教授諸生 其課試舉選 如弘文館."

74 『新唐書』卷44 志34 選舉志, "東宮有崇文館生二十人. 以皇緦麻以上親 皇太后皇后大功以上親 宰相及散官一品功臣身食實封者 京官職事從三品中書黃門侍郎之子為之."

에서 왕족이나 고위 귀족의 자제들로 구성된 소내학생을 교육하였다고
한다면, 숭문대랑이면서 춘궁 중사성의 관리, 즉 중사인(中舍人)을 겸직한
요극일이 태자의 교육을 담당한 관리였다고 보아도 크게 문제가 되지
않을 것이다. 이에서 숭문대와 동궁 세택의 관리들이 태자의 교육을
담당하였을 것이라는 추론도 어느 정도 가능하지 않을까 한다.

태자의 교육과 관련하여 또 하나 주목되는 관직이 바로 『삼국사기』
직관지에 보이는 태자시서학사(太子侍書學士)이다. 『지리산화엄사사적(智異
山華嚴寺事蹟)』에 실린 최치원찬 「봉위헌강대왕결화엄경사원문」(896년)에
'(성상〈聖上: 정강왕〉께서) 시서중(侍書中)에서 필법이 매우 기묘한 이를
선택하여 화엄경세간정은품제일(華嚴經世間淨銀品第一)을 쓰도록 명하시었
다.'라는 기록이 보인다. 당나라에서 명필가로 알려진 유공권(柳公權)이
한림시서학사(翰林侍書學士)를 역임하였다는 기록이 전한다.[75] 시서(侍書)에
는 주로 명필가가 임명되었음을 알려주는 자료들이다. 태자시서(太子侍書
〈學士〉)는 태자를 측근에서 보필하며 글을 필사(筆寫)하거나 또는 서법(書法)
을 가르쳤을 것이다.[76] 태자시서학사의 존재를 통하여 태자에게 경(經)·
사학(史學)을 강론(講論)하는 태자시독(太子侍讀〈學士〉) 또는 태자시강(太子侍講
〈學士〉) 등이 설치되었음을 추론할 수 있다.[77]

---

75 『舊唐書』卷165 列傳第115 柳公權, "公權字誠懸 幼嗜學 十二能為辭賦. 元和
初 進士擢第 釋褐秘書省校書郎. 李聽鎮夏州 辟為掌書記. 穆宗即位 入奏事
帝召見 謂公權曰 我於佛寺見卿筆蹟 思之久矣. 即日拜右拾遺 充翰林侍書學
士 遷右補闕 司封員外郎."

76 『삼국사기』김생열전에 요극일이 벼슬이 侍中(侍郎?)兼侍書學士에 이르렀다고
전한다. 요극일은 경문왕 12년(872) 8월 14일에 제작된 대안사적인선사탑비의 碑
文을 썼을 뿐만 아니라 3개월 뒤인 11월 25일에 완성된 皇龍寺九層木塔刹柱本
記도 썼다. 이밖에 朴居勿이 撰한 三郎寺碑文을 썼다고 알려졌다. 요극일이 명
필가였기 때문에 시서학사에 임명되었다고 볼 수 있을 것이다. 이에 따른다면, 경
문왕대에 요극일은 春宮 中事省(洗宅)의 大舍이자 太子侍書로서 주로 태자를 측
근에서 보필하며 글을 筆寫하거나 또는 書法을 가르쳤다고 짐작해볼 수 있다. 이
후 헌강왕대에 요극일은 翰林臺 侍書學士에 임명된 것으로 추정된다.

77 이승현, 2009 앞의 논문, pp.243~244.
南朝의 齊와 梁에 侍讀이 존재하였고, 侍讀이 東宮官의 太子 앞에서 經書를 講說

이상에서 경문왕대에 숭문대 및 동궁 세택에서 태자의 교육을 담당하였을 뿐만 아니라 태자시독(학사)과 태자시강(학사), 태자시서 등을 두어 경·사학과 서법(書法) 등을 가르치는 시스템을 체계적으로 정비하였음을 살펴보았다. 그러면 이와 같은 태자 교육시스템을 정비한 시기는 언제였을까? 구체적인 자료가 전하지 않지만, 수종(秀宗) 및 충공(忠恭)이 헌덕왕과 흥덕왕대에 나이가 들어 부군(副君(太子))에 책봉되었고, 문성왕대에 태자가 5년 3개월 만에 사망한 정황 등을 두루 감안하건대, 9세기 후반 경문왕대에 비로소 이와 같은 내용의 태자 교육시스템을 체계적으로 정비하였다고 보는 것이 합리적이지 않을까 한다. 이것은 9세기 후반 경문왕대에 비로소 태자와 관련된 제도가 한층 더 체계적·조직적으로 정비되기에 이르렀음을 반영하는 것이기도 하다. 이에 따라 동궁이 태자의 공간이라는 공감대가 더 확산되었을 것으로 짐작된다. 물론 동궁관 예하 관청에 소속된 관리들의 인명표기에서 구체적인 관청 명칭을 생략하고 단지 동궁관 또는 동궁 소속만을 표기한 관행도 이러한 추세와 무관하지 않았을 것이다.[78] 그러나 이럼에도 불구하고 신라가 멸망할 때까지 동궁은 태자의 전용공간으로만 인식되지 않았는데, 이와 관련하

하였다고 알려졌다(高明士, 2004 『中國敎育史』, 國立臺灣大學出版中心, p.93). 한편 『新唐書』 卷49上 志39上 百官4上 東宮官條에 '侍讀은 정원이 없고 經學을 講導하였다.'고 전한다. 고려시대에도 東宮侍讀學士와 東宮侍講學士를 두어 태자의 공부를 도왔다고 한다(전승원, 2006 「고려전기 동궁관 연구」, 고려대학교 석사학위논문, pp.24~33). 한편 翰林臺의 翰林郞을 翰林學士로 개편한 시기는 884년 7월에서 886년 봄 사이였을 가능성이 높은데(전덕재, 2011 「신라 경문왕·헌강왕대 한화정책의 추진과 그 한계」 『동양학』 50, p.77), 이를 염두에 둔다면, 경문왕대에 太子侍書라고 불렸고, 그 이후에 學士制를 시행하면서 그것을 太子侍書學士라고 불렀다고 이해할 수 있다. 물론 太子侍讀과 太子侍講 역시 후대에 太子侍讀學士, 太子侍講學士라고 칭하였다고 짐작된다.

78 앞에서 소개한 『고려사』 권1 세가1 태조 18년(935) 11월 기록을 통해, 東宮이 태자를 別稱하는 용례로 사용되었음을 확인할 수 있다. 물론 이 기록 역시 후대에 부회되었을 가능성을 완전히 배제할 수 없지만, 그러나 9세기 후반 경문왕대 이후에 동궁이 태자의 공간이라는 공감대가 널리 확산된 상황에서 고려 초기에 이르러 東宮을 太子의 別稱으로 본격적으로 불렸던 사실만은 부인하기 어렵지 않을까 한다.

여 다음에 제시한 자료가 주목된다고 하겠다.

(지증대사〈智證大師〉가) 선원사(禪院寺)에 이르러 족히 휴식하시게 되자, 이틀 동안 (거기에서) 머물며 편안하게 묵게 하였다. 이에 (대사를) 월지궁(月池宮)으로 불러 (태부대왕〈太傅大王: 헌강왕〉이) '심(心)'에 대하여 물었다. 그때는 섬세한 조라(鳥蘿)가 전혀 흔들리지 않을 정도로 바람 한 점 불지 않았고, 온수(溫樹)〈溫室樹: 궁궐 안에 심은 나무〉에 바야흐로 어둠이 짙게 깔리기 시작할 무렵이었다. 마침 달그림자가 맑은 연못(玉沼) 가운데 달빛에 비쳐 일어나는 물결에 똑바로 비친 것을 보고, 대사께서 고개를 숙이고 살피다가, 다시 고개를 들어 말씀하시기를, '이것(水月)이 바로 곧 이것(心)이니, 더 이상 할 말이 없습니다.'라고 하자, 임금께서 상쾌한 듯 흔연히 계합(契合)하고 말씀하시기를, '부처(金仙)가 연꽃(花目)을 들어 뜻을 전했던 풍류(風流)가 진실로 이에 합치되옵니다.'라고 하였다. 그리고 마침내 배수(拜授)하여 망언사(忘言師)로 삼았다(봉암사지증대사탑비〈鳳巖寺智證大師塔碑〉).

위의 기록은 지증대사가 881년(헌강왕 7)에 헌강왕의 부름을 받아 월지궁에서 헌강왕과 선문답을 나누었다는 내용이다. 위의 기록에 '마침 달그림자가 맑은 연못 가운데 달빛에 비쳐 일어나는 물결에 똑바로 비친 것을 보고, 대사께서 고개를 숙이고 살폈다.'는 내용이 전한다. 헌강왕이 지증대사를 접견한 곳이 월지궁이었으므로, 맑은 연못은 월지, 즉 안압지를 가리킨다고 볼 수 있다. 그런데 헌강왕과 지증대사가 맑은 연못을 고개를 숙이고 바라보았던 것에서 두 사람은 고개를 숙이고 월지를 조망할 수 있는 건물에서 선문답을 나누었다고 추론할 수 있다. 월지궁 내에서 위에서 월지를 조망할 수 있는 조건을 갖춘 대표적인 건물로서 바로 임해전을 들 수 있을 것이다. 이러한 추론에 문제가 없다고 한다면, 헌강왕과 지증대사는 임해전에서 선문답을 나누었고, 최치원은 임해전을 월지궁이라고 표현하였다고 이해하여도 크게 문제가 되지 않을 것이다.

헌강왕의 아들인 요(嶢 효공왕)가 있었으나, 헌강왕이 생전에 그를 태자로 책봉하였다는 기록은 전하지 않는다. 주지하듯이 그를 태자로 책봉한 이는 그의 고모인 진성여왕이었다. 게다가 헌강왕이 친동생인 황(晃: 정강왕)을 부군(副君)으로 삼았다는 기록도 전하지 않는다. 881년(헌강왕 7)은 월지궁에 태자가 기거하지 않았던 시기에 해당하였던 것이다. 따라서 위의 기록을 다만 태자가 월지궁에 기거하지 않았을 때에 국왕이 월지궁의 임해전에서 귀한 손님을 접견한 사실을 전하는 자료로만 이해할 수도 있다. 그러면 태자가 존재할 때에도 국왕이 임해전에서 귀한 손님을 접견하거나 신료들을 위하여 연회를 베풀었을까가 궁금하다.

　　『삼국사기』 신라본기에 효소왕 6년(697) 7월, 혜공왕 5년(769) 3월, 헌안왕 4년(860) 9월, 헌강왕 7년(881) 3월에 임해전에서 국왕이 신료들에게 잔치를 베풀었다고 전한다. 또한 경순왕 5년(931) 2월에 경순왕이 임해전에서 고려 태조 왕건을 위하여 연회를 개최하였다고 전한다. 효소왕 6년과 혜공왕 5년, 헌안왕 4년, 헌강왕 7년에는 모두 태자가 존재하지 않았을 때에 해당하고, 경순왕 5년에는 태자가 존재한 때였다. 비록 기록에 전하지 않지만, 임해전 조성 이후에 국왕이 거기에서 자주 연회를 베풀었다고 봄이 합리적이라고 판단된다.[79] 이러한 사실과 더불어 헌강왕이 월지궁의 임해전에서 지증대사를 접견하였다고 전하는 봉암사지증대사탑비의 기록에 근거하여, 비록 동궁 내에 위치하였음에도 불구하고 임해전은 태자의 활동공간이 아니라 국왕이 자주 행차하여 연회를 베풀거나 휴식을 즐기는 공간이었다고 규정하여도 크게 문제가 되지 않을 것으로 사료된다. 궁궐의 건물 가운데 가장 품격이 높은 건물, 즉 국왕과 왕비 등의 활동공간에 해당하는 건물을 '~전(殿)'이라고 명명하는 것이 관례였다는 점과 태자가 정무를 처리하거나 태자가 학문을 닦거

79　홍승우, 2017 앞의 논문, pp.246~247에서 태자가 존재하지 않을 경우에만 동궁이 연회장소로 활용되었을 것으로 추정하기도 하였다.

나 또는 태자와 관련된 여러 가지 의례를 거행하던 건물이 바로 사정당
(思正堂)이었을 가능성이 높다는 사실 등을 고려하건대, 월지궁의 임해전
이 국왕이 연회를 개최하거나 휴식을 즐기던 공간이었을 것이라는 추정
이 결코 허황된 억측이라고 치지도외하기가 쉽지 않을 듯싶다. 신라
말기까지 동궁이 태자의 전용공간으로 인식되지 않았다는 측면은 거기
에 만수방(萬壽房)을 건립한 사실을 통해서도 보완할 수 있다.

　종래에 애장왕 5년에 건립한 만수방을 태자의 장수를 위한 전급(典級)
의 관서로 추정하였다.[80] 내성 예하에 조하방(朝霞房), 직금방(織錦房), 축야
방(築冶房), 식기방(飾器房), 취모방(聚毳房), 포인방(鞄人房), 운공방(鞾〈鞾〉工房),
재인방(梓人房), 별금방(別錦房), 침방(針房)이 존재하였다. 이들은 모두 수공
업 관련 관청이라는 공통점을 지녔다. 그런데 만수방은 수공업과 관련된
관청으로 보기 어렵다. 게다가 『삼국사기』 신라본기에 '작동궁만수방(作
東宮萬壽房)'이라고 전하는데, 이것을 애장왕대에 만수방이란 건물을 지었
다고 해석하는 것이 옳지, 만수방이란 관서를 설치하였다고 해석하기는
곤란하다고 보인다.

　그렇다면 만수방의 성격을 어떻게 규정할 수 있을까? 중국 황제와
황후의 생일을 만수절(萬壽節)이라고 부르듯이, 중국에서 '만수(萬壽)' 또는
'만세(萬歲)'는 황제와 관련된 용어로 널리 사용되었다.[81] 이러한 사실과
더불어 애장왕 5년에 국왕이 자주 연회를 개최한 임해전을 중수(重修)하
고 만수방을 지었음을 두루 감안하건대, 국왕이 임해전에서 연회를 베풀
때에 필요한 음식과 술 등을 장만하거나 또는 연회에 필요한 그릇이나
각종 도구 등을 보관하거나 또는 국왕이 잠시 동안 기거하기 위한 목적
에서 동궁 내에 만수방을 건립하였을 가능성을 상정해볼 수 있을 것이

80　이승현, 2009 앞의 논문, p.228.

81　최영성, 2014 앞의 논문, p.180에서 전근대시기에 '萬壽'나 '萬歲'는 천자에게나 사
　　용할 수 있는 표현이고, 태자에게 사용할 수 없다는 점을 강조하며, 만수방을 임금
　　과 관련된 물건을 만들거나 제공하는 곳으로 추정하였다.

다. 현재 만수방의 용도를 정확하게 규명하기가 곤란한 것이 사실이지만, 비록 이렇다고 하다라도 그것이 임해전과 더불어 국왕과 관련된 건물이었다는 점에 대해서는 커다란 이견이 없지 않을까 한다.[82]

이상에서 살핀 바에 따르면, 동궁 내의 여러 건물 가운데 임해전과 만수방은 국왕의 활동공간으로서 기능하였다고 정리할 수 있는데, 이러한 점에서 신라 말기까지 동궁은 태자가 기거하며 왕위에 오르기 위한 여러 가지 준비를 하는 공간이면서도, 동시에 국왕의 공간인 임해전과 만수방 등이 병존하는 복합적인 성격을 지녔던 공간이라는 측면이 완전히 불식되지 않았다고 보아도 문제가 되지 않을 것이다.[83] 이와 같이 동궁이 복합적인 성격을 지니게 된 것은 월성 내에 커다란 규모의 원유(苑囿)를 조성하기가 곤란한 지형적 조건에서 비롯되었지 않았을까 여겨진다. 만약에 월성에 월지와 같은 규모의 원유공간을 조성하는 것이 가능하다고 한다면, 휴식공간이면서 연회공간으로 기능하는 전각(殿閣)을 그 근처에 건립하고, 동궁에는 태자가 전용으로 활용할 수 있는 별도의 원유(苑囿)와 연회공간을 조성하였다고 예상해볼 수 있기 때문이다.

Ⅲ. 임해전의 설치 시기와 그 성격

『삼국사기』 신라본기에 효소왕 6년(697) 9월, 혜공왕 5년(769) 3월, 헌안왕 4년(860) 9월, 헌강왕 7년(881), 경순왕 5년(931) 2월에 임해전에서 국왕이 신료 또는 고려 태조를 위하여 연회를 베풀었다고 전한다. 그리

---

82 한편 홍승우, 2017 앞의 논문, p.247에서 월지 서편 건물지, 즉 임해전이 태자의 거처에 해당하는 동궁의 핵심 건물로 이해하는 견해를 제기하기도 하였다.

83 內省 예하에서 임해전을 관리하는 관청을 찾을 수 없다. 아마도 월지전에서 임해전을 관리하였을 가능성이 높지 않았을까 한다.

고 애장왕 5년(804) 5월, 문성왕 9년(847) 2월, 경문왕 7년(867) 정월에 임해전을 수리하였고, 소성왕 2년(800) 4월에 폭풍이 불어 임해문이 무너졌다고 전한다. 『삼국사기』 신라본기에 문무왕 14년(674) 2월에 '궁내(宮內)에 연못을 파고, 산을 만들어 화초를 심고 진기한 새와 짐승을 길렀다.'고 전하는데, 현재 이때에 조성된 연못은 월지, 즉 안압지를 가리킨다고 이해하는 것이 일반적이다. 뒤에서 자세하게 언급할 예정이지만, 임해전은 월지(月池)를 전제로 하여 건립된 전각이 확실시되는 바, 결국 임해전은 674년 2월에서 697년 9월 사이에 건립되었다고 이해할 수 있다. 구체적인 임해전의 건립 시기와 관련하여 다음의 기록을 주목할 필요가 있다.

> 궁궐을 다시 수리하였는데, 매우 웅장하고 화려하였다(『삼국사기』 신라
> 본기제7 문무왕 19년 정월)

앞에서 문무왕 19년(679) 8월에 동궁을 건립하고, 궁궐 안팎의 여러 문 이름을 처음으로 정하였다고 언급하였다. 한편 필자는 전에 국왕이 외국의 사신을 접견하거나 신료를 위해 연회를 베풀던 전각인 숭례전(崇禮殿)을 위의 기록과 연관시켜 문무왕 19년 무렵에 건립하였음을 살핀 바 있다.[84] 679년에 동궁과 숭례전을 건립하였을 뿐만 아니라, 궁

---

84 전덕재, 2009 앞의 책, pp.203~207.
　숭례전에 관한 가장 이른 시기의 기록은 『삼국사기』 신라본기제8 효소왕 7년(698) 3월조이다. 고대 일본 平城宮의 경우, 2개의 太極殿-朝堂院으로 구성되었는데, 동쪽의 태극전-조당원이 조회나 朝政에 중심을 두는 곳으로, 중앙의 태극전과 4조당으로 이루어진 조당원은 주로 의식·향연이 개최된 곳으로 알려졌다. 일반적으로 후자는 660년대에 완성된 당나라 大明宮의 含元殿을 모델로 하여 건립되었다고 이해되고 있다. 이에 의거하건대, 일본 평성궁의 2개의 태극전처럼 신라에서 핵심 정전인 조원전과 더불어 향연을 주로 개최하는 전각인 숭례전을 건립하여 2개의 정전체제를 갖춘 것은 대체로 대명궁 함원전을 지은 이후 시기부터 효소왕 7년(698) 사이로 보는 것이 합리적인데, 679년에 신라가 궁궐을 자못 장려하게 重修하였다고 전하는 바, 이때에 숭례전을 건립하여 2정전체제를 정비하였을 가능성이 높다고 보았던 것이다.

궐을 매우 웅장하고 화려하게 수리하였음을 염두에 두건대, 이 무렵을 전후하여 임해전을 건립하였다고 보는 것이 합리적이지 않을까 여겨진다.

『삼국사기』 신라본기에 임해전에 관한 기록이 다수 나오나, 그 위치를 상고(詳考)할만한 자료는 전하지 않는다. 다만 『신증동국여지승람』에서 안압지 서쪽에 임해전이 있었다고 언급한 이래,[85] 조선시대인들은 모두 임해전이 안압지 서편에 위치하였다고 믿었다. 특히 『동경잡기(東京雜記)』에 1669년(현종 10)에 경주부사(慶州府使) 민주면(閔周冕)이 여러 유생과 상의하여 안압지 임해전의 옛 터에 있던 계단 돌을 가져와 경주 향교 대성전(大成殿) 계층(階層) 아래에 안치시키고, 또한 정로(正路)를 쌓았다고 전하기도 한다.[86] 조선시대 사람들이 어떤 자료를 근거로 안압지 서편에 임해전이 위치하였다고 주장하였는지를 정확하게 알기 어렵지만, 전혀 믿을 수 없는 전승이라고 보기 어렵다. 주지하듯이 임해전에서 '임해(臨海)'는 '바다에 가까이 있다'는 뜻이다. 현재 경주 시내에서 '바다'를 상징할 수 있는 신라시대의 연못으로 안압지 이외에 다른 어떤 것을 지적하기가 쉽지 않다. 여기다가 안압지 서편에서 전각 건물이 발굴조사된 점도 참고된다. 조선시대 사람들의 인식과 이와 같은 정황들을 참고하건대, 임해전은 안압지 서편에 위치한 전각이 확실시된다고 보아도 문제가 없을 것이다.[87]

---

85 『新增東國輿地勝覽』 卷21 慶尙道 慶州府 古蹟, "雁鴨池 在天柱寺北 文武王 於宮內爲池 積石爲山 象巫山十二峯 種花卉養珍禽. 其西有臨海殿 基礎砌 有在田畝間."; 『東京雜記』 卷2 古蹟, "雁鴨池 在天柱寺北 文武王 於宮內爲池 積石爲山 象巫山十二峯 種花卉養珍禽. 其西有臨海殿 不知創於何時 而哀莊王 五年甲申重修 基礎砌 有在田畝間.".

86 『東京雜記』 卷1 學校, "聖殿前面 古無階級正路 己酉(1669, 현종 10) 秋 東西 廉雨漏處 修改訖工 府使 閔周冕與儒生議 仍取雁鴨池臨海殿舊基石砌 安於殿階下 且築正路 又建尊經閣於松壇東畔."

87 문화재관리국, 1978 앞의 보고서, p.10; 고경희, 1993 앞의 논문, pp.10~11에서 월지 서편 전각건물지를 임해전지로 이해한 이래, 대부분의 연구자가 이러한 견해를 수용하였다.

1974년 사적 지구 정화계획의 일환으로 실시된 월지, 즉 안압지의 준설 도중 많은 유물이 출토되었고, 연못의 전체 규모를 알 수 있는 호안 석축이 노출되어 그것의 축조법 등이 판명되었다. 이로 인해 경주 월지와 그 주변에 대한 체계적인 조사의 필요성이 제기되었고, 이에 따라 1975년부터 1976년까지 월지와 주변 건물지 발굴을 진행하였는데, 이때 발굴조사한 안압지 서편 건물지, 즉 임해전지(臨海殿址)를 정리한 도면이 바로 〈그림 3〉이다. 여기서는 편의상 가장 남측에 위치한 건물지를 A건물지, 그 북쪽 정면에 위치한 건물지를 각각 B, C건물지라고 명명하고, C건물지 좌우에 위치한 건물지를 D, E건물지라고 부르기로 한다. 그리고 E건물지 바로 북쪽에 위치한 건물지를 F건물지라고 부를 것이다. A와 B건물지 좌우에서 익랑(翼廊)이, A와 B, B와 C건물지 동쪽 외곽에서 회랑이 발견되었다. 건물지 서쪽 외곽 회랑의 일부 초석 적심석이 조사된 것으로 보건대, 서쪽 외곽에도 회랑이 존재하였던 것으로 짐작된다. A건물지 남편 서쪽의 외곽에 회랑의 일부 흔적이 발견되었다. 아마도 맞은편에 회랑이 존재하였고, 그것들은 A건물지 남쪽에 펼쳐진 넓은 마당을 둘러싼 것으로 추정되며, 마당의 남쪽에는 정문이 존재하였을 가능성이 높다고 보인다.

A건물지는 동서 7칸, 남북 4칸 건물로서 동서는 23m, 남북은 13.2m이며, 총면적은 91.8㎡이다. B건물지는 동서와 남북 5칸의 건물로서 동서는 17.8m, 남북은 16m이고, 총면적은 86.2㎡이며, C건물지는 동서와 남북 5칸의 건물로서 동서는 15.5m, 남북은 15m이며, 총면적은 70.3㎡이다. A와 B건물지 중심축 사이의 거리는 37.5m, B와 C건물지 중심축 사이의 거리는 32.5m이다. D건물지는 동서 4칸, 남북 3칸 건물로서 동서는 13m, 남북은 9.5m이고, 총면적은 37.4㎡이다. 그리고 E건물지는 동서 5칸, 남북 3칸의 건물로서 동서는 17.5m, 남북은 9.5m이고, 총면적은 50.1㎡이며, F건물지는 동서 3칸, 남북 4칸의 건물로서 동서

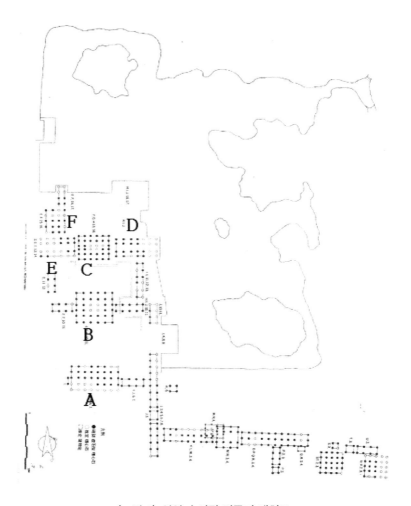

〈그림 3〉 안압지 서편 건물지 배치도

(문화재관리국, 1978 『안압지 발굴조사보고서』, p.80에서 인용)

9.2m, 남북 11.5m이고, 총면적은 32㎡이다. A~E건물지는 모두 남향인데 반하여, F건물지는 동향 또는 서향이었다.[88]

『삼국사기』 신라본기에 임해문(臨海門)이 있었다고 전한다.[89] 중국 장안궁의 경우, 태극전(太極殿), 양의전(兩儀殿), 감로전(甘露殿)을 출입하는 정문이 태극문(太極門), 양의문(兩儀門), 감로문(甘露門)이었다. 또한 대명궁(大明宮) 선정문(宣政殿), 자신전(紫宸殿), 연영전(延英殿)을 출입하는 정문이 각기 선정문(宣政門), 자신문(紫宸門), 연영문(延英門)이었다. 그리고 조선시대 근정전(勤政殿)과 사정전(思政殿)을 출입할 수 있는 문이 근정문(勤政門)과 사정문(思政門)이었다. 이처럼 전각의 명칭과 문호의 이름이 일치하는 사례들을 염두에 둔다면, 임해전을 출입하는 정문의 문호 역시 임해문이라고 봄이 자연스럽지 않나 한다.

임해전의 정문이 임해문이라고 할 때, 그것은 A건물지 남편에 위치하였을 가능성이 높다. 만약에 이러한 추정에 잘못이 없다고 한다면, A건물지를 임해전이라고 보는 것이 합리적이다. 나아가 B와 C건물지도 별도의 당호(堂號)를 가지고 있었다고 이해할 수도 있다. 건물의 위계상으로 A건물지가 가장 높다고 한다면, A건물지를 임해전이라고 부르고, B와 C건물지는 '~당(堂)'이라고 불렀을 가능성도 충분히 고려해볼 수 있다. 그러나 이렇다고 하더라도, 현재로서는 그 당호의 명칭을 구체적으로 고구(考究)하기 어렵다.

그러면 이와 같은 추정이 과연 얼마나 설득력을 지닐 수 있을까가 궁금하다. 이 문제와 관련하여 무엇보다도 먼저 조선시대에 월지, 즉 안압지 서편에 임해전만이 위치하였다고 인식하였다는 사실을 주목할 필요가 있다. 만약에 B와 C건물지의 당호가 존재하였다면, 이에 관한 전승도 함께 전해지는 것이 옳다고 여겨지지만, 조선시대의 자료에서 그것과 관련된 자료를 전혀 찾을 수 없기 때문이다. 게다가 A와 B건물지, B와 C건물지 사이를 구분하는 담장이나 회랑이 없어서 각 건물을

---

88 이상의 내용은 문화재관리국, 위의 보고서, pp.64~80에 전하는 것을 정리한 것이다.
89 『삼국사기』 신라본기제10 소성왕 2년(800) 4월조에 폭풍으로 인하여 臨海門과 仁化門이 무너졌다고 전한다. 현재 인화문이 동궁에 위치한 것인지에 대하여 단언하기 어렵다. 인화문의 정확한 위치에 대해서는 추후의 과제로 남겨두고자 한다.

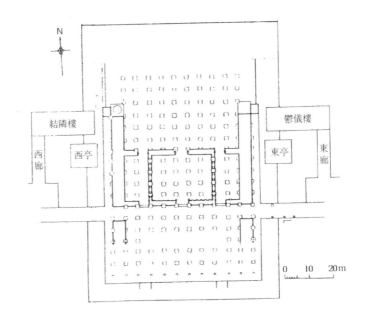

〈그림 4〉 당 대명궁 인덕전유지 평면도

(윤장섭, 1999『중국의 건축』, 서울대학교 출판부, p.119에서 인용)

출입하는 문(門)도 존재하지 않았음은 물론이다. 당나라 장안궁과 대명궁
의 사례에서 보듯이 통상 전각(殿閣)마다 각기 그곳을 출입할 수 있는
문을 설치하였던 일반적인 관행과 대비된다. 이처럼 건물 배치구조상
B와 C건물지를 A건물지와 구별된 별도의 당호를 보유한 독립된 전각으
로 보기 어렵다고 할 때, 이들 건물 전체를 망라한 정문(正門)이 바로
임해문이었을 것이라는 점을 고려하건대, 이들 세 개의 건물을 모두
망라하여 임해전이라고 불렀을 가능성도 충분히 상정 가능하다고 판단
된다. 물론 이렇다고 할 때, 여러 가지 고려할 사항이 적지 않음을 유의
할 필요가 있지만, 일단 A건물지보다는 B건물지가 임해전의 핵심 전각
건물이었을 가능성이 높다고 판단되며, A건물지는 누각건물일 가능성

도 완전히 배제하기 어렵지 않을까 한다.

일단 본고에서 필자는 A건물지가 임해전이고, 그것의 정문이 임해문이며, B, C건물지도 각기 독립된 전각으로서 당호를 가지고 있었을 가능성과 아울러 A와 B, C건물지를 모두 망라하여 임해전이라고 불렸고, 그 전각의 정문이 바로 임해문이었을 가능성을 모두 제시하여 두고자 한다. 이럼에도 불구하고 필자는 후자의 가능성에 더 무게를 두고 싶은데, 이렇게 판단하는 데에 도움을 준 사례가 당나라 대명궁(大明宮) 인덕전(麟德殿)의 용도와 건물 배치 현황이었다.

대명궁 인덕전은 당(唐) 고종(高宗) 인덕(麟德) 연간(664~665)에 건립하였기 때문에 이렇게 명명하였다. 인덕전의 기본적인 배치는 삼전(三殿), 즉 전전(前殿)과 중전(中殿), 후전(後殿)의 형태를 취하고 있다.[90] 전지(殿址)의 주체부는 남북 장방형의 판축기초로서 길이 130m, 폭 77m, 높이 2.5m이며 상하 2층으로 구성되어 있다. 상층의 전지는 정면 11칸, 측면 16칸이며, 전전(측면 4칸), 중전(측면 5칸), 후전(측면 3칸)의 세 부분으로 나눌 수 있다. 전전과 중전 사이에 동서로 연결되는 회랑이 존재하고, 중전과 후전은 서로 잇닿아 있다. 전전은 단층건물이고, 중전이 대전(大殿(主殿))인데, 그 상부는 누각 건물로 이루어져 있으며,[91] 누각으로 올라가는 계단이 확인되었다. 후전 역시 상부는 누각 건물로 추정되며, 중전보다 지붕이 약간 낮은 것으로 이해되고 있다. 후전의 동서 양쪽에 높이 5m, 너비 10m 내외의 고대(高臺)에 지은 3칸의 누각 건물이 위치하였는데,

---

90 『舊唐書』卷17上 敬宗本紀 "(寶曆元年三月) 壬午 宴群臣於三殿.";『冊府元龜』卷976 外臣部 褒異第3, "(至德二年) 十二月戊申 宴蕃胡柘羯於三殿 各賜物三十段. … (大曆) 六年十一月乙酉 宴文單國王婆你等二十五人於三殿. … (元和) 八年五月戊午 回鶻和親使伊難珠還蕃 宴於三殿 賜以銀器繒帛."
위의 기록들은 麟德殿을 三殿이라고 표현한 사례에 해당한다. 인덕전이 三殿으로 구성되었기 때문에 이렇게 불렸음은 물론이다.

91 『冊府元龜』卷110 帝王部 宴享第2, "上元元年九月辛亥 百官俱新服上禮 帝御麟德殿之景雲閣 以宴群臣."
여기서 景雲閣은 중전의 상층 누각으로 이해되고 있다.

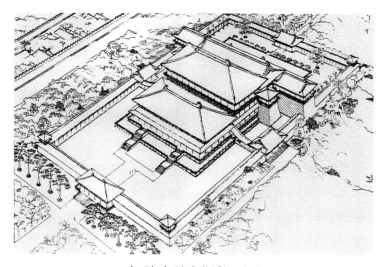

〈그림 5〉 인덕전복원조감도
(麟德殿復原鳥瞰圖: 傅熹年; 吳春·韓海梅·高本憲主編, 2012
『唐大明宮史料匯篇』, 文物出版社, 圖15 인용)

그것을 각각 욱의루(郁儀樓)와 결인루(結鄰樓)라고 부른다. 그리고 중전의 좌우에 높이 5m의 고대 건물인 동정(東亭)과 서정(西亭)이 위치하였다. 이것들은 중전과 약간 떨어져 위치하였고, 중전과 회랑으로 연결되었다.[92]

임해전과 인덕전을 비교할 때, 둘 다 모두 삼전(三殿)으로 구성된 점, 인덕전 후전 좌우에 욱의루와 결인루가 위치한 것과 유사하게 안압지 C건물지 좌우에 D와 E건물이 위치한 점 등을 비슷한 사항으로 지적할 수 있다. 물론 인덕전 전전과 중전, 후전 사이가 넓게 벌어지지 않고 서로 잇닿아 있었던 점, 중전 좌우에 동정과 서정이 위치한 점, 그리고 후전의 좌우에 고대(高臺)의 누각 건물이 배치되었다는 점 등을 임해전과 다른 인덕전의 특성으로 들 수 있다. 그러나 임해전과 인덕전이 구조적

---

92 국립문화재연구소, 2005 『중국 고대도성 조사보고서』, pp.166~172 및 刘致平·傅熹年, 1963 「麟德殿复原的研究」『考古』1963年 第7期; 中国社会科学院考古研究所, 2007 『唐大明宮遺址考古发现与研究』, 文物出版社, pp.329~346.

으로 유사한 측면이 없지 않기 때문에 신라에서 인덕전을 염두에 두고 임해전을 건립하였다고 추론하는 것도 단순한 억측만은 아니지 않을까 한다.

이와 같은 추정은 두 전각이 모두 도교의 원림사상(園林思想)에 입각하여 조성된 원지(園也) 옆에 위치하였을 뿐만 아니라 그 용도가 서로 비슷하였다는 사실 등을 통해서도 보완할 수 있다. 인덕전은 대명궁의 태액지(太液也) 서쪽에 위치하였다. 즉 인덕전은 태액지를 조망할 수 있는 곳에 위치한 전각이었던 것이다. 한대(漢代) 이래로 중국에서는 태액지를 도교의 원림사상에 입각하여 조성하는 것이 일반적이었다. 대명궁 태액지에도 이러한 사상에 입각하여 삼좌신산(三座神山), 즉 봉래(蓬萊), 방장(方丈), 영주산(瀛洲山)을 배치하였는데, 이것을 일반적으로 봉래도(蓬萊島), 방장도(方丈島), 영주도(瀛洲島)라고 부르기도 한다. 태액지는 일명(一名) 봉래지(蓬萊池)라고도 불렀는데,[93] 실제로 태액지 발굴과정에서 봉래도가 확인되어, 현재 그것을 복원하였다. 나머지 2도(島)는 퇴락하여 자취를 확인할 수 없었다고 한다.[94]

주지하듯이 안압지에도 도교 삼신산(三神山)인 봉래산, 방장산, 영주산

---

93 『舊唐書』 卷15下 本紀第15 憲宗 元和 12년 5월, "己酉 蓬萊池周廊四百間."; 『新唐書』 卷152 列傳77 李絳, "明日對三殿 帝嘗畋苑中 至蓬萊池 謂左右曰 絳嘗以諫我 今可返也 其見禮憚如此."; 『資治通鑑』 卷238 唐紀54 憲宗 元和 5年 6月, "上嘗欲近獵苑中 至蓬萊池西〈蓬萊池在蓬萊殿之北 一曰太液池 池中有蓬萊山 自蓬萊池西 出玄武門 入重元門 即苑中 重元門苑之南門南 對宮城玄武門〉謂左右曰 李絳必諫 不如且止."
이밖에도 蓬萊池에 관한 여러 기록이 전하고 있다. 이와 관련하여 吳春·韓海梅·高本憲主編, 2012 『唐大明宮史料匯篇』, 文物出版社, pp.336~339가 참조된다.

94 中国社会科学院考古研究所·日本独立行政法人文化財研究所奈良文化財研究所 联合考古队, 2005 「西安市唐长安城大明宫太液池遗址」 『考古』 2005年 第7期; 中国社会科学院考古研究所, 2007 앞의 책, pp.169~174; 独立行政法人文化財研究所奈良文化財研究所, 2006 「唐大明宮太液池の調査と共同研究」 『奈良文化財研究所紀要』 2006, pp.12~13; 河原武敏, 2004 「秦漢時代庭園の神仙施設」 『日本庭園學會誌』 2004-12, pp.7~14.

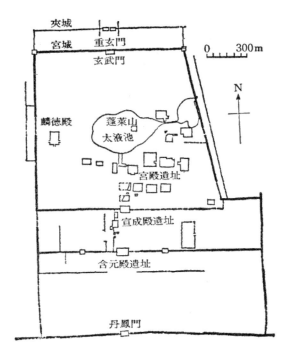

〈그림 6〉 당 대명궁유지(大明宮遺址) 평면도

(中國建築史編輯委員會編 · 田中淡譯編, 1981『中國建築の歷史』, 平凡社, p.86에서 인용)

을 모방하여 만든 것으로 추정되는 삼도(三島)가 존재하고, 『신증동국여
지승람』 경주부조에 문무왕이 궁궐 안에 못을 파고 돌을 쌓아 산을 만들
었는데, 무산십이봉(巫山十二峯)을 본떴으며, 화초를 심고 진기한 새들을
길렀다고 전한다. 674년 안압지를 조성할 때에 태액지를 그대로 본떴다
고 보기 어렵지만, 기본적인 사상이 태액지를 조성할 때와 마찬가지로
도교의 원림사상이었다는 점은 어느 정도 수긍할 수 있지 않을까 한다.

중국의 여러 자료를 보면, 인덕전에서 황제가 백관(百官) 등을 위하여
연회를 베풀었다는 기록을 찾을 수 있다. 그리고 황제와 관료들이 인덕
전에서 백희가무의 공연을 관람하였다는 기록도 발견할 수 있다. 이밖에

당나라 황제가 인덕전에서 신라 사신뿐만 아니라[95] 일본을 비롯한 여러 나라의 사신을 접견하고, 그들을 위해 잔치를 베푼 다음, 그들에게 선물을 하사하였다는 기록도 산견된다. 여기에다 여기서 불교와 도교의식을 자주 거행하였다고 한다.[96] 결국 당나라 대명궁 인덕전은 궁중 연회와 외국 사신의 접견, 궁정 무악 등을 거행하던 곳이고, 불교와 도교행사를 설행하던 전각이었다고 정리할 수 있다.

앞에서 임해전은 국왕이 신료들을 위하여 연회를 개최한 곳이었다고 언급하였다. 인덕전과 임해전은 모두 도교의 원림사상에 입각하여 조성한 원지 옆에 위치하면서 황제 또는 국왕이 연회를 베풀던 전각으로서의 공통성을 지녔다고 평가할 수 있다. 임해전과 인덕전의 구조적인 콘셉트(concept)가 유사하고, 그 용도 역시 비슷하였다는 점에서 인덕전을 염두에 두고 임해전을 건립하였다고 추론하는 것은 결코 허황된 추측만은 아닐 것으로 사료된다.[97] 이와 같은 필자의 추정에 커다란 잘못이 없다면, 삼전(三殿)으로 이루어진 당 대명궁 인덕전과 마찬가지로 신라의 임해전 역시 A와 B, C건물지를 모두 망라하는 전각, 즉 삼전의 구조적 특징을 가지고 있는 전각이었을 가능성이 매우 높다고 보지 않을 수 없을 것이다. 여기서 단정적으로 임해전이 삼전의 형식을 갖춘 전각이었다고 결론

---

95 『삼국사기』 신라본기제10 헌덕왕 12년(820) 11월 기록에 신라 사신이 당나라에 이르자, 당 穆宗이 인덕전에 불러 접견하고 잔치를 베풀어준 다음, 물품을 차등 있게 내려주었다고 전하고, 흥덕왕 3년(828) 12월 기록에 신라가 당나라에 사신을 보내 조공을 바치자, 당 文宗이 사신을 인덕전에 불러 접견하고 연회를 베풀어 물건을 차등 있게 내려주었다고 전하여 참고된다.

96 麟德殿에서 개최된 각종 연회 및 황제의 사신 접대 등에 대한 기록은 『冊府元龜』 卷110 帝王府 宴享第2 및 卷111 帝王府 宴享第3, 그리고 권976 外臣部 褒異第3 등에 자세하게 전한다. 인덕전과 관련된 여러 기록에 대해서는 吳春·韓海梅·高本憲主編, 2012 앞의 책, pp.146~163이 참조된다.

97 『舊唐書』 卷5 本紀第5 高宗 上元 원년(673) 9월 기록에 황제가 麟德殿에서 연회를 베풀었다고 전한다. 고종대에 인덕전을 연회장소로 활용하였음을 알려주는 자료로서 주목된다. 이에 의거하건대, 679년 이전에 신라에서 대명궁 인덕전과 태액지에 관한 정보를 입수하였다고 보아도 크게 문제가 되지 않을 것으로 판단된다.

을 내리기는 성급하다고 볼 수 있는 여지가 전혀 없지 않다고 판단되지만, 그러나 여러 가정 가운데 가장 가능성이 높은 것이라는 사실만은 부정할 수 없다는 것이 필자의 판단이다. 더구나 원유지(苑囿地)에 위치한 3전(殿)으로 구성된, 그리고 연회장소로 널리 쓰인 전각 건물 각각에 자체의 당호(堂號)를 두었을까에 대한 근본적인 의구심이 드는 점도 결코 가볍게 넘겨 버릴 사안은 아닐 듯싶다. 아무튼 앞으로 대명궁 인덕전과 임해전과의 비교 검토가 좀 더 세밀하게 이루어지고, 또한 각 전각(殿閣)의 경역을 어떻게 구분하였는가에 대한 이해와 연구가 심화된다면, 임해전의 구조적 특징과 그 성격에 대한 이해가 좀 더 진전되리라고 기대된다.[98]

한편 F건물지는 임해전의 부속건물인지, 아니면 또 다른 기능을 가진 전각이었는지 정확하게 고구(考究)할 수 없다. 이에 대해서는 향후 임해전의 전체적인 구조적 특성과 연결하여 살필 필요가 있음을 언급하는 선에서 그치고자 한다. 임해전의 동쪽과 서쪽 회랑에 임해전을 드나들 수 있는 다수의 출입문이 존재하였고, 거기에도 각기 문호가 존재하였을 가능성이 높다. 안압지에서 출토된 목간 및 금석문에서 책사문(策思門), 사역문(思易門), 합령천(合零閣〈閣?〉)과 같은 문호를 발견할 수 있다. 임해전을 드나들 수 있는 여러 문 가운데 책사문과 사역문 등이 존재하였을 가능성을 완전히 배제할 수 없지만, 그러나 현재로서는 그들 문의 위치를 정확하게 고증하기 어렵다. 이밖에 목간에서 동궁에 우궁(隅宮)이 존재하였고, 거기에 동문과 북문, 서문, 그리고 남문으로 추정되는 개의문이 존재하였다고 한다. 우궁과 임해전이 동일한 건물이라고 보기 어렵기 때문에 이들 문호를 임해전에 위치한 문과 연관시켜 이해하는 것은 곤란할 듯싶다.

---

98 인덕전에 위치한 누각을 結鄰樓와 郁儀樓라고 부르거나, 중전의 2층 누각을 景雲閣이라고도 부른 것에서 유추할 수 있듯이 신라 임해전에서도 각 건물에 '~樓' 또는 '~閣'이라는 이름을 붙였을 가능성을 완전히 배제할 수 없을 것이다.

맺음말

　이상 본문에서 신라 동궁의 성격과 그 변화, 그리고 임해전의 설치 시기와 위치, 그 성격에 대하여 살펴보았다. 본문에서 살핀 내용을 요약 정리하는 것으로서 맺음말에 대신하고자 한다. 『삼국사기』 고구려본기 와 백제본기에서 태자에 관한 기록을 다수 찾을 수 있지만, 고구려와 백제에서 태자궁을 동궁이라고 불렀음을 알려주는 기록을 발견할 수 없다. 문무왕 19년 이전 신라본기 기록에서도 역시 동궁에 관한 기사를 하나도 찾을 수 없다. 통일 이전까지 신라에서도 태자궁을 동궁이라고 부르지 않았음을 반영한 것으로 이해할 수 있다.

　『삼국사기』 신라본기에 문무왕 19년(679)에 동궁을 창조(創造)하였고, 경덕왕 11년(752)에 동궁아관(東宮衙官)을 설치하였다고 전한다. 후자는 이 해에 동궁아와 더불어 동궁관을 두었음을 반영한 것이다. 이밖에 동궁에 관한 기록을 문헌과 금석문 등에서 여럿 확인할 수 있지만, 태자의 지위 와 신분을 가리키는 용례, 즉 동궁을 태자를 가리키는 용례로 사용하였 음을 입증해주는 자료를 하나도 찾을 수 없다. 신라 말기까지 태자를 동궁의 별칭으로 사용하지 않았음을 시사해주는 측면으로 유의된다. 문무왕 19년 무렵 동궁은 남궁과 북궁의 사례에서 엿볼 수 있듯이 월성 내에 위치한 대궁(大宮), 즉 정궁(正宮)의 동쪽에 위치한 이궁(離宮)의 하나로 인식되었을 것으로 추정된다.

　경덕왕 11년(752) 동궁아를 설치하면서 동궁에 어룡성(御龍省)과 세택(洗 宅)을 신설(新設)하였고, 예전에 내성(內省)에서 관리하던 급장전, 월지전 등의 여러 관청을 동궁관에 소속케 하였다. 경덕왕은 태자 관련 제도를 체계화하여 강력한 왕권의 확립을 도모하려고 752년에 동궁아-어룡성- 세택을 중심으로 하는 동궁기구를 새롭게 정비하였던 것으로 이해된다.

이에 따라 동궁은 제도적으로 태자의 공간임을 보장받게 되었고, 나아가 9세기 후반 경문왕대에 태자 관련 제도가 이전보다 한층 더 조직화·체계화됨에 따라 동궁은 태자의 공간이라는 공감대가 더 확산되기에 이르렀다. 그러나 이럼에도 불구하고 신라 말기까지 국왕이 자주 연회를 개최하였던 임해전 및 국왕과 관련된 만수방 등 국왕의 활동공간이 동궁 내에 위치하였기 때문에 동궁은 태자가 기거하며 왕위에 오르기 위한 여러 가지 준비를 하는 공간이면서도, 동시에 국왕의 공간인 임해전(臨海殿)을 포괄하고 있는 복합적인 성격을 지닌 공간이라는 측면이 완전히 불식되지 않았다.

동궁 내에서 태자가 정사업무를 보거나 학문을 닦거나 의례를 거행하던 전각으로서 사정당(思正堂)이 있었고, 이외에 동궁 내에는 태자와 태자비가 일상생활을 영위하던 거소(居所)로서 추정되는 우궁(隅宮)이 존재하였으며, 동궁관 예하의 관청인 동궁아(東宮衙)와 어룡성, 세택, 급장전, 월지전, 포전, 월지악전, 용왕전 등의 관청 건물이 위치하였다. 임해전은 월지 서편에, 만수방은 임해전 근처에 위치하였다고 보이고, 동궁아와 어룡성, 세택은 사정당 근처에 위치하였을 가능성이 높지 않을까 한다. 월지전과 월지악전, 용왕전은 월지 근처에 위치하였을 것이고, 나머지 관청 건물은 월지 동편이나 남편에 위치하였던 것으로 추정된다. 앞으로 월지와 동궁 영역에 대한 발굴조사가 진전된다면, 동궁 내에 위치한 각 건물의 성격 및 각 관청의 위치에 대한 이해가 심화되리라고 기대된다.

임해전은 문무왕 19년(679) 무렵에 건립된 것으로 추정되고, 월지, 즉 안압지 서쪽에서 그 터가 발견되었다. 『삼국사기』 신라본기에 임해문(臨海門)이 있었다고 전하는데, 전각의 명칭과 문호의 이름이 일치하는 사례들이 적지 않았다는 점을 고려한다면, 임해전을 출입하는 정문의 문호가 임해문이었다고 봄이 자연스럽다. 임해전지 가운데 가장 남쪽에 위치한 건물지가 임해전이고, 그것의 정문이 임해문이며, 나머지 건물도 각기 독립된 전각으로서 당호(堂號)를 가지고 있었을 가능성과 아울러 임해전 지에 남북으로 배치된 세 개의 건물을 모두 망라하여 임해전이라고 불렀고, 그것의 정문이 임해문이었을 가능성을 모두 상정해볼 수 있다. 필자는 당나라 대명궁(大明宮) 인덕전(麟德殿)이 삼전(三殿: 전전, 중전, 후전)의 형식을 갖추고 있는 점, 후전의 좌우에 고대(高臺)의 누각 건물이 있는 점 등이 임해전의 건물 배치와 유사하고, 또한 인덕전과 임해전 모두 도교의 원림사상(園林思想)에 입각하여 조성한 원지(苑池) 근처에 위치하였을 뿐만 아니라 두 곳 모두 연회를 베푸는 전각으로 적극 활용된 사실 등을 근거로 하여 후자의 가능성에 더 무게를 두고자 한다. 이밖에 동궁 내에 책사문(策思門)과 사역문(思易門), 합령천(合零闍〈閘?〉) 등이 존재한 것으로 알려졌지만, 그것의 구체적인 위치를 상고(詳考)하기 어렵다.[99]

---

99 본 논고는 『사학연구』127호(2017년 9월 간행)에 게재한 「신라 동궁의 변화와 임해전의 성격」을 약간 수정한 것이다.

01. 신라 동궁의 변화와 임해전의 성격 63

참고문헌

1. 사료

『삼국사기』, 『삼국유사』, 『고려사』, 『송서(宋書)』, 『남제서(南齊書)』, 『구당서(舊唐書)』, 『신당서(新唐書)』, 『책부원구(册府元龜)』, 『명일통지(明一統志)』, 『자치통감(資治通鑑)』, 『지리산화엄사사적(智異山華嚴寺事蹟)』, 『동경잡기(東京雜記)』, 『신증동국여지승람』, 『영의해(令義解)』.

2. 논저

岡部毅史, 2013 「六朝建康東宮攷」 『東洋史研究』 72–1.

岡部毅史, 2016 「漢晉五胡十六國時代の東宮と西宮」 『中國都市論への挑動』, 汲古書院.

강은영, 2016 「고대 일본의 동궁에 관한 연구」 『일본역사연구』 44.

고경희, 1993 「신라 월지 재명유물에 대한 명문 연구」, 동아대학교 석사학위논문.

국립경주문화재연구소, 2012 『경주 동궁과 월지 I –발굴조사보고서–』.

국립경주문화재연구소, 2014 『경주 동궁과 월지 II –발굴조사보고서–』.

국립문화재연구소, 2005 『중국 고대도성 조사보고서』.

김병곤, 2015 「신라 동궁의 역할과 영역–임해전 및 안압지와의 상관성을 중심으로–」 『한국고대사탐구』 20.

김 호, 2005 「당대 태자부의 구조와 운용」 『중국사연구』 36.

独立行政法人文化財研究所奈良文化財研究所, 2006 「唐大明宮太液池の調査と共同研究」 『奈良文化財研究所紀要』 2006.

刘致平 · 傅熹年, 1963 「麟德殿复原的研究」 『考古』 1963年 第7期.

문화재관리국, 1978 『안압지 발굴조사보고서』.

吳春 · 韓海梅 · 高本憲主編, 2012 『唐大明宮史料匯篇』, 文物出版社.

윤선태, 2007 「안압지 출토 '門號木簡'과 신라 동궁의 경비–국립경주박물관 촬영 적외선 善本寫眞을 중심으로–」 『신라문물연구』 창간호.

이기동, 1984 「나말여초 근시기구와 문한기구의 확장–중세적 측근정치의 지향–」 『신라 골품제사회와 화랑도』, 일조각.

이승현, 2009 「신라의 동궁제도」 『한국고대사연구』 55.

이용현, 2007 「안압지와 동궁 포전」 『신라문물연구』 창간호.

이한상, 2005「경주 월성 동남쪽 왕궁유적 조사의 성과-'南宮'의 경관복원을 위하여-」『신라문화제학술논문집』26.

이현태, 2011「신라 남궁(南宮)의 성격-'南宮之印'銘 출토지 분석을 중심으로-」 『역사와 현실』81.

전덕재, 2009『신라 왕경의 역사』, 새문사.

전덕재, 2011「신라 경문왕·헌강왕대 한화정책의 추진과 그 한계」『동양학』 50.

中国社会科学院考古研究所, 2007『唐大明宫遗址考古发现与研究』, 文物出 版社.

中国社会科学院考古研究所·日本独立行政法人文化財研究所奈良文化財研 究所 联合考古队, 2005「西安市唐长安城大明宫太液池遗址」『考古』 2005年 第7期.

최순조, 2013「국립경주박물관 남측부지 유적 출토 신명문자료-東宮衙銘 壺 및 辛番(?)東宮洗宅銘 청동접시-」『목간과 문자』10.

최영성, 2014「월지궁 관련 자료 재검토-동궁은 태자궁이 아니다-」『태동고 전연구』55.

하시모토 시게루(橋本繁), 2007「안압지 목간 판독문의 재검토」『신라문물연 구』창간호.

한국문화재보호재단·탑스리빙월드(주), 2010『경주 동천동 696-2번지 유적 -공동주택 신축부지 발굴조사보고서(본문)』.

홍승우, 2017「문헌으로 본 신라의 동궁과 그 운영」『문헌으로 보는 신라의 왕경과 월성』, 국립경주문화재연구소.

02

고려 동궁의 전각명과
구조에 대한 검토

• • •

나 용 재 (단국대학교 대학원 사학과 박사과정)

머리말

전근대 왕조 국가에서 정점에 위치한 군주만큼 중요한 존재는 바로
그의 후계자이다. 동아시아의 경우 문헌 자료를 통해 군주의 후계자를
태자(太子) 혹은 세자(世子)라는 용어로 명명하였음을 알 수 있다. 태자·세
자에게 부여된 정치적인 중요성으로 말미암아 그들이 거처하는 곳은
궁궐 내에서도 따로 "동궁(東宮)"이라고 불리었다. 동궁은 공식적으로 왕
위계승권을 인정받은 태자 또는 세자의 독자적인 거처로서 그의 권위를
자연스럽게 드러낼 수 있는 제도적 장치였다.[1] 한국의 경우 동궁에 대한
연구가 신라와 고려, 그리고 조선시대를 중심으로 이루어졌다.

신라나 조선의 경우 동궁이 소재하였을 궁궐이 현재 국내에 소재하고 있으므로, 현지답사나 발굴조사를 통한 연구자료의 지속적인 축적과 분석이 가능하다. 그러나 고려의 경우는 도읍이었던 개경이 북한에 속해 있는 관계로 동궁 연구에 일정한 한계가 있을 수밖에 없다. 그럼에도 불구하고 고려의 동궁에 대해 많은 연구가 이루어져 왔다.[2] 이를 통해 고려시대에 태자를 대상으로 한 정치사의 여러 문제 및 책봉 의례에 관한 내용이나 부속 관부(官府)의 운영 실태에 대한 이해의 진전이 이루어졌다. 이에 반해 동궁의 규모와 궁궐 내에서의 정확한 위치, 그리고 내부에 위치한 건물의 명칭과 그 배치는 어떠하였는지 등 "공간(空間)으로서의 동궁"에 대한 연구는 미진한 상황이다. 즉 고려의 "공간으로서의 동궁"에 대한 문제는 주로 개경 궁궐에 대한 종합적 연구의 한 갈래로서 상대적으로 간략히 언급되고 있는 형편이다. 이를 간략히 살펴보면 아래와 같다.

개경의 궁궐 내부 구조에 관한 최초의 검토는 1832년 임효헌(林孝憲)에 의해 이루어졌다. 그는 『선화봉사고려도경(宣和奉使高麗圖經)』과 『고려사』 지(志)의 기록을 토대로 하여 「고려궁궐도략(高麗宮闕圖略)」을 작성하였다. 이것이 게재되어 있는 『송경광고(松京廣攷)』는, 개경과 관련된 기존의 문헌 사료를 광범위하게 수집·정리한 것으로 평가되고 있다. 임효헌의 연구는 산란(散亂)되어 있던 기록을 수합하고 충실한 현지조사를 수반한 검증이 눈에 띄며, 이를 통해 조선 말기 개경에 잔존해 있던 고려 궁궐에 대한 정보를 오늘날에도 알 수 있게 해주었다는 점에서 의의가 있다고 평가할 수 있다. 이후 일제 강점기에는 우현(又玄) 고유섭(高裕燮)과 마에마

---

1   김병곤, 2015 「신라 東宮의 역할과 영역 -임해전 및 안압지와의 상관성을 중심으로-」 『韓國古代史探究』 20, p.76.

2   최근의 연구 성과로는 김창겸, 2008 「고려 顯宗代 東宮官 설치」 『한국사학보』 33; 김선미, 2014 「고려 문종대 王太子 冊封과 太子 관련 制度 정비의 의미」 『역사민속학』 45; 김지선, 2014 「고려 문종의 즉위와 동궁관 확충」 『한국중세사연구』 40 등이 참고된다.

교사쿠(前間恭作)의 연구가 괄목할만하다. 고유섭의 경우 직접 개성을 답사하여 기록을 남겼다.[3] 직접 확인한 유구는 실선, 추정한 부분은 점선으로 표기하고 각 건물지에 명칭을 부여하였다. 이는 북한의 발굴조사 도면과 일치하며, 도면에서는 확인되지 않는 내용도 포함되어 있어 중요한 기록이라 할 수 있다. 마에마는 궁궐 내 전각을 집중적으로 연구하였는데, 주로 현종~인종대 건물의 기능을 검토하고 배치도를 제시하였다.[4]

해방 이후 개성이 북한에 속하게 됨에 따라 상대적으로 남한 학계에서의 개경 연구는 주춤하게 되었다.[5] 남한 학계의 경우 1984년 최창조의 연구[6]를 시작으로 박용운·김동욱·김창현 등에 의해 심화되었다. 박용운은 신봉문(神鳳門)을 경계로 하여 궁궐을 두 구역으로 나누고 임천각(臨川閣)·건덕전(乾德殿)·장령전(長齡殿)·만령전(萬齡殿)·선정전(宣政殿)·중광전(重光殿) 등 주로 회경전(會慶殿) 서쪽 구역에 대한 배치도를 제시하는 성과를 거두었으며,[7] 김동욱은 11~12세기를 고려 궁궐의 전성기로 바라보고 당시의 건물 구성과 배치, 그리고 영역 구분에 대해 연구를 진행하여 궁궐 전체 공간의 영역을 구체적으로 구분하는 성과를 거두었다.[8] 회경전뿐만 아니라 건덕전과 그 주변의 건물 배치를 추정한 것이 큰 특징이자 의의라 할 수 있다.

이러한 연구 심화에 힘입어 한국역사연구회 개경사연구반에서 개경사 연구동향을 정리하고 공동 연구 성과를 발표한 바 있다.[9] 이후 김창현

---

3 高裕燮, 1979 『松都의 古蹟』 悅話堂.
4 前間恭作, 1963 「開京宮殿簿」 『朝鮮學報』 26.
5 북한에서는 1973년~1974년간 會慶殿 및 그 서쪽 일대를 발굴조사 하였으며, 『조선유적유물도감』에 발굴조사 도면과 배치도가 게재되어 있다. 이후로도 독자적으로 발굴조사 및 연구가 이루어졌을 가능성이 있지만 확인이 어려운 상황이다.
6 최창조, 1984 『韓國의 風水思想』, 民音社.
7 박용운, 1997 『고려시대 開京 연구』, 일지사.
8 김동욱, 1997 「11, 12세기 고려 정궁의 건물구성과 배치」 『건축역사연구』 6.
9 한국역사연구회, 2002 『고려의 황도 개경』, 창작과 비평사.

에 의해 그간 축적된 성과를 망라한 체계적인 연구가 이루어졌는데, 광범위한 문헌사료는 물론 최근까지 북한에서 진행된 발굴성과를 면밀히 검토하였다.[10] 김창현의 연구는 고려 궁궐뿐만 아니라, 개경의 전체적인 도시구조를 추정해봄과 동시에 그것과 풍수론과의 관계, 그리고 신라 · 당(唐) · 송(宋)의 영향에 대해 고증하였다는 점에서 개경과 관련된 연구에 있어 한 획을 그은 것으로 평가할 수 있다. 2007년에는 남북 공동의 조사단이 발족되어 2015년까지 총 7차에 걸친 발굴조사가 이루어졌다. 이에 대한 전체적인 결과보고서는 아직 발행되지 않았으나 2007 · 2008년의 발굴조사 성과를 정리한 보고서[11] 및 관련 논문[12]이 발간되어 회경전 서부건축물군에 대한 많은 정보가 추가되었다. 또한 국립문화재연구소에서 그간 정리한 북한의 문화재에 관한 연구 성과를 자유롭게 열람이 가능하도록 홈페이지를 개설하였는데, 개경 궁궐에 관한 연구에 있어서 많은 도움이 되고 있다.[13]

이상 고려 궁궐에 대한 선행 연구성과를 살펴봄으로써 알 수 있듯이, 동궁의 구체적인 위치와 내부구조에 대한 연구는 요원한 상황임을 알 수 있다. 이는 제한적인 문헌자료에서 오는 한계와 더불어, 기존의 북한 및 최근에는 남북이 공동으로 행하고 있는 발굴조사의 주된 대상지가 동궁지로 추정되는 회경전 터의 동쪽이 아닌 서쪽 구역이라는 점도 그 원인으로 볼 수 있을 것이다. 즉 향후 발굴조사 등을 통해 연구자료가 축적된다면, 고려 동궁의 공간 정보에 대한 이해를 진전시킬 수 있을 것이라 기대해 볼 수 있다. 이에 본고에서는 고려의 "공간으로서의 동궁"

---

10 김창현, 2002 『고려 개경의 구조와 그 이념』, 신서원; 2011 『고려 개경의 편제와 궁궐』, 景仁文化社.

11 국립문화재연구소, 2013 『개성 고려궁성 남북공동 발굴조사보고서 Ⅰ』.

12 박성진, 2010 「고려궁성 '서부건축군'의 건물군 배치 검토」 『한국건축역사학회 학술발표대회논문집』; 김길식, 2012 「고려 개경 서부건축군의 성격과 배치구조의 사상적 배경」 『고고학』 11.

13 http://portal.nrich.go.kr/kor/index.do

연구에 대비한 정지작업(整地作業)의 차원에서 문헌자료 등을 통해 확인되는 고려 동궁의 전각명 및 궁궐 내 위치, 그리고 내부구조에 대해 시론적인 검토를 진행해보고자 한다.

Ⅰ. 고려 동궁의 전각명 검토

현재 『고려사』·『고려사절요』 및 『선화봉사고려도경』 등에서 확인되는 고려 동궁 내 전각으로 추정되는 것은 좌춘궁(左春宮)·수춘궁(壽春宮;여정궁〈麗正宮〉)·여정전(麗正殿)·춘덕문(春德門; 체통문〈棣通門〉)·육덕문(育德門)·원인문(元仁門)·태화문(太和門)·여정문(麗正門)이다. 이외에 정양궁(正陽宮·정양전〈正陽殿〉; 숙화궁〈肅和宮〉·숙화전〈肅和殿〉)·수춘전(壽春殿)·건명전(乾明殿; 저상전〈儲祥殿〉)·천령전(千齡殿)·용루(龍樓)·의춘루(宜春樓; 소휘루〈韶暉樓〉) 등이 동궁 내의 전각이었을 가능성도 제기되고 있다. 이는 크게 궁(宮)·전(殿)·루(樓)·문(門)으로 나누어 살펴볼 수 있는데, 아래의 〈표 1〉과 같이 정리해 볼 수 있겠다.

〈표 1〉 고려 동궁의 전각명

궁(宮)	전(殿)	루(樓)	문(門)
좌춘(左春)	(수춘〈壽春〉)→여정(麗正)	(용루〈龍樓〉)(망운〈望雲〉)→(관상〈觀祥〉)	춘덕(春德)→체통(棣通)
(정양〈正陽〉)→(숙화〈肅和〉)	(정양〈正陽〉)→(숙화〈肅和〉)	(의춘〈宜春〉)	육덕(育德)
수춘(壽春)→여정(麗正)	(건명〈建明〉)→(저상〈儲祥〉)	(소휘〈韶暉〉)	원인(元仁)
	(천령〈千齡〉)		(태화〈太和〉)
			여정(麗正)

* → 는 전각명의 개칭을 의미.
** ()는 동궁의 전각명으로 추정되나 확실하게 밝혀지지 않은 전각명.

위의 〈표 1〉을 토대로 하여 건물별로 그 명칭이 실제와 부합되는지를 살펴보도록 하겠다. 우선 궁(宮)에 대해서이다. 『선화봉사고려도경』에서 동궁의 명칭은 '좌춘'으로 기록되어 있다. 그리고 승평문(昇平門) 밖 어사대 (御史臺)의 서쪽에는 우춘궁이 있어 국왕의 딸과 자매들이 거처했다고 한 다. '좌춘'은 숙종 3년(1098) 태자 책봉과 관련하여 '좌춘방(左春坊)'의 설치를 명함에서 그 명칭이 동궁과 관련이 있음을 다시금 확인할 수 있다.[14] 즉 좌춘궁은 동궁과 동의어라 할 수 있는 춘궁 내부에서 태자와 공주 등이 기거한 구역의 방향에 맞춰 붙인 명칭이라 볼 수 있다.

다만 동궁이라는 장소에 내재된 중요성을 생각해볼 때 과연 이것이 공식 명칭이었을지는 의문이 든다. 그런데 『고려사』에서는 문종 10년 (1056)에 태자의 생일인 장흥절(長興節)을 축하하는 행사가 수춘궁에서 거 행되었고,[15] 예종 16년(1121)에 태자의 관례(冠禮)가 행해진 곳 역시 수춘궁 이었음[16]이 확인된다. 이러한 점을 고려하였을 때, 아무래도 동궁의 공 식 명칭은 '좌춘'이 아닌 '수춘'이었던 것으로 보인다.[17] 이 수춘궁(좌춘궁) 은 인종 16년(1138)에 여정궁으로 개칭되어 이후의 기록에서도 계속해서 확인된다.

이외에 현종 12년(1021)의 전각명 개칭 기사에서 확인되는 정양궁[18]을 동궁에 속하였던 것으로 파악하는 견해가 있다.[19] 이를 긍정한다면 고려

---

14 『高麗史』卷11 世家11 肅宗 3年 3月 14日 癸亥. "癸亥 教曰 寡人謬以涼德 而 有元良 宜升震位 特命有司 立太子 備詹事府 左春坊 延慶宮司等官 自隸采邑 皆屬焉"

15 『高麗史』卷7 世家7 文宗 10年 12月 9日 丙辰. "丙辰 中外進箋 賀王太子長興 節於壽春宮"

16 『高麗史』卷14 世家14 睿宗 16年 1月 15日 辛亥. "辛亥 王太子加元服于壽春 宮 百官表賀"

17 김창현, 2002 앞의 책, p.256.

18 『高麗史』卷4 世家4 顯宗 12年 1月 29日 乙巳. "乙巳 改紫宸殿爲景德殿 土陽 宮爲正陽宮 左右朝天門爲朝宗 柔遠門爲崇福"

19 김동욱, 1997 앞의 논문, p.29 및 p.36.

초기 동궁의 명칭 혹은 그 소속 건물로서 '토양궁(土陽宮)'[20]이 존재하였고 현종 12년 이후로는 '정양궁'으로 불렸다고 추정해 볼 수 있다. 그러나 이에 대해 확실한 근거가 제시된 것은 아니다. 『고려사』 지리지에는 정양궁이 동궁으로 추정되는 수춘궁과는 별개의 구역인 것처럼 기록되어 있다.[21] 또한 사료상으로도 이곳이 어떤 역할을 하였는지 분명하지 않기 때문에 섣불리 동궁, 특히 그중에서도 태자와 관련된 전각명이라 단정할 수는 없다.[22]

다음으로는 전(殿)에 대해서이다. 이와 관련하여 인종 16년에 수춘궁을 여정궁으로 개칭한 이후의 기록에서 여정전이 확인된다.[23] 따라서 동궁명이 수춘궁이었을 당시에도 역시 정전이 존재하였을 것이며, 그 명칭은 수춘전이었을 것으로 추정하는 견해가 있다.[24] 수춘전의 존재 여부에 대해서는 좀 더 논의가 필요하지만, 여정전의 경우는 기록에서 태자와 직접적인 관련성이 확인되므로 동궁의 정전이라 보아도 무리는 없을 것으로 생각된다.

그런데 p.29의 표-1에는 '正陽宮(肅和宮)'의 비고 칸에 '우춘궁(고려도경)'이라 표기되어 있어 태자가 아닌 공주나 왕의 자매 등이 거처했던 공간의 건물 명칭으로 보고 있는 것도 같다. 그러나 건물의 용도를 '왕자전'이라고 기입하고 있어 필자가 이 전각을 어떻게 파악하고 있는지는 의문된다.

20 한편 『新增東國輿地勝覽』 卷5 開城府下에는 "正陽宮〈顯宗改上陽宮爲正陽〉" 이라고 하여, 土陽宮이 아니라 上陽宮이라고 언급하였음을 확인할 수 있다.

21 『高麗史』 卷56 志10 王京開城府 "正陽宮 改壽和 壽春宮 改麗正".
    그런데 인종 16년의 기록에는 "正陽改肅和 壽春宮改麗正"으로, 『新增東國輿地勝覽』에는 "仁宗 改正陽殿爲肅和"라 되어 있어 正陽宮이 동궁의 한 전각이었을 가능성까지 완전히 배제할 수는 없을 것 같다.

22 이와 같은 이유로 殿의 명칭을 추적함에 있어서도 正陽은 일단 제외하도록 하겠다.

23 『高麗史』 卷66, 志20 禮8 冊王太子儀.
    그런데 麗正宮이 명종 12년에 완성되었다는 기록이 『高麗史』에서 확인된다(『高麗史』 卷20 世家20 明宗 12年 9月條). 이는 麗正宮이 이때에 비로소 설치된 것을 의미하는 것이 아닌 명종 원년 10월(『高麗史』 卷19 世家19, 明宗 元年 10月 11日 壬子)에 불타버린 대궐을 복구하면서 재건된 것을 의미한다. 즉 명종 12년 이전에 이미 麗正宮과 麗正殿이 조영되어 있었던 것으로 생각된다.

24 김창현, 2002 앞의 책, p.256.

이외에 건명전(저상전)과 천령전이 동궁 내에 소재한 것으로 추정하는 견해가 있다.[25] 이 중 건명전의 경우 예종 즉위년(1105) 및 14년(1119)의 기록에서 확인된다.[26] 그러나 예종이 건명전으로 재추(宰樞)들을 소집하여 당시의 현안이었던 동북지방의 방어 문제를 논한 사실 및 화재 사실만이 기록되어 있으며, 앞서 정양궁의 예와 마찬가지로 건명전과 동궁이 관계되었다고 볼만한 내용은 없다. 그런데 건명전은 인종 16년에 저상전으로 개칭된다. '저(儲)'字에 왕위를 이을 후계자를 뜻하는 의미가 포함되어 있음을 고려하면,[27] 저상전이 동궁에 속해 있었을 가능성이 없는 것은 아니다. 다만 '저상(儲祥)'은 상서로움이 쌓인다는 미사여구로 활용되기도 하며,[28] 무엇보다도 저상전 또한 동궁과 직접적으로 연결시킬만한 내용은 발견되지 않는다.[29] 따라서 건명전(저상전)이 동궁에 속하는 건물인가의 문제는 가능성 정도를 열어놓는 선에서 신중한 접근이 필요하다고 생각된다.

천령전의 경우 『고려사』 지리지에서는 이 전각이 장령전(長齡殿)의 개칭이라고 기록하고 있으나,[30] 인종 16년의 개칭 기사는 장령전의 개칭이 봉원전(奉元殿)임을 밝히고 있다.[31] 다만 지리지의 성격상 후대의 인식이

---

25 김동욱, 1997 앞의 논문, p.29 및 p.36; 한국역사연구회, 2002 앞의 책, p.52.

26 『高麗史』 卷12 世家12 睿宗 卽位年 12月 12日 乙亥.
    『高麗史』 卷35 志7 五行1 火.

27 儲君·儲后 등이 그 예인데, 『東人之文四六』 卷14 投金侍郞啓闈 林椿에서는 "且天生我必有用 命也如何 而才與世不相當 時哉易失. 不求其利 祇待我辰 近被家公之指揮 欲參儲后之侍從 然無介紹 孰爲先容."이라 하여 儲后가 太子를 의미하는 용례로 사용되고 있음이 확인된다.

28 『世宗實錄』 卷54 13年 10月 1日 壬申. "山與水鍾秀儲祥 太祖大王乃生."과 『世宗實錄』 卷84 21年 1月 3日 壬午. "其表曰 一人御極 光啓昌期. 二儀儲祥 茂昭景貺."은 儲祥이 상서로움을 나타내는 미사여구로서 사용된 사례이다.

29 儲祥殿과 관련된 기록은 중복되는 내용을 제외하면 『高麗史』 卷16 世家16 仁宗 2 仁宗 16年 5月 26日 庚戌과 『高麗史』 卷22, 世家22 高宗 12年 10月 20日 丁未 정도에서만 확인된다. 그 내용 역시 전각명의 개칭과 화재에 관련된 것으로서 東宮과 직접적으로 연관되었다고 보기는 어렵다.

30 『高麗史』 卷56 志10 地理1 王京開城府. "長齡殿改千齡"

일정하게 소급되었을 가능성이 있고,[32] 전각명의 개칭이 마치 태조 대에 모두 이루어진 것처럼 서술하고 있는 문제가 있음을 고려하면,[33] 천령전은 장령전과 별개의 건물로 보아야 하지 않을까 생각된다.[34] 천령전은 명종 9년에 다시 등장하는데,[35] 아마 명종 때 발생한 화재로 인한 피해를[36] 복구하면서 재건한 것으로 생각된다. 그런데 신종 7년(1204) 정월, 신종이 태자에게 양위를 하려 하였으나 태자가 울며 사양하자 신종이 천령전으로 이어(移御)하여 양위를 명하고 최충헌(崔忠獻)이 태자를 강안전(康安殿)으로 옮겨 임금의 옷(御服)을 입히고 받들어 대관전(大觀殿)으로 나와 백관의 조하를 받게 하였음이 확인된다.[37] 이를 근거로 천령전이 동궁의 침전이 아닐까 하고 추정하는 것이다.[38] 그러나 왕이 태자에게 양위를

---

31 『高麗史』 卷16 世家16 仁宗2 仁宗 16年 5月 26日 庚戌. "長齡改奉元"

32 김창현, 2002 앞의 책, p.114.
이외에 『高麗史』 지리지에서 일괄적으로 高麗初로 소개하고 있는 읍호의 연원 및 영속관계가 실제로는 각각 그 자료적 기반과 정리 기준의 시점이 다름을 밝힌 연구가 있어(尹京鎭, 1999 「『高麗史』 地理志의 연혁정리 방식에 대한 비판적 검토 -'高麗初'의 연기비정과 관련하여-」 『奎章閣』 22; 윤경진, 2012 「『高麗史』 地理志 고려초기 改號 기사의 자료적 기반과 정리 방식」, 『진단학보』 115) 『高麗史』 지리지의 성격을 이해하는데 참고가 된다.

33 보다 신중한 해석이 요구되기는 하지만 『고려사』 지리지에서 소개하고 있는 전각명 개칭 사례는 인종 16년에 이루어진 일이 소급되어 적용되었을 수도 있다는 추정이 있다(朴宗基, 2002 「『高麗史』 地理志 譯註(II)」 『한국학논총』 24, p.46).

34 김창현, 2002 앞의 책, p.240.

35 『高麗史』 卷20 世家20 明宗2 9年 4月 1日 己丑.

36 『高麗史』 卷19 世家19 明宗1 元年 10月 11日 壬子. "夜宮闕災 諸寺僧徒 及府 衛軍人 詣闕將救火 鄭仲夫李俊儀等入直 義方兄弟恐有變 走入于內 閉紫城門 不納諸救火者 故殿宇悉火 王出山呼亭 痛哭"

37 『高麗史』 卷21 世家 21 神宗 7年 1月 5日 己巳. "忠獻復入問疾 王語以內禪 意甚繾綣 忠獻以告太子 太子涕泣固辭 王移御于千齡殿 詔太子曰 朕以凉德 謬襲丕基 年旣衰耄 病且彌留 不敢聽政 眷爾元子 學就光明 德孚民望 肆以大 寶 用付于爾 忠獻白太子曰 君父之命 不宜固辭 引入康安殿 進御服 北面再拜 奉出大觀殿 受百官朝賀 王扶起 謂忠獻曰 今日 朕之志願已畢 病亦隨愈 卿於 朕之父子 功德不淺 無以爲報 遂泣下 忠獻再拜而出 王謂承宣及重房等曰 今 日以後 不復見卿等矣 宜各善輔嗣君 以臻至理 聞者莫不流涕"

38 김창현, 2002 앞의 책, p.257; 2011 앞의 책, p.117.

하기 위해 동궁으로 이어하여 조서를 내린다기보다는, 그 반대로 왕이 있는 곳으로 태자를 부르는 것이 더 자연스럽다는 점에서 쉽사리 받아들이기는 어렵다. 물론 무신집권기로 인해 왕권이 이전과 같지 않았을 것이란 점을 고려하면 반드시 불가능한 일이라고 단정지을 수도 없다. 또한 명칭상 비슷하면서도 상위의 전각으로 보이는 만령전(萬齡殿)이 『선화봉사고려도경』에 국왕의 침전으로 소개된 점을[39] 고려하면 이러한 추정이 전혀 불가능한 것만은 아닌 것 같다.[40] 따라서 비록 단 하나의 사례이고 불명확한 점이 많지만 태자와의 관련성이 확인되는 만큼, 천령전의 경우 동궁 구역에 소재하였을 가능성 정도는 열어둘 수는 있다고 여겨진다.

다음으로는 루(樓)에 대해서 살펴보도록 하겠다. 고려 동궁의 전각명 중 루(樓)와 관련된 것이 문헌에서 직접적으로 언급된 바는 확인되지 않는다. 다만 의춘루(소휘루)·용루 등이 동궁 내 누각 명칭이었을 가능성이 제기되고 있다.

우선 의춘루(소휘루)에 대해서이다. 이를 동궁 내에 설치되었던 누각으로 보는 견해가 있는데,[41] 의춘루와 소휘루에 대해서는 의춘루에 벼락이 쳤다는 기사[42] 및 의춘루가 소휘루로 개칭되었다는 내용[43]이 전부이다. 따라서 양자가 동궁에 속해 있던 누각이었다고 단언하기는 어렵다.

다음으로는 용루의 경우에 대해서 살펴보도록 하겠다. 이 명칭은 보원사(普願寺) 법인국사(法印國師) 탄문(坦文)의 탑비에서 확인된다.

---

39 『宣和奉使高麗圖經』 "萬齡殿在乾德之後 基太上御名差小 而藻飾華麗 蓋寢室也 姬嬪侍女於兩廡列室而環居 自崧山之半 下視其室奧 亦不甚寬敞 諒其姬侍之數 亦稱其居耳"

40 萬齡殿에 대한 기존의 논의 및 침전으로서의 기능에 관해서는 김창현, 2002 앞의 책, p.275를 참조.

41 김창현, 2002 위의 책, p.256의 각주 135번.

42 『高麗史』 卷6 世家6 靖宗 6年 7月 12日 乙丑.

43 『高麗史』 卷16 世家16 仁宗2 16年 5月 26日 庚戌; 『高麗史』 卷56, 志10 地理1 王京開城府.

A-1. 개보(開寶) 5년 대사(大師)는 특히 저후(儲后)의 나이가 학수(鶴壽)와 같아 날마다 용루를 왕성하게 하며, 옥의(玉扆)를 붙들어 아름다운 덕을 쌓게 하며, 요도(瑤圖)를 도와 항상 경사스러움을 연설하였다. 천불도장(千佛道場)에 들어가 향을 사르고 기도하던 중, 7일 째 되는 날 밤 꿈에 5백명의 스님이 찾아와서 말하기를, "스님의 소원을 부처님께서 들어주셨음을 알려드리니, 화사(畵師)를 청하여 5백 나한(羅漢)의 탱화를 그려 안선보국원(安禪報國院)에 모시도록 하십시오."라고 권했다.[44]

위의 비문에 따르면 국사(國師)는 개보 5년, 즉 광종 23년(972)에 저후(후의 경종)가 장성해감에 따라 용루를 왕성하게 하는 등의 경사스러움이 있음을 연설하고, 천불도장에 들어가 분향하며 기도하였다. 다만 여기서의 용루가 과연 실재하는 동궁 내의 루(樓)를 의미하는 것일지가 의문된다. 내용만 보자면 루(樓)의 이름이 용(龍)이었을 가능성과 더불어 그저 태자를 상징하는 표현의 하나로서 사용되었을 가능성이 모두 있기 때문이다. 그런데 『동문선』에서도 용루와 태자와의 관계가 확인된다.

A-2. 네가 이미 관례(冠禮)를 올리는 것을 보았으니 어떤 기쁨이 이와 같으며, 태자로 책립하는 데 있어서 어찌 소홀함이 있겠는가. 마땅히 계극(鷄戟)의 의식으로 높이고, 급히 용루의 자리를 바르게 하여야겠다. 하물며 지금 정월(正月)은 삼춘(三春)을 여는 때로 우레가 백 리를 놀라게 하는 처음이다. 시기로 보아도 아름다우니 너의 덕도 또한 그러하여야 한다.[45]

---

44 開寶五年 大師特爲儲后年齊鶴筭 日盛龍樓 扶玉扆以儲休 佐瑤圖而演慶 酒入千佛道場焚禱經 七日夜 夢有五百僧來曰 師所願者 佛之聽之 故奏請畵師 敬畵五百羅漢 安置於安禪報國院.

45 『東文選』卷28 冊,「封太子敎書」. "得見汝之旣冠則何喜如之 而其於立儲也有所忽耶 當崇鷄戟之儀 驟正龍樓之位 矧今端月 啓三春之始 荐雷驚百里之初 相時卽嘉 象德亦爾 故特遣使某官某 副使某官某等 持節備禮 冊爾爲王太子 汝能居少陽而貳正體 流潤海而福群生 其不曰休哉"

위의 『동문선』「봉태자교서(封太子敎書)」와 법인국사 탑비의 내용을 연관하여, 용루가 동궁 내에 실재하는 건물이었을 것이라 추정하는 것이다.[46] 당대의 금석문에서 확인되는 명칭이기도 하고, 실제로 태자와 관련이 있음은 분명하다. 그러나 사료의 내용을 살펴보았을 때 용루라는 명칭의 루(樓)가 실제로 존재하였다기보다는, 태자 혹은 그가 기거하는 공간을 의미하는 용례로 사용되었던 것으로 이해하는 것이 타당하지 않을까 한다. 즉 동궁 내 루(樓)의 존재 여부와는 별도로, 그 명칭이 용루였다고 단정할 수는 없는 것이다. 다만 앞서 살펴본 인종 16년 수춘궁의 여정궁으로의 개칭과 의춘루의 소휘루로의 개칭 기사 사이에는 망운루를 관상루(觀祥樓)로 바꾸었다는 내용이 있다. 이 개칭 기사의 전문은 국왕의 정전인 회경전을 시작으로 하고 있음을 볼 때, 전각이나 문의 명칭 기재 순서가 그 위계 및 기능과 관계된다고도 볼 수 있다. 그렇다면 수춘궁(여정궁) 다음으로 등장하는 망운루(관상루)가 용루의 실제 명칭이었을 가능성 정도까지는 열어둘 수 있을 것 같다.

마지막으로 문(門)에 대해서이다. 『선화봉사고려도경』에서[47] 동궁과 직접적으로 관련되었다고 기록된 문의 명칭은 춘덕·태화·육덕·원인인데 자세한 내용은 아래와 같다.

B-1. 좌춘궁은 회경전의 동쪽 춘덕문 안에 있다. 왕의 적장자가 처음 책봉되면 세자라 하고, 관례를 올린 이후에 여기서 거처한다. 집채의 규모는 왕궁보다 못하다. 그 대문의 편액은 태화, 다음은 원인, 그 다음은 육덕이라 한다. 직사(職事)의 건물에는 편액이 없고, 대들

---

46 김창현, 2011 앞의 책, p.115.

47 다만 『宣和奉使高麗圖經』은 송의 사신이었던 서긍의 입장에서 제한된 기간 동안 관찰한 바를 기록한 것이다. 따라서 저자의 오인에 의하여 잘못된 정보가 수록되었을 가능성이 있고, 기록에 내포된 관념 또한 그 해석에 주의할 필요가 있다(김창현, 2002 앞의 책, p.146의 각주 13번 및 p.241; 김보경, 2011 「『고려도경』과 고려의 문화적 형상」 『韓國漢文學硏究』 47).

보와 기둥은 크다. 병풍 위에는 문왕세자편(文王世子篇)이 쓰여져 있다. 또한 관속 수십 인을 두었다. 우춘궁은 승평문 밖 어사대 서쪽에 있는데, 왕의 자매와 여러 여자들이 살았다.[48]

B-1에 따르면 춘덕문은 회경전의 동쪽에 있었으므로 동궁의 서쪽 혹은 남쪽 방향에 소재한 문이 되며, 내부에는 태화·육덕·원인의 순으로 세 개 문이 있었음을 알 수 있다. 그런데 이 중 태화문은 황성의 북쪽에 소재한 문의 명칭이 잘못 기록되었을 가능성이 있다.[49] 또한 기록대로라면 동궁에 설치된 문의 개수가 국왕의 정전인 회경전 구역에 설치된 것보다 많다는 문제도 지적되고 있다.[50] 따라서 태화문을 동궁의 문 중 하나로 볼 수 있는지에 대해서는 신중한 접근이 필요하다고 생각된다.

나머지 춘덕·육덕·원인의 세 개 문에 대한 기록 역시 극히 단편적이다. 춘덕문의 경우 『선화봉사고려도경』 외에 덕종 3년(1034)의 교서에서 제왕(諸王)들이 궁전을 오르내림을 위한 장소와 관련되어 언급한 사례와[51], 이자겸과 척준경이 궁궐에 불을 질렀다고 전하는 기록,[52] 그리고 인종 16년 체통문으로 개칭되었다고 전하는 기록 등에서 확인된다.[53] 육덕문과 원인문에 대해서는 『선화봉사고려도경』 외에는 확인되지 않고 있다. 즉 춘덕·육덕·원인 세 문의 경우, 춘덕문을 제외한다면 명칭만이 전하고 있을 뿐인 관계로 그 실체에 대한 구체적 고찰은 어렵다.

---

48 左春宮在會慶殿之東春德門内 王之嫡長子初立曰世子 既冠而後居之 屋宇制度 殺於王宮 其大門 榜曰太和 次曰元仁 次曰育德 聽事之堂無榜 梁棟脩偉 屏上書文王世子篇 亦建官屬十數人 右春宮在昇平門外御史臺之西 王之姊妹諸女居之.

49 신안식, 2000 앞의 논문, pp.30-34.

50 김창현, 2002 앞의 책, p.244의 각주 74번

51 『高麗史』 卷67 志21 禮9 嘉禮.

52 『高麗史』 卷127 列傳40 叛逆 李資謙.

53 『高麗史』 卷16 世家16 仁宗2 16年 5月 26日 庚戌.

그런데 인종 16년 이후의 기록에서 동궁과 관련된 것으로 볼 수 있는 여정문이 확인된다. 앞서 살펴보았듯이 여정궁은 동궁이었던 수춘궁이 인종 16년에 개칭된 명칭임을 고려할 때, 여정문은 춘덕 · 육덕 · 원인 세 문 중 하나가 개칭되었거나 신설된 문이었을 가능성을 엿볼 수 있다. 이와 관련하여 『고려사』 예지(禮志)에는, 동궁인 여정궁에서 중요행사가 열릴 때, 국왕의 명령을 받든 신하가 대관전(大觀殿)에서 출발해 태정문(泰定門)을 통과하고 여경문(麗景門)을 나가 여정문을 통해 여정궁으로 들어갔음이 기록되어 있다.[54] 여경문은 궁성의 동문(東門)이었던 동화문(東華門)이[55] 인종 16년에 개칭된 것인데, 이로 보아 여정문은 동궁의 동문에 해당한다고도 볼 수 있는 여지가 있다.[56] 그렇다면 동궁의 서쪽 혹은 남쪽 방향에 위치하였을 것으로 추측되는 춘덕문과 관계가 있다기보다는[57] 육덕문 · 원인문의 개칭이거나 별개의 문이었다고 이해할 수 있지 않을까 한다.

이상의 내용을 검토한 결과 실제로 동궁 내에 소재하였던 것으로 볼 수 있는 전각의 명칭은 궁(宮)의 경우 좌춘 · 수춘 · 여정의 세 가지이며, 전(殿)의 경우는 여정 한 가지, 루(樓)는 추정만이 가능한 상태이고 문(門)은 춘덕(체통) · 육덕 · 원인 · 여정의 네가지라 할 수 있다. 이 외에 가능성을 엿볼 수 있는 전각들의 경우, 현재까지의 자료를 토대로 하여서는 동궁과의 관련 여부를 확신할 수 없기에 추정에 머무를 수밖에 없음을 알 수 있다. 이러한 점을 고려하며, 다음 장에서는 궁궐 내에서의 구체적인 동궁 위치와 그 내부구조에 대해서 살펴보도록 하겠다.

---

54 『高麗史』 卷66 志20 禮8 冊王太子儀條.

55 東華門에 대해서는 김창현, 2002 앞의 책, p.293을 참조.

56 김창현, 2002 위의 책, p.256의 각주 134번.

57 또한 春德門은 麗正門의 명칭이 확인되는 시점에는 棟通門으로 개칭되어 사용되었을 것이라는 점 역시 고려한다면, 아무래도 여정문과의 관계를 상정하기는 어렵다.

II. 동궁의 위치와 내부구조 검토

앞의 Ⅰ장에서 고려의 동궁에 속하였을 것으로 추정되는 전각의 종류
와 그 명칭에 대해서 살펴보았다. 본 장에서는 이를 염두에 두고 동궁의
위치 및 내부구조에 대해서 살펴보도록 하겠다.

고려 동궁의 위치와 내부구조에 대해 가장 직접적인 정보는 고려를
방문했던 송의 사신 서긍(徐兢)이 인종 원년(1123) 개경의 모습을 기록한
『선화봉사고려도경』을 통해 얻을 수 있다.[58] 이에 따르면 동궁은 좌춘궁
과 우춘궁으로 나뉘어져 있었는데, 이 중 좌춘궁이 태자가 기거하는
곳으로서 내부에는 육덕·원인·태화의 세 개 문이 존재하였다고 한
다.[59] 동궁의 위치에 대해서는 회경전 동쪽에 위치한 춘덕문 안에 소재
하였음을 밝히고 있다. 그렇다면 동궁의 위치를 살피기 위해서는 회경전
에 대한 정보 역시 아울러 검토할 필요가 있다.

> B-2. 회경전은 창합문(閶闔門) 안에 있는데 전문(殿門)이 별도로 설치되어
> 있다. 규모도 매우 장대한데 그 터는 높이가 5장(丈) 남짓이다. 동서
> 로 양쪽에 계단이 있으며, 난간을 붉게 옻칠한데다 구리꽃(銅花)으로
> 꾸미며서 장식이 웅장하고 화려하니 여러 전각 가운데 최고이다. 양
> 쪽 회랑까지 합쳐서 30칸이다. 중정(中庭)에는 추석(甃石)을 깔았는데
> 벽돌 아래는 비어 있어 견고하지 못하므로 걸을 때마다 소리가 난
> 다. 보통 때는 거처하지 않다가 오직 외교 사절이 왔을 때만 뜰
> 아래에서 천자의 조서를 받들거나 표를 올리는데 이용한다. 연회
> 때에 정사(正使)와 부사(副使)의 자리는 동쪽을 향해 회경전 서쪽 기둥
> 에 마련한다. 상절(上節)은 동서(東序)에 자리 잡고 중절(中節)은 서서

---

58 본고 Ⅰ장의 B-1 참고.

59 이 중 太和門의 경우는 앞서 살펴보았듯이, 실제로 동궁 내에 소재하였던 문이었
   는지에 대해서는 확실하지 않다.

(西序)에 자리 잡으며, 하절(下節)은 문 양쪽 행랑에서 북쪽을 향해 자리 잡는다. 나머지 예식은 다른 전각에서 별도로 행한다.[60]

B-2를 통해, 회경전은 창합문 안에 존재하였고 양 건물 사이에는 전문 (殿門)이 별도로 설치되었음을 알 수 있다. 그렇다면 창합문은 공통적으로 회경전과 동궁의 바깥쪽에 있었을 가능성이 높다. 따라서 이곳에 대한 정보를 검토해본다면 동궁의 위치 및 구조에 대한 이해 역시 보다 진전될 수 있을 것이다.

B-3. 승평문은 왕궁의 정남문이다. 위에는 층층이 누각을 만들고 옆에 두 누관(樓觀)을 세웠다. 세 문이 죽 늘어 세워져 규모가 더욱 굉장하고 웅대하다. 네 모서리는 각각 동화주(銅火珠)로 장식하였다. 문 안쪽에서부터 좌우로 나누어 두 개의 정자를 만들고 모두 동락(同樂)이라 했다. 작은 담장 몇 백 개가 연이어 신봉문(神鳳門)까지 이르렀는데, 문의 규모는 승평문보다 장대했다. 동쪽문은 춘덕이라 했는데 세자궁으로 통하고, 서쪽문은 태초라 했는데 왕이 거처하여 좌기(坐起)를 준비하는 곳과 통한다. 또 10여 보쯤 가면 창합문이 있는데, 이는 왕이 조서를 받드는 곳이다. 좌우 양쪽에 승천문(承天門)이 있고, 여기서부터 위쪽으로 산세가 점차 급하여 뜰이 협소하니, 회경전 문과의 거리가 몇 장(丈)에 불과하다. 승평·신봉·창합 3문의 법식과 문채(文采)는 대개 서로 비슷하지만, 그 중 신봉문이 으뜸이다. 제방(題牓)의 글씨는 붉은색 바탕에 아교풀에 갠 금박가루[金泥]로 씌여 있는데, 구솔경(歐率更: 구양순)의 서체이다. 대개 옛 서체를 많이 본받는 고려 사람들은 감히 억측하는 말이나 자기 소견으로 함부로 속체(俗體)를 쓰지 않는다.[61]

---

60 會慶殿在閶闔門內 別有殿門 規模甚壯 基址高五丈餘 東西兩塔 丹漆欄檻 飾以銅花 文彩雄麗 冠於諸殿 兩廊通三十間 中庭甃石 地虛不堅 行則有聲 常禮不敢居 惟人使至 則受詔拜表於庭下 燕會則設 使副之席於殿之西楹東向 上節位於東序 中節位於西序 下節位於門之兩廈而北向 餘禮則別殿以別之.

61 昇平門 卽王宮之正南門也 上爲重樓 旁起兩觀 三門竝列 制益宏大 四阿各有爲飾 自門之內 左右分爲兩亭 皆曰同樂 矮牆幾百堵相屬 以至神鳳門 而門之

B-3에 따르면, 창합문은 왕궁의 정남문인 승평문을 넘어 신봉문을 통과한 위치에 소재하였음을 알 수 있다. 그런데 창합문과 승평문의 사이에 있는 신봉문을 중심으로 하여 그 동쪽에 춘덕문이 있다고 기록되어 있다. 이는 앞서 Ⅰ장에서 동궁의 서쪽, 혹은 남쪽에 소재하였을 것으로 추정한 춘덕문의 위치가 그 중 후자에 더 가까웠을 가능성을 높여준다. 그렇다면 동궁의 위치와 내부구조에 대해서는 대략 아래와 같은 특징이 있음을 알 수 있다.

① 동궁은 정전이었던 회경전 동쪽에 위치하였는데, 1개의 대문(大門)과 둘 혹은 세 개의 정문(正門)이 건립되어 있었다.
② 정전인 회경전과 동궁의 경계를 나누어주는 춘덕문은 신봉문과 창합문의 사이 공간의 동쪽 어디엔가 설치되어 있었다는 점인데, 아마 동궁의 남쪽에 소재하였을 가능성이 높다.
③ 관속 십 수인이 있었다고 하는 것으로 보아 태자뿐만 아니라 동궁을 관리하는 사람들이 사무를 보던 건물 역시 설치되었을 가능성이 높다.
④ 태자가 이곳에 거처하였다는 내용을 볼 때 정전과 침전의 기능을 지닌 건물들 역시 존재하였을 가능성이 높다.

사실 동궁의 위치와 내부구조에 관련한 이상의 특징들은 이전부터 지적되어 오던 것으로서, 여러 연구자들이 이를 토대로 나름의 배치도를 제시한 바 아래의 〈그림 1〉~〈그림 7〉과 같다.

制 又壯大於昇平矣 東曰春德 通世子宮 西曰太初 通王居備坐 又十餘步 卽閶闔門 乃王奉迎詔書之所也 左右兩挾有承天門 自是而上 山勢稍逼 中庭隘狹 去會慶殿門 不過數丈耳 昇平神鳳閶闔三門 制度文采 大抵相類 而神鳳爲冠 題牓之字 金書朱地 有歐率更之體 大抵麗人多法古 不敢以臆說己見而妄爲俗體也.

〈그림 1〉은 1832년에 작성되어『송경광고』에 게재되어 있는 임효헌의「고려궁궐도략」이다. 그는『선화봉사고려도경』의 좌춘궁 기록에 충실하여 동궁의 위치와 내부 구조를 추정하였음을 알 수 있는데, 춘덕문의 경우 신봉문의 횡으로 일직선상의 동쪽편에 표기하였고, 육덕·원인·태화 세 개의 정문은 춘덕문의 위치보다 약간 아래에 위치한 것으로 그려 넣은 것이 특징적이다.

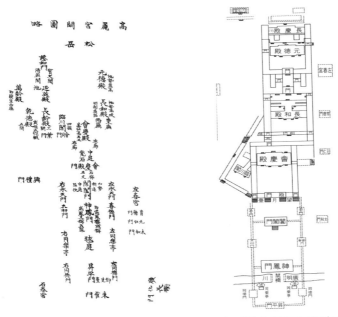

〈그림 1〉 고려궁궐도략(임효헌)　　　〈그림 2〉 만월대배치도급회경전평면도
(滿月臺配置圖及會慶殿平面圖)(고유섭)

〈그림 2〉는 고유섭의 배치도이다. 동궁에 관해서는 회경전의 동쪽이라는 점과, 육덕·원인·태화의 세 개 문을 모두 표기하고 있어 임효헌과 마찬가지로『선화봉사고려도경』에서 확인되는 동궁의 건물을 모두

반영하여 작성하였음을 알 수 있다. 그러나 배치 구조에 있어서는 다소 차이를 보이고 있다. 즉 춘덕문이 신봉문과 창합문을 연결하는 남북 방향의 동쪽 담장에 설치되어 있으며, 태화문과 창합문이 횡으로 일직선 상에 놓였고 원인문은 회경전 추정지의 약간 위쪽, 육덕문은 회경전 뒤편 장화전(長和殿)과 같은 선상에 배치하여 동궁인 좌춘궁이 회경전의 동쪽이기는 하나 상당히 북쪽인 원덕전(元德殿)에 가깝게 표기되어 있다.

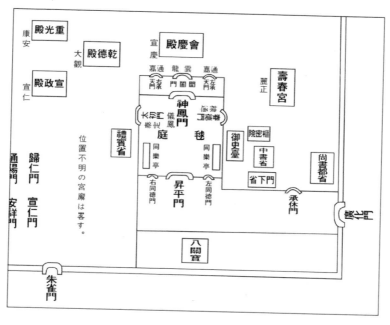

〈그림 3〉 본궐도(本闕圖)(마에마 교사쿠)

〈그림 3〉은 마에마의 배치도로서 역시 기본적으로는 『선화봉사고려 도경』에 의거하여 동궁의 위치를 파악한 것으로 이해된다. 춘덕문의 위치를 신봉문과 같은 선상에서 동쪽이 아닌, 그 아래 승평문과의 사이 에 소재한 구정(毬庭)의 동쪽 담장에 위치시키고 있다는 점에서 임효헌의

연구와 차이를 보이고 있다. 육덕·원인·태화 세 개 문의 존재는 배치도에 표시하지 않았는데, 이것은 마에마 본인이 위치를 정확히 추정하지 못한 건물에 대해서는 표기하지 않았던 원칙에 기인한 것으로 생각된다. 특기할만한 부분은 동궁의 명칭을 '좌춘궁'이라 표기하지 않고 『고려사』 및 『고려사절요』에 기록된 '수춘궁'으로 표기한 점과 아울러 적색으로 '여정'을 부기하여 인종 16년 이후 개칭된 동궁의 명칭을 소개하고 있는 것을 통해 『고려사』 등의 자료 역시 동궁 구조를 파악하는데 적극 활용하였음을 알 수 있게 해준다는 점을 들 수 있다.

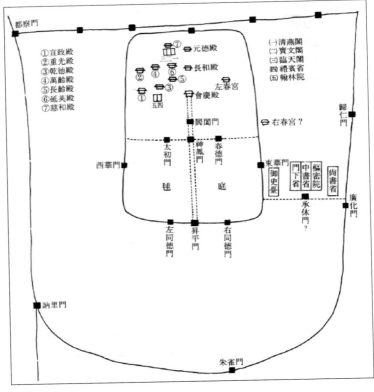

〈그림 4〉 궁성·황성내의 궁전과 중요 관해(박용운, 1997, p.38)

〈그림 4〉는 박용운의 배치도로 개경 대궐을 승평문-신봉문-창합문을 연결하는 남북 일직선을 경계로 크게 두 구역으로 나누고 있음이 특징적이다. 동궁에 대해서는『선화봉사고려도경』의 기록 및 이전의 연구에서 제기된 바와 큰 차이를 보이고 있지 않다. 우선 춘덕문이 신봉문과 횡으로 같은 선상에 있었다고 표기한 점은 임효헌의 연구와 같다. 그리고 좌춘궁이 회경전보다 다소 북쪽에 위치한다고 표기한 점은 고유섭이 제시한 도면과 같으나 장화전보다는 아래에 배치되었던 것으로 표시하였다는 점에서 차이가 확인된다. 육덕·원인·태화 세 개 문의 존재를 표시하지 않은 것은 마에마가 제시한 배치도와 공통된다.

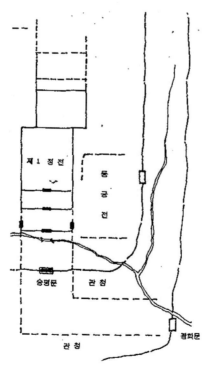

〈그림 5〉 11~12세기 고려 정궁 건물 기본 배치개념도(김동욱, 1997, p.38)

〈그림 5〉는 김동욱의 배치도로서 동궁에 대한 것은 이전의 연구 이상으로 진전된 점은 확인되지 않는다. 전각의 명칭들은 모두 표기되지 않고 오로지 '동궁전'이라는 명칭만이 제1정전(회경전)의 동쪽 부지에 표현되어 있지만, 도면상 춘덕문을 신봉문과 창합문을 연결하는 남북 방향의 담장 동쪽 편에 설치되어 있었던 것으로 이해하고 있는 것으로 보인다.

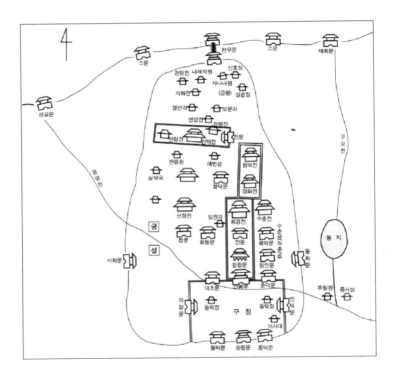

〈그림 6〉 개경궁성도(김창현, 2002, p.266)

〈그림 6〉은 김창현의 배치도이다. 그는 『선화봉사고려도경』 및 이전의 연구들에서와 마찬가지로 동궁이 회경전의 동쪽에 위치하였음을 전제로 하고 있다. 춘덕문의 경우는 임효헌 및 박용운의 연구에서 제기된

바와 같이 신봉루(신봉문)와 일직선상에 위치하였다고 표기하고 있다. 기존의 연구에서 『선화봉사고려도경』에 전하는 육덕·원인·태화의 세 개 문에 대한 표기 여부를 함께 묶어 결정하였던 것과는 달리, 그의 배치도는 육덕문·원인문은 표기하였으나 태화문은 황성의 북문으로 이해하였기에 표기하지 않았으며, 춘덕문이 육덕문·원인문과 남북의 방향으로 같은 선상에 위치하였다고 표기하였다는 점이 큰 특징이라 할 수 있겠다.

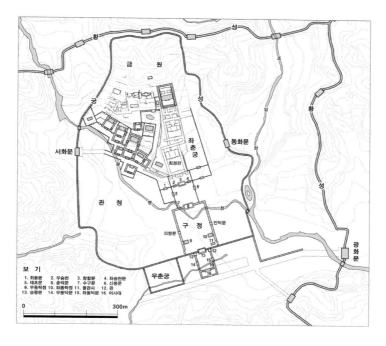

〈그림 7〉 고려 정궁 배치 추정도(우성훈·이상해, 2006, p.76)

〈그림 7〉은 우성훈·이상해가 제시한 배치도로서 동궁에 관해서는 기존의 연구 성과와 큰 차이가 확인되지 않는다. 그러나 『선화봉사고려

도경』의 내용을 재분석하고 국왕·태자 관련 왕실 의례 및 위숙군(圍宿軍)이 신봉문·태초문·춘덕문에 배치되었던 기록을 근거로 하여 춘덕문의 위치가 신봉문과 나란히 위치한 것이 아닌, 보다 북쪽으로 올라가 창합문과 신봉문을 연결하는 남북 방향의 담장 동쪽편에 설치되었다고 이해한 점이 주목된다. 춘덕문의 위치에 대해 고유섭도 동일한 의견을 제기한 바 있으나, 아무튼 다양한 사료를 다각도로 분석하여 근거를 제시했다는 점에서 특기할만한 성과라 생각된다. 또한 육덕·원인·태화 세 개 문과 내부의 여타 건물에 대해서는 논하고 있지는 않다. 다만 도면에 춘덕문을 제외한 동궁 관련 문이 2개소만 표기된 점을 고려하면, 〈그림 6〉과 마찬가지로 춘덕문을 제외하면 2개의 문만이 동궁에 있었다고 파악하고 있는 것 같다. 이 두 개의 문을 여정문과 여경문으로 이해하고 있는 것으로도 생각되나 직접적인 언급은 없다.[62]

이상의 〈그림 1〉~〈그림 7〉의 배치도를 검토해본 결과 동궁의 위치에 대해서는 대체로 『선화봉사고려도경』에 기록된 것처럼 회경전의 동쪽이라는 점은 모두 동의하고 있음을 확인할 수 있다. 다만 회경전 구역과 동궁 구역을 구분해주는 춘덕문의 구체적인 위치와, 육덕·원인·태화 세 개 문의 존재 여부와 배치 사항에 대해서는 이견이 존재하고 있음을 알 수 있다. 또한 회경전 동쪽이라고는 하나 그 구체적인 위치가 회경전의 북쪽인지, 남쪽인지 혹은 일직선상에 위치한 것인지에 대해서도 약간씩의 차이를 보이고 있다. 이에 대해서는 차후 회경전 터 동쪽 구역의 본격적인 발굴조사가 이루어짐으로써 이에 대한 보다 구체적인 논의가 진행될 수 있으리라 생각된다.[63]

---

62 우성훈·이상해, 2006 「고려정궁 내부 배치의 복원연구」『건축역사연구』15, p.73.

63 특히『宣和奉使高麗圖經』에 左春宮의 규모가 왕궁보다 못하다고 기록되어 있는 점을 참고하면, 해당 유구들의 조사·비교를 통해 동궁의 크기를 여러 측면에서 검증해 볼 수 있을 것이다. 또한 실제 동궁 구역 내의 건물 편제가 어떠하였는지, 그리고 會慶殿을 비롯한 여타 구역과의 연결성에 관한 여러 의문 역시 밝힐 수 있으리라 기대된다.

맺음말

　지금까지 고려 시기 동궁에 소재하였을 것으로 추정되는 건물과 그 명칭, 그리고 위치와 내부구조에 대해서 살펴보았다. 그 결과 고려시대 의 동궁에는 궁(宮)과 전(殿) 및 루(樓), 그리고 문(門) 등의 건물이 설치되어 운영되었음을 알 수 있었다. 다만 사료상에 보이는 것과는 별개로, 각 건물에 부여되었을 명칭이 실제와 부합되는지의 여부는 단언하기 어려 움 역시 확인할 수 있었다. 예컨대, 궁(宮)은 좌춘 · 수춘 · 여정, 전(殿)은 여정, 문(門)은 춘덕(체통) · 육덕 · 원인 · 여정 정도가 실제로 동궁의 건물 에 사용되었을 것으로 보이나, 그 외의 경우는 대부분 추정에 그칠 수밖 에 없었다. 또한 『선화봉사고려도경』의 기록을 토대로 하여 동궁이 회 경전의 동쪽에 위치하였을 것이라는 점 정도는 추정할 수 있었으나, 그 내부에 설치되었을 각 문 및 여타 건물의 실재 여부와 각 건물의 배치에 대해서는 가능성을 열어놓는 선에서 마무리 지을 수밖에 없었다. 이러한 한계는 발굴조사의 재개, 특히 그 중에서도 회경전으로 추정되는 구역의 동쪽에 대한 조사와 그에 대한 연구를 통해 극복될 수 있을 것인 바, 향후의 과제로서 남기고자 한다.[64]

---

[64] 본 논고는 『史學志』 55집(2017년 12월 간행)에 게재한 「고려 東宮의 殿閣名과 구조에 대한 試論的 검토」를 약간 수정한 것이다.

참고문헌

1. 원문자료

『高麗史』,『高麗史節要』,『高麗古都徵』,『東文選』,『三國史記』,『宣和奉使高
麗圖經』,『新增東國輿地勝覽』,『中京誌』

2. 단행본

국립문화재연구소, 2013『개성 고려궁성 남북공동 발굴조사보고서 Ⅰ』.

高裕燮, 1979『松都의 古蹟』悅話堂.

김창현, 2002『고려 개경의 구조와 그 이념』, 신서원.

＿＿＿, 2011『고려 개경의 편제와 궁궐』, 景仁文化社.

박용운, 1996『고려시대 開京 연구』, 일지사.

한국역사연구회, 2002『고려의 황도 개경』, 창작과비평사.

3. 논문

김길식, 2012「고려 개경 서부건축군의 성격과 배치구조의 사상적 배경」,『고
고학』11.

김동욱, 1997「11,12세기 고려 정궁의 건물구성과 배치」『건축역사연구』6.

김보경, 2011「『고려도경』과 고려의 문화적 형상」『韓國漢文學硏究』47.

김선미, 2014「고려 문종대 王太子 冊封과 太子 관련 制度 정비의 의미」『역
사민속학』45.

김지선, 2014「고려 문종의 즉위와 동궁관 확충」『한국중세사연구』40.

김창겸, 2008「고려 顯宗代 東宮官 설치」『한국사학보』33.

김창현, 2004「고려 개경과 강도의 도성 비교고찰」『한국사연구』127.

＿＿＿, 2007「고려의 수도 개경」『국제고려학회 서울지회 논문집』9.

＿＿＿, 2014「고려전기 도읍과 동아시아 도읍의 비교연구 −중국 당송 도읍
과의 비교를 중심으로−」『사총』82.

박성진, 2010「고려궁성 '서부건축군'의 건물군 배치 검토」『한국건축역사학
회 학술발표대회논문집』.

신안식, 2000「고려전기의 築城과 개경의 황성」『역사와 현실』38.

우성훈·이상해, 2006「고려정궁 내부 배치의 복원연구」『건축역사연구』15.

尹京鎭, 1999「『高麗史』地理志의 연혁정리 방식에 대한 비판적 검토 -'高麗初'의 연기비정과 관련하여-」『奎章閣』22.

_____, 2012「『高麗史』地理志 고려초기 改號 기사의 자료적 기반과 정리 방식」『진단학보』115.

前間恭作, 1963「開京宮殿簿」『朝鮮學報』26.

03

조선시대 궁궐의 동궁(東宮) 건물

● ● ●

김 문 식 (단국대학교 문과대학 사학과 교수)

머리말

조선의 22대 국왕인 정조(正祖, 1752~1800)는 세손 시절에 작성한 「경희궁지(慶熙宮志)」에서 궁궐의 기능을 다음과 같이 말하였다.

"궁궐이란 임금이 거처하며 정치를 하는 곳이다. 사방에서 우러러 보고 신민(臣民)이 둘러싸서 향하는 곳이다. 따라서 그 제도를 장엄하게 하여 존엄함을 보이고, 그 이름을 아름답게 하여 경계하고 송축하는 뜻을 두는 것이다. 그 거처를 아름답게 꾸미고 외관을 화려하게 하려는 것이 아니다."[1]

---

1 『弘齋全書』권4, 春邸錄 4, 雜著, 「慶熙宮志」.
　"夫宮闕者, 人君之所居以出治也. 四方之所瞻仰, 臣民之所環嚮. 則不得不壯其制, 示之以尊嚴, 美其名, 寓之以箴頌. 匪爲侈其居而華其觀也."

이상에서 정조는 궁궐이란 국왕이 살면서 정치를 하는 곳이고, 신하와 백성들이 우러러 보는 곳이기에 장엄하게 꾸민다고 하였다. 그러나 궁궐은 국왕만 사는 곳이 아니라 국왕의 가족, 이를테면 선왕의 왕비와 후궁, 왕비, 왕위를 계승할 세자와 세자빈, 결혼하지 않은 왕자와 공주들이 사는 장소이기도 하였다. 그중에서 세자의 거처는 궁궐 정전(正殿)의 동쪽에 위치한다고 하여 특별히 '동궁(東宮)'이라 부른다. 동쪽은 사계절 가운데 만물이 소생하는 봄[春]에 해당하고, 동궁 즉 춘궁(春宮)인 세자는 봄과 같은 존재로 장차 성장하여 왕위를 계승할 인물이기 때문이다.

이 글은 조선시대의 궁궐인 경복궁, 창덕궁, 창경궁, 경희궁에서 동궁에 해당하는 건물을 집중적으로 살펴보기 위해 작성되었다. 그동안 조선시대 궁궐을 다룬 연구는 많이 있지만 동궁을 집중적으로 다룬 연구는 매우 제한되어 있다.[2] 본고에서는 먼저 궁궐에서 동궁이 가지는 기능을 알아보고, 경복궁, 창덕궁, 창경궁, 경희궁에 있는 동궁 건물을 차례로 살펴보려 한다. 맺음말에서는 조선시대 동궁 건물의 특징을 종합하여 정리한다.

I. 궁궐의 배치와 동궁

1. 궁궐의 배치

동아시아 궁궐의 배치는 흔히 조문제(朝門制)로 이해한다. 이는 조(朝)와

---

2 이효석 · 전봉희, 2004 「朝鮮時代 代理聽政期 世子의 朝參 行禮와 空間 調節」 『대한건축학회 학술발표대회 논문집』 24(2), 대한건축학회; 이강근, 2008 「조선왕조의 궁궐건축과 정치 – 세자궁의 변천을 중심으로」 『미술사학』 22, 한국미술사교육학회; 김지현, 2017 「조선 후기 창덕궁 별전 및 동궁 별당 조성에 관한 연구」 『대한건축학회 논문집』 33(5), 대한건축학회.

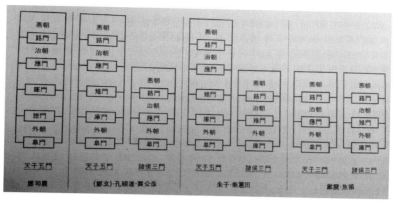

〈그림 1〉 조문제에 대한 중국학자의 해석
(조재모, 2012『궁궐, 조선을 말하다』, 아트북스)

문(門)의 제도를 말하는 것으로, 문에 의해 구획되는 공간에 위치하는
조의 역할을 부여하는 배치 방식이다. 조선시대의 궁궐 배치는 대부분
삼문(三門)과 삼조(三朝)로 되어 있으며, 삼조는 외조(外朝), 치조(治朝), 연조
(燕朝)를 말한다. 삼문의 제도에 대해서는 많은 논쟁이 있었으나, 대체로
송나라 때 정립된 제후의 삼문인 고문(庫門), 치문(雉門), 노문(路門)의 제도
를 따른다.

삼조의 기능을 살펴보면, 외조는 가장 바깥쪽에 있으면서 공적이고
대외적인 성격을 갖는 장소이다. 이곳에서는 옥사와 소송을 처리하고
법령을 공포한다. 『주례(周禮)』에 의하면, 외조에서의 의례는 대사구(大司
寇), 소사구(小司寇), 조사(朝士)가 관리하며 좌우에 각각 9그루의 대추나무
와 3그루의 홰나무[槐]가 있다고 하였다. 다음으로 치조는 군주가 일상
적으로 신하를 접견하고 정무를 보는 곳이며, 빈사(賓射)의 예(禮)를 거행
하는 장소이다. 『주례』를 보면, 치조에서의 의례는 재부(宰夫)와 사사(司
士)가 관리하며, 의식에 참여하는 구성원은 북쪽에 서서 남쪽을 향하는
군주를 중심으로 비어있는 마당에 위치한다. 마지막으로 연조는 내조

(內朝)로서 노침(路寢) 즉 정침(正寢)의 마당에 해당하는 장소이다. 이곳에서
는 책명을 거행하고 신하들을 접견하거나 종친과 논의하며 연회를 거
행하였다. 연조에서의 의례에는 직위의 고하(高下) 대신에 나이 순서로
자리를 배치하며, 그 공간은 국왕을 위한 공간과 왕비를 위한 공간으로
나눠진다.[3]

　　삼전은 궁궐 안에서 의례가 거행되는 중심 건물로 정전(正殿), 편전(便殿),
침전(寢殿)으로 구성된다. 이는 각각 외조, 치조, 연조에 대응된다.[4] 삼조
와 삼전은 다시 외전(外殿)과 내전(內殿)으로 구분할 수 있다.[5] 외전은 국왕
이 문무백관, 종친, 척신 등의 관리들을 만나 조회하는 공간이다. 궁궐의
정전과 편전은 외전을 구성하는 가장 중요한 전각이며, 이곳에서 이뤄지
는 생활과 의식을 지원하기 위해 존재하는 궐내각사와 경회루(慶會樓) 같
은 특별 시설이 연계되어 있었다. 외전에서의 의식은 중국의 황제를
대상으로 하는 사대(事大) 의례를 제외하면 모두 국왕이 주관하며, 남성의
공간이라는 속성을 가진다. 내전은 국왕과 왕비를 비롯한 왕실 가족의
생활공간이다. 국왕의 침전(寢殿)은 내전의 중심 전각이고, 그 주변에는
왕실의 주요 인물들이 거처하는 건물이 내전을 채운다. 내전에서도 공식
의례가 거행되었으니, 왕비가 내명부와 외명부, 세자 내외의 조회를 받
을 때는 내전에 있는 전각을 이용하였다. 따라서 외전이 남성의 공간이
라면 내전은 여성의 공간이라고 할 수 있다.

2. 동궁의 위치와 기능

　　동궁은 세자를 지칭하는 동시에 세자의 공간을 의미하기도 한다. 세

3　曺在模, 2003 『朝鮮時代 宮闕의 儀禮運營과 建築樣式』, 서울대학교 박사학위논문
　　pp.20~30.

4　曺在模, 2003 앞의 논문, pp.148~149.

5　육수화, 2010 「정치와 교육이 공존하는 궁궐」 『국학연구』 17, 한국국학진흥원,
　　pp.298~300.

자는 국왕이 있는 정전의 동쪽 편에 거처하였기에 동궁이라 불렸다. 또한 동궁은 춘궁이라고도 불렸다. 동궁과 비슷한 표현으로 동조(東朝)가 있다. 그러나 동조는 대비궁을 뜻하며 자전(慈殿), 대비전(大妃殿)이라고도 했다. 동궁과 동조는 구분되는 표현이었다.[6]

조선의 세자는 동궁이라는 별도의 영역에서 생활하였다. 동궁에는 세자가 공식적으로 관리들을 접견하는 정당(正堂), 독서와 강론의 서연처(書筵處), 휴식을 취하는 내당(內堂), 세자 교육과 보필을 담당하며 춘방(春坊)이라고도 불리는 세자시강원(世子侍講院), 세자의 경호를 담당하며 계방(桂坊)이라고도 불리는 세자익위사(世子翊衛司), 책고(册庫), 장방(長房), 수라간(水剌間), 등촉방(燈燭房)과 같은 시설들이 있었다. 동궁은 궁궐의 안에 거처하지만 국왕의 궁과는 별도의 궁으로 이해되었다. 이는 『예기(禮記)』에서 사(士) 이상의 신분을 가진 사람은 부자(父子) 간에 집을 달리한다고 한 것과 관련이 있다.

동궁에서는 세자의 책례(册禮), 관례(冠禮), 혼례(婚禮), 입학(入學), 회강(會講), 상견례(相見禮)와 같은 의례들이 거행되고, 동궁이 국왕을 대신하여 대리청정을 하면 더욱 많은 의례가 거행되었다. 동궁이 대리청정을 할 때에는 국왕의 방향인 남향을 선택하기는 어려웠다. 그러나 대리청정을 하는 동궁은 국왕을 대신하는 소군(小君)의 역할을 하였으므로, 비록 국왕과 같이 남향이 아닌 서향을 하지만 고위 관리들과는 지위에서 현격한 차이가 있었다.

---

6 『조선왕조실록』에서는 東宮을 東朝라 표현하는 경우와 세자를 가리키는 東殿을 왕비를 지칭하는 용어로 사용하는 경우가 있다(이정국, 2012 「조선전기 경복궁 東宮과 東朝의 건축공간에 관한 연구」『건축역사연구』 21-1(80), 한국건축역사학회, p.161).

Ⅱ. 경복궁의 동궁 건물

조선 초기의 동궁은 궁궐 밖에 있었으며, 경복궁(景福宮) 안에 동궁이 조성된 시기는 1427년(세종 9) 9월이었다. 세종은 정전인 근정전의 동쪽에 동궁을 지었고, 동궁이 조례(朝禮)를 받을 장소를 마련하기 위해 서연당(書筵堂)의 안쪽 뜰은 넓게 자리 잡도록 하였다. 세종 대의 동궁 건물은 자선당(資善堂)을 중심으로 하면서 승화당(承華堂)과 계조당(繼照堂)이 추가되었다.[7] 그러나 1543년(중종 38)에 동궁에서 화재가 일어나 자선당과 승화당이 소실되었다. 조선전기의 건물 배치를 보여주는 〈경복궁전도(景福宮全圖)〉를 보면, 동문인 건춘문(建春門) 안에 행각으로 둘러싸인 자선당이 있고 그 남쪽에 춘방(春坊)이 있다.

고종 대에 경복궁을 중건할 당시에는 아직 세자가 없었지만,[8] 동궁의 주요 전각과 보조 시설을 완전히 갖추었다. 사정전의 동쪽에 자선당과 비현각(丕顯閣)을 배치하고, 외당으로 계조당(繼照堂)을 근정전의 동남쪽에 두었다. 또한 세자를 보위하는 춘방과 계방, 세자궁 수라간, 세자궁 장방 등을 갖추어 동궁 일곽의 체제를 갖추었다.

조선전기에는 세자의 강학 기능을 가진 자선당이 동궁의 중심 전각이었으나, 고종 대에 중건할 때에는 내당인 자선당과 외당인 계조당을 지었다. 고종 대에 자선당과 비현각을 사용한 기록은 보이지 않고, 계조당에서는 매년 정초의 하례(賀禮)와 2월의 세자 탄신일에 하례를 한 것이 나타난다. 일제 강점기에 경복궁에서는 동궁 권역이 가장 먼저 헐렸고, 자선당과 비현각 건물은 일반에 매각되기까지 하였다. 현재 경복궁에는 자선당과 비현각이 행각과 함께 복원되어 있다.

---

7 이정국, 2012 앞의 논문, p.156.

8 고종이 중건한 경복궁으로 옮겨 간 것은 1868년(고종 5) 7월이었고, 순종은 1875년(고종 12) 2월에 왕세자로 책봉되었다.

1. 자선당(資善堂)

자선당은 세자가 공부하는 장소이다. 자선(資善)은 '선(善)을 도움 받는다.'는 뜻이다. 『국조오례의(國朝五禮儀)』에서는 자선당을 동궁의 '정당(正堂)'이라 하였고,[9] 『궁궐지』에서는 '동궁(東宮)'이라 표현하였다. '자선'이라는 이름은 북송(北宋) 때 황태자가 강학하는 장소를 자선당이라 한 것에서 유래하였고, 태자 혹은 세자가 공부하는 장소를 모두 자선이라 한다. 송나라 왕영(王栐)이 편찬한 『연익이모록(燕翼詒謀錄)』에서 "대중상부 8년(1015)에 인종을 수춘군왕(壽春君王)에 봉하고 장사손(張士遜)과 최준도(崔遵度)를 그 벗으로 삼았으며, 강학하는 곳을 자선당이라 했다. 여기서 자선이라는 이름이 쓰이기 시작했다. 이후 태자가 공부하는 곳은 모두 자선이라고 한다."고 하였다.[10]

1427년(세종 9) 자선당이 창건되었을 때에는 국왕이 정사를 보는 장소로 사용하였고, 강녕전과 교태전의 공사를 할 때에는 국왕이 머물렀다. 1441년(세종 23)에 단종이 자선당에서 태어났고, 그 모친인 현덕왕후(顯德王后)는 이곳에서 승하하였다.[11] 『세종실록(世宗實錄)·오례(五禮)』에 의하면 세자와 관련된 의례는 모두 자선당에서 거행했다. 정월과 동지에 백관들이 세자에게 하례하는 「왕세자정지백관하의(王世子正至百官賀儀)」, 세자가 사부·빈객과 상견례를 하는 「왕세자여사부빈객상견의(王世子與師傅賓客相見儀)」, 서연이나 진강하는 「서연진강의(書筵進講儀)」가 이에 해당한다. 자선당은 1543년(중종 38)에 화재가 나서 소실되었고 1554년에 중건되었다. 이때 이황이 작성한 「자선당상량문(資善堂上樑文)」은 세자 교육에 대한 이상을 제시하였다.[12]

---

9 『國朝五禮儀』권3, 嘉禮, 「正至百官賀王世子儀」.

10 문화재청, 2004a 『궁궐의 현판과 주련』1, 수류산방, p.154.

11 『宮闕志』권1, 景福宮志, 「東宮」.

12 『退溪先生文集』권44, 上樑文, 「東宮資善堂上樑文」(1554).

1867년(고종 4)에 중건된 자선당은 근정전과 사정전의 동쪽에 28칸으로 재건되었다. 정면 7칸, 측면 4칸으로 사면에 퇴칸이 있다. 공포는 이익공이며 행각은 일(日)자형이다. 『북궐도형(北闕圖形)』에 표시된 자선당의 외행각 대문은 중광문(重光門), 중행각 대문은 진화문(震化門), 동행각 문은 길위문(吉爲門)이다. 중광이란 '빛나는 덕을 거듭 밝힌다.'는 뜻으로, 선왕을 계승한 국왕이 거듭해서 덕을 베푼다는 의미이다. 진화(震化)란 '세자가 변화됨'을 의미하는데 진(震)은 세자 혹은 장남을 의미한다.[13]

2. 승화당(承華堂)

승화당은 1441년(세종 23)에 세종이 세자를 위하여 자선당 밖에 별도의 전각을 세워 거처하도록 한 건물로 추정된다. 세자 문종이 대리청정을 하면서 승화당에서 정사를 보는 의식이 마련되었다. 이때 세자는 계조당(繼照堂)에서 조회를 받고 승화당으로 가서 정사를 보았다. 1543년(중종 38)에 동궁에서 화재가 발생하자, 승화당이 대내(大內)와 연결되어 있어

"日之明日爲可繼, 必須預養於東躔, 物之毁物亦以成, 寧緩復修其前蹟, 是上帝篤祐於邦祚, 若神靈陰相於人功. 恭惟我國家祖舜宗堯, 累仁積德, 周家之卜世甚遠, 又重以垂裕後昆, 商室之遇災何傷, 適所以增光前烈. 矧先王定鼎之初載, 獲玆地食洛之吉占, 位正於後寢前朝, 方辨於左祖右社, 乃度東掖, 乃作**春宮**, 斯國本之攸寧, 寔世德之永賴, 天之所助人之所助, 豈鬱攸之敢干. 昔焉是遭今焉是遭, 與靑瑣而俱燼, 彼一時焦頭爛額, 尙如今側身瘝奧, 豈曰擧嬴而勞民, 要以肯構而裕蠱. 祥風瑞雨, 蕩除舊孽, 桃苑不用, 巫祝休先, 高棟層楹, 欻起半空, 離婁督繩, 工垂削墨, 承鳳闕之華月, 接龍樓之紫烟, 爾其出乎震而效熊羆之祥, 在於蒙而挺岐嶷之質. 使前後左右所與居者, 皆廣受朋翰之徒, **明孝仁禮義以善導之, 盡禹湯文武之道, 朝日三而有問安視膳之職, 德師一而無通邪惑異之門**. 周旋燕養之適宜, 接延講讀之有所, 知至意誠之學, 可以身修而家齊, 德成敎孚之猷, 自當官正而國治. 然古來稟性之難恃, 自聖人好問而相資, 盡仍制於往規, 存深意於舊號. 大哉居齊王之子, 始而堪嘆氣體之移, 洞如聞宋祖之心, 終焉倂無邪曲之見. 敢效輿人之獻頌, 助擧匠氏之抛梁."
이황은 이때 「景福宮重新記」와 「思政殿上梁文」도 지었다.

13 문화재청, 2004a 앞의 책, p.160.

불길이 번지는 것을 막기 위해 이 건물을 철거했다고 한다.[14] 고종 대에 경복궁이 중건되었을 때 승화당은 세워지지 않았다.

3. 계조당(繼照堂)

1443년(세종 25)에 세자인 문종의 대리청정이 시작되자 세자가 조회를 받아야 할 상황이 발생했다. 세종은 처음에는 승화당에서 세자가 조회를 받게 했지만 건춘문(建春門) 안에 계조당을 지은 후에는 이곳에서 조회를 받게 했다.[15] 계조당은 세자의 대리청정을 위해 세워진 건물이었고, 단종이 즉위하자 선왕 문종의 유지(遺旨)를 받들어 계조당과 승화당을 철거하였다.[16] 단종이 이곳을 철거한 것은 더 이상 섭정이 필요하지 않아서였다.

『임하필기(林下筆記)』에서는 문종이 세자로 있을 때 자선당은 세자가 서연을 열어 시강(侍講)하는 곳이고, 계조당은 세자가 백관의 조회를 받는 곳이라 하였다.

> 옛 동궁은 경복궁 대내의 동쪽에 있으며, 문묘(文廟. 문종)가 세자로 있을 때 20여 년을 이 궁에서 거처하였다. 서연(書筵)을 열어 시강(侍講)하는 곳이 자선당(資善堂)이고, 백관의 조회를 받는 곳이 계조당(繼照堂)이었다. 세조 때 서책을 동쪽 별실에 보관하고 이름을 '홍문관(弘文館)'이라 하였다. 자선당은 뒤에 문종의 혼전(魂殿)이 되어 '경희전(景禧殿)'이라 하였다. 세종께서 앵두[櫻桃]를 좋아하여 문묘께서 친히 심었으니 지금은 궁에 가득한 것이 모두 앵두나무이다.[17]

---

14 『中宗實錄』 권100, 中宗 38년 1월 임자(7일).

15 이강근은 세종 대에 경복궁 동궁 영역에 건설된 資善堂을 內堂, 承華堂을 便堂, 繼照堂을 대리청정을 위한 장소로 본다. 이강근, 2008 앞의 논문, pp.228~234 참조.

16 『端宗實錄』 권1, 斷種 즉위년 6월 癸亥(2일).

17 『林下筆記』 권18, 文獻指掌編, 「東宮」.

계조당은 1868년(고종 5)에 다시 세워졌으며, 고종은 매년 이곳에서 신년과 세자 탄일을 축하하는 의례를 거행하였다. 『궁궐지』에 의하면 중건된 계조당은 정면 5칸, 측면 3칸이며, 공포는 이익공이다.

4. 비현각(丕顯閣)

비현각은 1463년(세조 9)에 사정전(思政殿)의 동쪽 모서리에 세워진 2층 행각으로, 창문을 남쪽으로 내고 국왕이 이곳에서 거처하였다. 그 이름은 『서경(書經)』에 나오는 매상비현(昧爽丕顯 새벽에 덕을 크게 밝힘)의 뜻을 취하여 비현합(丕顯閣)이라 하였다.[18] 세조와 선조 대에는 경연 장소로, 중종 대에는 야대(夜對) 장소로 사용되었다.[19]

고종 대에 경복궁이 중건되면서 비현각은 사정전의 동쪽에 건설되었고, 동궁의 편당(便堂)이 되었다. 비현각의 외행각 대문은 이모문(貽謨門)이며, 이모란 선대 국왕이 자손에게 내리는 교훈을 의미한다. 동행각은 구현문(求賢門)이고 그 남쪽에 이극문(二極門)이 있다. 구현(求賢)은 '어진 이를 구한다.'는 뜻으로 현인을 구하여 군주의 덕을 기르고 정사를 시행함에 도움을 받는다는 의미이다. 이극(二極)은 두 번째 북극 즉 황태자나 세자를 가리킨다.[20]

비현각은 12칸이며, 자선당과 같이 행각이 일(日)자형이다. 비현각의 남쪽에는 춘방과 계방이 있었으나 지금까지 복원되지 않았다.

---

18 문화재청, 2004a 앞의 책, p.161.

19 『宮闕志』 권1, 景福宮志, 「丕顯閣」.

20 문화재청, 2004a 위의 책, pp.156~158.

Ⅲ. 창덕궁의 동궁 건물

창덕궁(昌德宮)은 임진왜란 때 소실되었다. 광해군이 즉위한 1608년 10월에 1차 중건 공사가 있었고, 1610년 9월에 2차 중건 공사가 완료되었다. 창덕궁의 동궁은 희정당(熙政堂)의 동남쪽에 있는 성정각(誠正閣)과 중희당(重熙堂)이 중심 전각이다. 성정각은 세자의 강학을 위해 건설되었으나 국왕이 행차하여 정사를 보는 경우가 많아 편전처럼 이용되기도 했다. 창덕궁의 동궁 영역은 복도와 누각을 연결하여 공식 일정과 휴식을 병행할 수 있도록 하였다. 성정각은 희우루(喜雨樓)와 연결되고, 중희당은 보루(步樓)인 삼삼와(三三窩)를 거쳐 소주합루(小宙合樓)로 연결되었다. 중희당에는 넓은 마당을 두고 각종 천문기기를 설치하였고, 다량의 서화(書畵)를 보관하는 도서관을 두어 새로운 학문 경향을 파악할 수 있게 하였다.

창덕궁의 동궁은 효명세자의 서거와 함께 그 용도가 종결되었다. 헌종과 철종에게는 세자가 없었고, 고종의 세자인 순종은 주로 경복궁과 경운궁에 머물렀기 때문이다.[21]

1. 성정각(誠正閣)

성정각은 희정당 동남쪽에 있는 전각으로 세자의 서연이 열리던 장소이다. 성정각은 국왕의 편전인 희정당과 인접해 있었기 때문에 국왕과 세자가 자주 만날 수 있다는 이점이 있었다. 숙종이 세자를 책봉한 1690년(숙종 16) 이후에 건설되었다.

숙종은 성정각을 짓고 나서 '경계십잠(儆戒十箴, 세자의 몸가짐을 경계하는 열 가지 글)'을 지었다. 삼조(三朝)를 본받고[法三朝], 어진 선비를 가까이하며[親賢士], 강학(講學)에 힘쓰고[勤講學], 혼자 있을 때를 조심하며[謹幽獨],

---

21 김지현, 2017 앞의 논문, p.54.

안일에 빠지지 않고[戒逸豫], 충언을 받아들이며[納忠言], 참설(讒說)을 미워하고[聖讒說], 기쁘고 성내기를 삼가하며[愼喜怒], 검약함을 숭상하고[崇儉約], 상벌을 분명히 하는 것[明賞罰]이 그것이었다.[22] 1781년(정조 5)에 정조는 숙종이 지은 경계십잠을 조윤형(曺允亨)에게 써서 바치라고 하였고, 이를 자신의 어필로 쓴 성정각 현판과 함께 달았다.[23]

순조는 「성정각명(誠正閣銘)」을 지어 성실함[誠]을 강조했다. 성정이란 『대학』의 성의(誠意)와 정심(正心)에서 온 이름이었다.[24]

> 천하의 온갖 일은 성(誠)에서 벗어나지 않으니
> 힘쓰고 힘써서 쉬지 말고 힘써라.
> 말이나 하는 일이 모두 성(誠)과 경(敬)이니
> 경과 성을 고루 닦으면 바르게 될 수 있다.
> 신료들을 만날 때 아랫사람이 말하는 것은
> 모두 성(誠)에서 나온 것으로 만화(萬化)의 근원이 된다.
> 인의예지(仁義禮智)는 성의 근본이니
> 마음에 바탕을 둔 것은 반드시 몸으로 나타나게 된다.
> 훌륭하다 이 말씀이여 이를 법으로 삼으며
> 시를 지으니 백 개의 성(誠) 자가 있다.

성정각은 세자의 공간으로 건설되었지만 국왕이 사용하는 경우도 많았다. 특히 1782년(정조 6)에 세자궁인 중희당(重熙堂)이 건설되면서, 국왕이 성정각을 사용하는 경우가 많아졌고 점차 국왕의 편전이 되었다. 이 무렵 서연을 하는 장소는 관물헌(觀物軒)이 되었다. 1817년에 효명세자

---

22 『宮闕志』 권2, 昌德宮志, 「誠正閣」.

23 柳本藝, 『漢京識略』 권1, 宮闕, 昌德宮, 「誠正閣」.

24 『純齋稿』 권5, 銘, 「誠正閣銘」.
"天下萬事, 不出於誠, 勉勉孜孜, 不息自强. 言事施措, 亦皆誠敬, 敬誠交修, 乃可爲正. 臣僚召接, 羣下進言, 皆出於誠, 由萬化原. 仁義禮智, 誠之爲本, 本於心者, 必現于身. 旨哉此言, 鑿法於是, 所以作詩, 有百誠字."

의 입학식은 성정각에서 치러졌다.

성정각은 정면 6칸, 측면 2칸의 익공계 팔작지붕 건물이며, 가장 오른쪽에 있는 누마루의 동쪽에 희우루(希雨樓), 남쪽에 보춘정(報春亭)이란 현판이 걸려 있다. 희우(喜雨)란 '오랜 가뭄 끝에 오는 반가운 비'라는 뜻으로, 비가 많이 내려 풍년이 들기를 바라는 마음이 반영되어 있다. 소동파(蘇東坡)의 「희우정기(喜雨亭記)」가 유명하며, 조선전기에는 서강(西江) 강변과 창덕궁 후원에 희우정이 있었다. 1777년(정조 1)에 정조는 성정각의 루를 고쳐지으면서 그가 이곳을 방문했을 때 마침 비가 왔기 때문에 희우루라 하였다. 보춘(報春)은 '봄을 알린다.'는 뜻으로 봄에 가장 먼저 피는 매화의 별칭이기도 하다. 보춘정의 남동쪽에 있는 자시문(資始門) 옆에는 선조 때 명나라에서 선물했다는 매화가 있어 이 때문에 보춘정이라 한 것으로 보인다. 또한 봄은 동쪽을 상징하고 성정각은 춘궁(세자)이 독서를 하는 곳이므로, 춘 자가 중의적으로 쓰인 듯하다.[25]

성정각의 주변에는 붉은 칠을 한 나무판으로 판벽을 만들어 두었고, 판벽과 행각의 남쪽에 영현문(迎賢門), 동쪽에 인현문(引賢門), 서쪽에 대현문(待賢門)과 친현문(親賢門)이 있다. 모두 어진 신하인 현신(賢臣)을 가까이 한다는 의미이다.

2. 관물헌(觀物軒)

관물헌은 성정각의 북쪽에 있는 전각으로 성정각의 부속 건물이다. 세자를 위해 서적을 보관하고 학업을 연마할 목적으로 지어졌다. 관물(觀物)이란 '사물을 주의 깊게 관찰한다.'는 뜻으로 학문의 자세를 새긴 것이다. 『동궐도』에는 '유여청헌(有餘淸軒)'이라 표기하였고, 제일 동쪽의 한 칸에는 금사루(琴史樓)라는 누마루가 있다.

---

25 문화재청, 2004b『궁궐의 현판과 주련』2, 수류산방, pp.83~84.

관물헌에는 '집희(緝熙)'라는 편액이 있으며, 1864년(고종 1)에 고종이 쓴 어필 현판이다. 이는 『시경』「문왕(文王)」의 "목목문왕 오집희경지(穆穆文王 於緝熙敬止)"와 「주송(周頌)」의 "일취월장 학유집희우광명(日就月將 學有緝熙于光明)"에서 따온 것이다. '계속해서 밝게 빛난다.'는 뜻으로 세자가 선왕의 덕을 계속해서 밝힌다는 의미이다.[26]

정조는 관물헌에서 규장각 초계문신의 강경(講經) 시험을 보았고, 효명세자는 입학례를 치른 이후 성정각과 관물헌을 자주 이용하였다. 열두 살에 왕위에 오른 고종은 즉위 직후 이곳에서 『소학』과 『자치통감』 등을 읽었다.[27] 순종은 관물헌에서 태어났고, 1884년 갑신정변 때 김옥균 등이 고종을 이곳에서 볼모로 잡았다.

3. 중희당(重熙堂)

중희당은 구현전(求賢殿)과 광연정(廣延亭)이 있던 자리에 세워졌고, 앞에는 연못이 있었다. 1486년(성종 17)에 다시 세우고 동궁(東宮)이라 하였다. 이극문(二極門) 안에 중화문(重華門)이 있고, 그 문 안에 중희당이 있었다.[28]

중희당은 1782년(정조 6)에 정조가 문효세자를 위해 지은 동궁의 정당이다. 1780년(정조 4)에 시민당이 소실된 후 건설하였다. 동문은 중양문(重陽門)이고, 서문은 자시문(資始門)이다.[29] 자시는 '만물이 힘입어 비롯한다.'는 의미로 주역의 건괘(乾卦) 단사(彖辭)에 나오는 말이다.[30]

중희당의 편액은 정조의 어필이다. 1784년에 정조는 이곳에서 세자를 책봉했고, 1785년에는 창경궁에 수강재(壽康齋)를 지어 세자의 독서처로

---

26 문화재청, 위의 책, p.86.
27 역사건축기술연구소, 2015 『우리 궁궐을 아는 사전 - 창덕궁 후원 창경궁』, 돌베개, pp.138~139.
28 柳本藝, 『漢京識略』 권1, 宮闕, 昌德宮, 「東宮」.
29 『宮闕志』 권2, 昌德宮志, 「重熙堂」.
30 문화재청, 2004b 앞의 책, p.89.

만들었다. 그러나 그 이듬해에 세자가 사망했다. 1827년(순조 27)에 효명세자는 대리청정을 하면서 중희당에서 신하들의 조하(朝賀)를 받았다. 1891년(고종 28)에 고종은 중희당을 경복궁으로 옮겼다. 이해는 효명세자가 사망한지 60주년이 되고, 그 왕비인 신정왕후(神貞王后)가 경복궁에서 숨을 거둔 해였다.

중희당은 정면 9칸의 전후 퇴집으로 창덕궁에서 가장 큰 건물에 해당한다. 중희당의 북쪽에는 부속 건물인 유덕당(維德堂)이 있고, 동쪽은 육각형의 삼삼와(三三窩)와 소주합루(小宙合樓)로 연결되었다. 중희당의 남쪽 회랑은 연현합(延賢閣)이라 하였다.[31] 중희당의 월대 앞에는 3개의 계단을 두고 어도(御道)를 연결했으며, 동쪽으로 세자의 처소인 연영합(延英閤)이나 수강재(壽康齋)로 연결되었다. 중희당의 마당에는 풍기(風旗), 해시계, 소간의(小簡儀), 측우기 등 천문기구가 있었다.

4. 칠분서(七分序) 삼삼와(三三窩)

칠분서는 중희당과 삼삼와를 연결하는 복도각이고, 삼삼와는 중희당에서 소주합루로 올라가는 보루(步樓)이다. 삼삼와는 육각형 평면과 지붕이 있어 육우정(六隅亭)이라고도 한다.[32]

5. 소주합루(小宙合樓) 승화루(承華樓)

소주합루는 중희당 동쪽에 위치한 2층 누각으로 승화루(承華樓)의 별칭이다. 1782년(정조 6)에 중희당과 함께 건설되었다.[33] 승화란 '정화(精華)를 잇는다.'는 뜻으로 세자가 학문을 익히는 장소라는 의미가 있다. 정조가

---

31 『宮闕志』 권2, 昌德宮志, 「延賢閣」.
32 『宮闕志』 권2, 昌德宮志, 「三三窩」; 「七分序」.
33 김지현, 2017 앞의 논문, p.52.

건설한 규장각(奎章閣)에서는 주합루(宙合樓)가 서고 역할을 했듯이, 소주합루는 동궁의 서고이면서 독서하는 장소로 이용되었다.

정면 3칸, 측면 1칸 규모의 2층 팔작지붕 건물이며 동쪽에 계단을 두었다. 소주합루의 1층은 의신각(儀宸閣)이라 하였다.

현재 규장각에는 『승화루서목(承華樓書目)』이 전해진다. 이는 헌종 대에 승화루에 소장되어 있던 서책과 서화 등의 목록으로 총 910종 4,555점이나 된다.[34]

6. 연영합(延英閣)

연영합은 중희당의 동북쪽에 있던 전각으로 효명세자(익종)가 사용하였다. 1828년(순조 28) 이전에 건립되었고, 효명세자가 대리청정을 할 때에는 이곳에서 신하들을 접견한 기사가 많다.[35] 연영전(延英殿) 또는 연영각(延英閣)이라는 건물은 당나라 숙종이 나이가 많아 거동이 불편한 관리들을 연영각에서 만났다는 고사에서 유래한다.[36] 1830년(순조 30)에 환경전 근처에서 불이나 내전(內殿)이 소실되었고, 이를 복구하면서 연영합을 철거하여 그 자재를 사용하였다.

『동궐도』에 의하면 연영합은 7칸의 팔작지붕 건물로, 서쪽에 2칸 누마루가 돌출되어 건물 전체가 ㄱ자 형태를 취했다. 편액으로는 중앙에 연영합(延英閣), 서쪽에 학몽합(鶴夢閤), 동쪽 온돌방의 상부에 천지장남지궁(天地長男之宮), 누마루의 상부에 오운루(五雲樓)라는 현판이 있었다. 연영합의 정문은 화청관(華淸館)이다. 『동궐도』에는 연영합과 화청관 사이에 두 마리의 학과 괴석이 있다. 효명세자가 자신의 호를 '학석(鶴石)'이라 한 것도 여기에서 유래한다.

---

34 역사건축기술연구소, 2015 앞의 책, pp.147~148.
35 김지현, 2017 위의 논문, p.52.
36 역사건축기술연구소, 2015 위의 책, p.150.

창경궁(昌慶宮)의 동궁은 서쪽으로 건양문(建陽門)에서 시작하여 동쪽으로 동룡문(銅龍門)에 이르는 공간이다. 이곳은 창덕궁과 창경궁이 만나는 곳이므로, 창경궁의 동궁을 창덕궁의 동궁으로 보는 견해도 있다.

동룡문은 한나라 때 태자궁의 문 이름으로 문 위에 동룡(銅龍)이 있었기 때문이다. 창경궁의 동궁에서 정전은 저승전(儲承殿)이고 시민당(時敏堂)은 업무를 보는 곳이었다. 저승전 일대는 하나의 독립된 영역으로 취급되어 창덕궁, 창경궁, 저승전을 독립된 영역으로 기술하는 경우가 많다. 그러나 『궁궐지』에서는 이들을 창경궁지(昌慶宮志)에 포함시켜 다루었다.[37] 현재 창경궁의 동궁에 속하던 건물들은 모두 없어지고 자취도 완전히 사라졌다.

1. 수강재(壽康齋)

수강재는 취운정(翠雲亭)의 남쪽에 있으며, 동쪽 문을 중춘문(重春門), 서쪽 문을 수강문(壽康門)이라 하였다.[38] 창덕궁의 옛 이름은 수강궁(壽康宮)이며, 수강궁과 수강재는 별개이다. 수강이란 '오래살고 건강하다'는 뜻으로 『상서』 「홍범」편에 나오는 다섯 가지 복인 수(壽), 복(福), 강녕(康寧), 유호덕(攸好德), 고종명(考終命)에서 따온 것이다.

정조는 저승전과 시민당이 불에 타버리자, 1785년(정조 9)에 이곳에 자신의 서재인 수강재를 지었다. 1827년(순조 27)에 대리청정을 했던 효명세자는 수강재를 별당으로 사용하였고, 헌종의 할머니인 순원왕후가

37　『宮闕志』 권3, 昌慶宮志, 「時敏堂」. "自時敏堂, 至景秋苑, 原本在昌德宮." 時敏堂과 景秋苑 사이에는 東宮 건물에 해당하는 進修堂, 藏經閣, 儲承殿이 포함되어 있다.

38　『宮闕志』 권3, 昌慶宮志, 「修康齋」.

거처하기도 하였다.

2. 저승전(儲承殿)

　저승전은 세자가 거처하는 전각으로, 저승(儲承)이란 '국왕의 버금가는 사람'이라는 뜻이다. 창덕궁 동편의 외진 곳인 건양문(建陽門) 밖에 있었다. 조선 전기부터 동궁의 처소로 있었으며, 구현전(求賢殿)과 광연정(廣延亭) 터에 세웠다. 1486년(성종 17)에 동궁(東宮)이라 개칭하였다.

　저승전은 1623년 인조반정 때 소실되었다가 1648년(인조 26) 9월에 중건되었다. 이때 저승전의 자재는 광해군이 건설한 인경궁(仁慶宮)의 동궁을 철거하여 이건하였고,[39] 중건된 저승전은 세자로 책봉된 봉림대군(鳳林大君)의 거처가 되었다. 1717년(숙종 43)에 숙종이 세자인 경종에게 대리청정을 맡기면서 저승전 일대는 다시 동궁으로 이용되었다.[40] 경종이 승하한 후 저승전에는 경종의 계비였던 선의왕후(宣懿王后)가 거처하였고, 영조의 맏아들인 효장세자는 저승전 근처의 인수당에 거처했다. 효장세자의 아우인 사도세자도 저승전을 거처로 삼았다.[41]

　1764년(영조 40)에 저승전 근처의 별당에서 화재가 발생하여 대부분 소실되었고, 1780년(정조 4)에는 근처에 있던 시민당도 불타고 말았다.[42] 1820년대에 작성된 『동궐도』에서 저승전은 빈터로 남아 있다.

　1648년에 작성된 『저승전의궤(儲承殿儀軌)』에 의하면, 총 28칸이고 동온돌 6칸, 서온돌 6칸, 대청마루 16칸이며, 마루 상부의 반자에 모란을 그려 넣었다고 했다. 『궁궐지』에 의하면, 저승전을 중심으로 동쪽에 경극당(敬極堂)과 낙선당(樂善堂)이 있고, 남쪽에 연지(蓮池)가 있었으며, 북쪽

39　『仁祖實錄』 권48, 仁祖 25년 8월 甲申(16일); 권49, 仁祖 26년 1월 甲辰(8일).
40　이강근, 2008 앞의 논문, pp.241~242.
41　역사건축기술연구소, 2015 앞의 책, pp.166~168.
42　『宮闕志』 권3, 昌慶宮志, 「儲承殿」.

에는 숭경당(崇敬堂)이 있었다. 또 저승전 서쪽으로 취선당(就善堂)이 있고, 취선당의 뒤에 우물이 하나, 숭경당 남쪽에도 우물이 하나 있었다. 저승전의 남쪽에 시민당이 있고, 동쪽에는 진수당(進修堂)이 있었다.

3. 시민당(時敏堂)

시민당은 수강재의 동쪽, 저승전의 남쪽에 있는 전각으로 세자가 공부하던 곳이다. 시민이란 '학문에 민첩하기를 힘써야 한다.'는 뜻으로 『서경』 「열명(說命)」편에 나오는 '무시민(務時敏)'에서 따온 것이다. 『저승전의궤』에서 시민당의 규모는 9칸이라 했다.

다음은 1694년(숙종 20)에 숙종이 작성한 「시민당명(時敏堂銘)」의 서문이다.

> "시민당은 저승전(儲承殿) 남쪽에 있으며, 바로 세자가 주연(胄筵)하는 정당(正堂)이다. 이름을 시민이라고 한 것은 대개 『서경』 열명(說命)편의 '학문에 늘 민첩하기를 힘쓰라[務時敏]'고 한 구절에서 뜻을 취하였다. 참으로 세자는 한 나라의 근본이며, 그가 학문을 하느냐 하지 않느냐에 따라 나라의 치란(治亂)이 결판난다. 참으로 겸손한 자세로 자신을 낮추고, 학문에 민첩하게 하면서 늘 미치지 못한 것이 있는 것처럼 하지 않는다면, 어떻게 날마다 빛나는 경지에 나아갈 수 있겠는가? 이에 명(銘)을 지어 반우(盤盂)에 좌우명을 새기던 일을 대신한다."[43]

시민당의 동쪽에는 춘방(春坊)이 있고, 북동쪽에는 집영문(集英門)과 집현문(集賢門)이 있어 시민당, 춘방, 장서각(藏書閣)을 오가는 문으로 사용되었다.

---

[43] 『肅宗實錄』 권26, 肅宗 20년 1월 乙卯(17일).
"時敏堂, 在儲承殿之南, 卽世子胄筵之正堂也. 堂以'時敏'名, 蓋取諸「說命」務時敏之義焉. 誠以元良, 一國之本, 而學與不學, 治亂自判. 苟不卑遜自下, 敏於學而如有所不及, 則其何以日進緝熙之域哉? 遂以作銘, 用替盤盂云爾."

숙종과 영조 연간에 시민당은 세자가 일시적으로 사용했고, 국왕이 편전으로 사용하기도 했다. 1717년(숙종 43)에 세자인 경종이 대리청정을 할 때에는 이곳에서 조하(朝賀)와 청정을 하였고, 1749년(영조 25)에는 사도세자가 이곳에서 대리청정을 했다.[44] 1756년(영조 32)과 1780년(정조 4)에 화재로 불탄 이후 중건되지 않았다. 1820년대에 작성된『동궐도』에서 시민당은 빈터로 나온다.

『국조속오례의보(國朝續五禮儀補)』를 보면 세자가 대리청정을 할 때 상참(常參) 의주가 나타난다. 이를 보면 시민당은 특이하게 서쪽에서 동향을 하고 있었다.[45]

그날, 액정서(掖庭署)에서 세자의 좌석을 시민당(時敏堂) 서벽(西壁)에서 동향으로 설치한다. [세자 좌석은 본래 동벽(東壁)에서 서향을 하는데, 이것은 시민당의 향배(向背) 때문이다.] 배위(拜位)는 세자의 좌석 앞에 설치한다. 향안(香案) 둘을 좌석 앞 좌우에 설치한다.
장의(掌儀)는 시임(時任) 원임(原任) 대신의 배위(拜位)를 시민당 안에서 서향하여 북쪽이 상위(上位)가 되게 설치한다.[46]

4. 진수당(進修堂)

진수당은 시민당의 북쪽에 있다. 세자의 서재로 마련되었지만 국왕이 사용하는 경우도 많았다. 1735년(영조 4) 11월에 효장세자(진종)가 이곳에서 사망하였고, 훗날 별군직청(別軍職廳)이 되었다.[47]

---

44 역사건축기술연구소, 2015 앞의 책, pp.170~172.

45 이효석 · 전봉희는 시민당에서 세자가 대리청청을 할 때 숙종 대에 경종은 남향, 영조 대에 장조(사도세자)는 동향을 한 것으로 본다(이효석 · 전봉희, 2004 앞의 논문, pp.747~748).

46 『國朝續五禮儀補』권2, 嘉禮, 「王世子聽政後受常參儀」.

47 『宮闕志』권3, 昌慶宮志, 「進修堂」.

5. 장경각(藏經閣)

장경각은 진수당의 동쪽에 있는 건물로 각종 서적을 보관하였던 서고이다. 정면 3칸, 측면 1칸이다. 숙종이 작성한 「장경각명(藏經閣銘)」에서 '장경각에 있는 경적(經籍)에 성인의 가르침이 밝게 빛나니, 아침저녁으로 실마리를 찾음에 천년이 지나도 공경함을 일으킨다.'고 하였다.[48]

V. 경희궁의 동궁 건물

경희궁(慶熙宮)은 광해군 때 처음 창건되었다. 원래의 이름은 경덕궁(慶德宮)이며, 1760년(영조 36)에 원종(元宗)의 시호인 '경덕(敬德)'과 음이 같다고 하여 경희궁으로 바꾸었다. 조선후기에 정궁으로 사용된 동궐(東闕)인 창덕궁에 대해 경희궁은 서궐(西闕)이라 하였다. 경희궁은 인조 대부터 철종 대까지 이궁(離宮)으로 사용되었다.

세손 시절 경희궁에서 살았던 정조는 「경희궁지」를 작성하여 건물 배치에 대해 상세하게 소개했다. 이 글에서 동궁 건물과 관련된 부분을 발췌하면 다음과 같다.

> 위선당(爲善堂)은 태령전(泰寧殿)의 서쪽에 있는데, 온천(溫泉) 세 곳이 있고, 우물은 영렬정(靈冽井)이라 한다. **집희당(緝熙堂)**은 장락전 동쪽에 있으며 바로 성상께서 동궁(東宮)에 계실 때의 내당(內堂)이고, 나중에도 그대로 사용하였다. 그 남쪽은 **중서헌(重書軒)**으로 동궁이 궁료(宮僚)들을 접견하는 소실(小室)이며, 그 동쪽에 있는 **경선당(慶善堂)**은 역시 별당(別堂)이다. **양덕당(養德堂)**은 경현당(景賢堂)의 북쪽에 있으며 바로 승휘전(承暉殿)이 불타기 전 동궁의 내당으로서 지금은 폐지되었다. (중략)

---

[48] 『宮闕志』 권3, 昌慶宮志, 「藏經堂」. "閣中經籍, 聖訓炳炳, 朝夕紬繹, 千載起敬."

태령전(泰寧殿)은 자정전 서쪽에 있으며 당저(當宁)의 어진(御眞)을 봉안하는 곳이고, 전 뒤에는 암천(巖泉)의 좋은 경치가 있다. 여기에 다섯 개의 문이 있으며, 동쪽을 집화문(集和門), 또 그 동쪽을 건경문(建慶門), 남쪽을 태령문(泰寧門), 서쪽을 제광문(霽光門), 북쪽을 현무문(顯武門)이라 한다. 흥정당(興政堂)은 신료(臣僚)들을 접견하고 강연(講筵)을 베푸는 곳이며 회상전(會祥殿)의 남쪽에 있다. 그 동쪽에 **석음각**(惜陰閣)이 있고, 또 그 동쪽에는 **존현각**(尊賢閣)이 있으며, 역대 왕들이 세자(世子)로 있을 때에 강독(講讀)하던 집이었으나 뒤에 폐지되었다. 금상(今上) 경진년(1760)에 이 각으로 이어(移御)하시고 나에게 명하여 이 각에서 글을 읽게 하였다. 이 각의 위에는 **주합루**(宙合樓)와 **관문루**(觀文樓)라는 두 개의 누(樓)가 있고, 그 곁에는 두 개의 실(室)이 있으니 바로 **동이루**(東二樓)와 **홍월루**(虹月樓)이다. 또 그 곁에 당(堂)이 있어 **정색당**(貞賾堂)이라 하며 예전 이름은 석음(惜陰)이다. 이곳들은 모두 내가 서적을 보관하는 곳이다.

그 서쪽에는 정시합(正始閤)이 있는데 내시(內寺)들이 사후(伺候)하는 곳이고, 북쪽에는 사현합(思賢閤)이 있는데 이는 신료들을 접견하는 곳이다. **경현당**(景賢堂)은 동궁이 예(禮)를 받는 정당(正堂)인데, 양덕당(養德堂)의 남쪽에 있다. 여기에 네 곳의 문이 있으며, 동쪽은 협화문(協和門), 또 그 동쪽은 만상문(萬祥門), 서쪽은 청화문(淸華門)·통현문(通賢門), 남쪽은 숭현문(崇賢門), 북쪽은 숭덕문(崇德門)이며, 또 그 서북쪽은 일중문(日中門)이고, 동쪽에 있는 **문헌각**(文憲閣)은 장서(藏書)하는 곳이다. 이곳들은 모두 정사를 보는 전우이다.

궐(闕)의 정문(正門)은 모두 다섯 개가 있으며, 동쪽에 있는 흥화문(興化門)은 어가(御駕)가 출입하는 정문이다. 그 문의 왼쪽은 흥원문(興元門)이고, 오른쪽은 개양문(開陽門)이며, 서쪽은 숭의문(崇義門)이고, 북쪽은 무덕문(武德門)이다. 승정원(承政院)은 숭정문 남쪽에 있고, 홍문관(弘文館)은 금상문(金商門) 서남쪽에 있으며, 예문관(藝文館)은 숭정전 서쪽에 있다. **시강원**(侍講院)·**익위사**(翊衛司)는 모두 숭현문의 남쪽, 승정원의 동쪽에 있다.[49]

---

49 『弘齋全書』 권4, 春邸錄 4, 雜著, 「慶熙宮志」(1774).
"爲善堂, 在泰寧殿西, 有溫泉三井, 曰靈冽. 緝熙堂, 在長樂殿東, 卽聖上春邸時內堂也, 後仍之. 南爲重書軒, 東宮接宮僚之小室也. 東爲慶善堂, 亦別堂也. 養德堂, 在景賢堂之北, 卽承暉殿未火之前, 東宮之內寢而今廢焉. … 泰寧殿, 在資政之西, 奉當宁御眞之所也. 殿後有巖泉之勝, 三門東曰集和, 又其東曰建

이를 보면 정조는 경희궁에서 세자와 관련이 있는 건물로 집희당, 중서헌, 경선당, 양덕당, 승휘전, 석음각, 존현각, 주합루, 관문루, 동이루, 홍월루, 정색상, 경현당, 문헌각, 시강원, 익위사 등을 거론하였다.

1. 경현당(景賢堂)

경현당은 양덕당(養德堂)의 남쪽에 있었다. 소현세자가 이곳에서 회강을 하였고,[50] 창덕궁의 시민당과 같이 세자의 하례와 회강이 이뤄졌다. 경현당은 경희궁 동궁의 정당이지만 영조가 편전으로 이용하기도 했다. 1741년(영조 17)에 영조는 이곳에서 경연관에게 선온(宣醞)하면서 세자에게 『동몽선습(童蒙先習)』을 읽게 하였다. 이날 영조는 「어제경현당명(御製景賢堂銘)」을 읽게 하고 신하들에게 당쟁의 풍습에 물들지 말고 동궁을 잘 섬기라고 당부하였다.[51]

1700년(숙종 26)에 숙종은 경현당의 동쪽 행랑에 문헌각(文獻閣)이라는 장서각을 세웠다. 정조의 「경희궁지」에 의하면, 경현당 동쪽에 협화문(協和門), 그 동쪽에 만상문(萬祥門), 서쪽에 청화문(淸華門)과 통현문(通賢門), 남쪽에 숭현문(崇賢門, 景賢門?), 북쪽에는 숭덕문(崇德門), 그 서북쪽에 일중문(日中門)이 있었다. 세자시강원과 세자익위사는 숭정문의 남쪽에 있는

慶, 南曰泰寧, 西曰霽光, 北曰顯武. 興政堂, 接臣僚開講筵之所也, 在會祥殿之南. 東曰惜陰閣, 又其東曰尊賢閣, 列朝在銅闥時, 講讀之閣而後廢焉. 今上庚辰移御, 命余讀書于閣, 閣上有樓, 曰宙合也, 觀文也, 傍有二室, 曰東二樓也, 虹月樓也. 又其傍有堂, 曰貞賾, 舊名惜陰, 此皆余藏書之所也. 西曰正始閣, 寺人之所伺候者也. 北曰思賢閣, 接臣隣之臥內也. 景賢堂, 乃東宮受禮之正堂, 在養德堂南, 有四門, 東曰協和, 又其東曰萬祥, 西曰淸華, 曰通賢, 南曰崇賢, 北曰崇德, 又其西北曰日中, 東有閣, 曰文獻, 藏書之所也. 凡此皆治朝之殿宇也. 闕之正門, 統有五焉, 東曰興化, 駕出入之正門也. 門之左爲興元, 右爲開陽, 西曰崇義, 北曰武德. 承政院, 在崇政門之南. 弘文館, 在金商門之西南. 藝文館, 在崇政殿之西. 侍講院, 翊衛司, 皆在崇賢門之南, 承政院之東."

50 『仁祖實錄』권9, 仁祖 3년 5월 癸亥(16일); 6월 壬辰(16일).
51 『英祖實錄』권53, 英祖 17년 6월 乙卯(22일).

승정원의 동쪽, 숭현문의 남쪽에 있었다.

2. 채선당(綵線堂) 집희당(緝熙堂)

채선당과 집희당은 장락전(長樂殿)의 동쪽, 어조당(魚藻堂)의 남쪽에 있던 전각으로 숙종이 동궁으로 있을 때 내당(內堂)이었다. 원래의 이름은 채선당이고, 1694년(숙종 20)에 집희당으로 이름을 바꾸었다. 영조는 이 건물에 세자의 보묵(寶墨)이 있었다고 하였다.[52]

3. 중서헌(重書軒)

중서헌은 광명전의 남쪽과 집희당의 남쪽에 있었다. 동궁이 학문을 연마하고 관료를 접견하던 소실(小室)이다.[53]

4. 경선당(慶善堂)

경선당은 광명전의 동쪽과 집희당의 남쪽에 있었다. 동궁의 별당(別堂)으로 사용하였다.

5. 양덕당(養德堂) 덕화전(德和殿)

양덕당과 덕화전은 홍정당의 동쪽, 경현당의 북쪽에 있으며, 남쪽에는 숭덕문(崇德門)이 있었다. 원래의 이름은 양덕당이고, 1818년(순조 18)에 덕화전으로 이름을 바꾸었다. 승휘전이 불타기 전 동궁의 내당(內堂)으로 사용되었다. 『궁궐지』에서는 양덕당을 서연을 위한 장소라고 하였다.[54]

---

52 『宮闕志』 권4, 慶熙宮志, 「緝熙堂」.
53 『宮闕志』 권4, 慶熙宮志, 「重書軒」
54 『宮闕志』 권4, 慶熙宮志, 「養德堂」.

6. 승휘전(承暉殿)

승휘전은 융복전(隆福殿)의 동쪽에 있었고, 그 남쪽은 동궁이었다. 1655
년(효종 6)에는 동궁의 정침(正寢)으로 사용되었다. 1698년(숙종 24) 경희궁에
화재가 발생했을 때 인현왕후가 거처하는 곳으로 사용되고 있었다.[55]

7. 석음각(惜陰閣) 정색당(貞賾堂)

석음각은 흥정당의 동쪽에 있고, 세자가 강독하는 곳으로 책을 모아
둔 곳이다. 석음이란 시간을 아낀다는 '석촌음(惜寸陰)'에서 나왔다. 1715
년(숙종 41)에 숙종은 「석음각기(惜陰閣記)」를 작성하였고,[56] 1781년(정조 5)에
정조는 '정색당(貞賾堂)'이라 이름을 바꾸었다.

8. 존현각(尊賢閣) 주합루(宙合樓) 관문루(觀文樓)

주합루는 흥정당(興政堂)의 남쪽, 석음각(정색당)의 동쪽에 있으며, 세자가
학문을 연마하던 곳이다. 존현각은 주합루의 1층이고, 2층에는 주합루와
관문루가 있었으며, 그 옆에 동이루(東二樓)와 홍월루(虹月樓)가 있었다.[57]
『궁궐지』에는 1760년(영조 36) 영조가 경희궁으로 옮겼을 때의 사실이
기록되어 있다. 이 때 존현각은 세자가 아니라 국왕이 독서를 하던 곳이
었다.

지금 나는 존현각에서 독서를 하고 있다. 존현각 위에는 주합루와 관문
루가 있고, 그 옆에는 동이루(東二樓)와 홍월루(虹月樓)가 있다. 또 그 옆에
는 정색당이 있는데 그 전에는 석음당이었다. 이러한 곳들은 내가 책을

---

55 『宮闕志』 권4, 慶熙宮志, 「承暉殿」; 『肅宗實錄』 권32, 肅宗 24년 11월 癸巳(22
   일).

56 『宮闕志』 권4, 慶熙宮志, 「惜陰閣」.

57 『宮闕志』 권4, 慶熙宮志, 「宙合樓」; 「尊賢閣」.

모아두는 곳이다.[58]

정조는 1762년(영조 38)에 사도세자가 사망한 후 동궁이 되었고, 1776
년 국왕이 될 때까지 존현각에서 학문을 연마하였다. 이때 정조를 가르
쳤던 서명응(徐命膺)은 주합루와 정색당 기문(記文)에서 "국가를 다스리는
깊은 이치는 서적에 담겨 있으므로 서적을 수집하여 보관하는 것이 중요
하다. 그러나 국왕이 마음을 수양하여 덕을 좋아하고 욕심을 물리치는
일이 더 중요하다."고 하였다.[59]

9. 친현각(親賢閣)

친현각은 홍정당의 남쪽에 있었으나 없어졌다. 세자가 서연을 하던
곳으로, 처음에는 이름이 없다가 숙종 때 친현각이라 하였다.[60]

맺음말

지금까지 조선시대의 경복궁, 창덕궁, 창경궁, 경희궁에 있었던 동궁
건물을 살펴보았다. 조선시대의 동궁 건물에 나타나는 특징을 정리해보
면 다음과 같다.

첫째, 조선시대의 동궁은 '동쪽에 있는 궁'이란 뜻 그대로 각 궁에
있는 정전이나 편전의 동쪽에 위치했다. 세자는 동궁 혹은 춘궁이라
불렀는데, 동쪽이 사계절 중 봄[春]에 해당하고, 세자는 장차 성장하여

---

58 『宮闕志』 권4, 慶熙宮志, 「尊賢閣」.

59 徐命膺, 『保晩齋集』 권8, 記, 「貞頤堂記」; 「宙合樓記」.

60 『宮闕志』 권4, 慶熙宮志, 「親賢閣」.

국왕이 될 몸이었기 때문에 춘궁이라 불렀다. 다만 창경궁의 동궁은 창경궁 정전인 명정전의 남쪽에 위치하는데, 이는 명정전이 남향이 아니라 동향인 특별한 상황에서 생긴 현상으로 이해된다.

둘째, 동궁에 소속된 건물이나 문의 이름에는 공통점이 나타난다. 먼저 학덕(學德)을 갖춘 현자를 의미하는 '현(賢)'자가 많이 나타난다. 건물 이름으로는 경현당(景賢堂), 존현각(尊賢閣), 친현각(親賢閣), 연현합(延賢閣)이 있고, 문 이름으로는 구현문(求賢門), 집현문(集賢門), 통현문(通賢門), 숭현문(崇賢門)이 있다. 성정각은 사방의 문 이름이 영현문(迎賢門), 인현문(引賢門), 대현문(待賢門), 친현문(親賢門)이어서 모두 현자를 가까이 한다는 뜻을 담고 있다.

다음으로 세자가 갖추기를 바라는 덕목을 포함한 이름이 있었다. 자선당(資善堂), 낙선당(樂善堂), 취선당(就善堂), 경선당(慶善堂)은 선(善)을, 경극당(敬極堂)과 숭경당(崇敬堂)은 경(敬)을 갖추기를 요구하는 이름이고, 숭덕문(崇德門)은 아예 덕(德)을 높이라고 요구하였다.

건물이나 문 이름에 세자를 의미하는 단어가 들어가기도 했다. 이모문(貽謨門)의 '이모'는 선대 국왕이 자손에게 내리는 교훈을 의미하고, 중광문(重光門)의 '중광'은 빛나는 덕을 거듭 밝히라는 뜻이었다. 승화루(承華樓)의 '승화'는 정화(精華)를 계승한다는 뜻이고, 집희당(緝熙堂)의 '집희'는 선왕의 덕을 밝힌다는 의미였다. 또한 이극문(二極門)의 '이극', 저승전(儲承殿)의 '저승', 진화문(震化門)의 '진'은 바로 세자를 의미했다.

셋째, 동궁에 속하는 건물이지만 세자 전용이 아니라 국왕의 편전이나 독서실로 사용하는 경우가 많이 나타났다. 자선당, 비현각, 계조당과 같이 경복궁에 있던 동궁 건물은 세자 전용이라고 할 수 있었다. 그러나 창덕궁, 창경궁, 경희궁에 있던 동궁 건물은 국왕이나 왕실 가족이 사용하는 경우도 많았다. 동궁의 건물이 불탄 이후에도 재건을 하지 않거나 동궁 인근에 있던 건물이 불에 타서 중건할 때 동궁 건물을 헐어 자재로

사용하는 경우가 있는 것은 동궁 건물이 세자만을 위한 건물이 아니었음을 의미한다.[61]

---

61 본 논고는 『사학지』 54집(2017년 6월 간행)에 게재한 「조선시대 궁궐의 동궁 건물」
    을 약간 수정한 것이다.

참고문헌

『朝鮮王朝實錄』
『世宗實錄·五禮』
『國朝五禮儀』
『國朝續五禮儀補』
『東闕圖』
『東闕圖形』
『北闕圖形』
『西闕圖案』
『宮闕志』
『國朝寶鑑』
『儲承殿儀軌』
『退溪先生文集』
『弘齋全書』
『純齋稿』
『保晚齋集』
『漢京識略』
『林下筆記』

국립고궁박물관, 2001 『창덕궁, 아름다운 덕을 펼치다』.
문화재청, 2004 『궁궐의 현판과 주련』 1~3, 수류산방.
문화재청 창덕궁관리소, 2005, 『동궐도 읽기』.
역사건축기술연구소, 2015 『우리 궁궐을 아는 사전 – 창덕궁 후원 창경궁』, 돌베개.
曺在模, 2003 『朝鮮時代 宮闕의 儀禮運營과 建築樣式』, 서울대학교 박사학 위논문.
조재모, 2012 『궁궐, 조선을 말하다』, 아트북스.

김지현, 2017 「조선 후기 창덕궁 별전 및 동궁 별당 조성에 관한 연구」『대한 건축학회 논문집』 33(5), 대한건축학회.
육수화, 2010 「정치와 교육이 공존하는 궁궐」『국학연구』 17, 한국국학진흥원.

이강근, 2008 「조선왕조의 궁궐건축과 정치 - 세자궁의 변천을 중심으로」『미술사학』 22, 한국미술사교육학회.

이정국, 2012 「조선전기 경복궁 東宮과 東朝의 건축공간에 관한 연구」『건축역사연구』 21-1(80), 한국건축역사학회.

이효석 · 전봉희, 2004 「朝鮮時代 代理聽政期 世子의 朝參 行禮와 空間 調節」『대한건축학회 학술발표대회 논문집』 24(2), 대한건축학회.

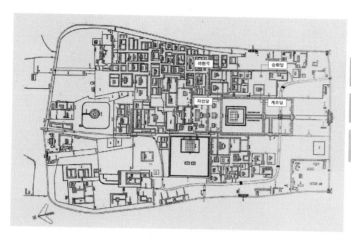

경복궁
북궐도형

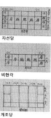

자선당

비현각

계조당

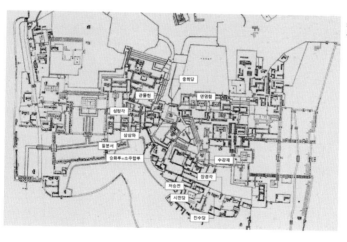

창덕궁창경궁
동궐도형

---

62 〈부록〉을 작성할 때 경북대학교 조재모 교수의 도움을 많이 받았다. 조 교수께 감
사드린다.

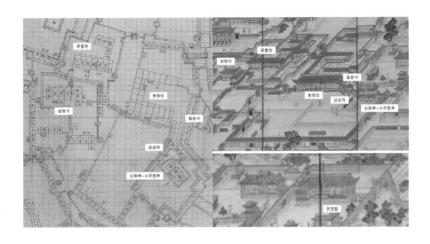

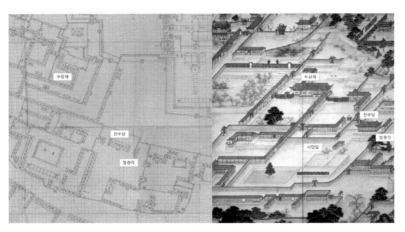

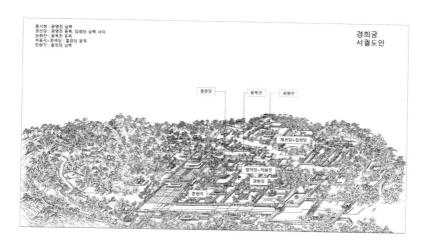

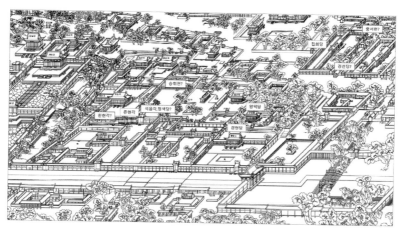

04

중국 수·당장안성 동궁의
구조와 성격
-위진남북조 도성의 동궁과 연관하여-

● ● ●

최 재 영 (한림대학교 인문학부 사학전공 교수)

머리말

　일반적으로 동궁(東宮)은 태자 혹은 태자가 거처하는 곳을 지칭하는 것으로 알려져 있다. 특히 태자의 거처라는 점과 관련하여 중국 도성사에서 대표적인 사례는 〈그림 1〉에서 보듯이 수당장안성(隋唐長安城)의 동궁일 것이다. 그 동궁의 위치에 대해서는 수당장안성의 도성 계획에 반영된 여러 원리[1] 가운데 음양오행(陰陽五行)사상의 원리가 반영된 예로

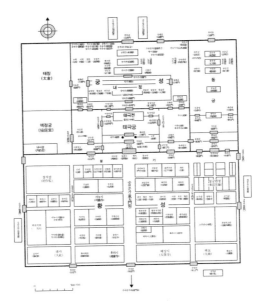

〈그림 1〉 수당장안성의 궁성 · 동궁 · 황성 구조

[출전: 세오 다츠히코, 2006 『장안은 어떻게 세계의 수도가 되었나』, 황금가지, p.137]

설명되고 있다. 우선 음양사상과 관련하여서는, 황제가 거처하며 정무를 맡는 태극궁(太極宮)을 중심으로 양(陽)을 반영하는 동쪽에는 태자가 머무는 동궁을, 음을 반영하는 서쪽에는 황후 및 비빈이 머무는 액정궁(掖庭宮)을 두었다는 것이다. 이는 정현(鄭玄)이 동궁을 목(木)과 연결시킨 것을[2] 참조하면 오행사상과도 이어진다. 이뿐만 아니라 동궁의 위치에

---

1   즉 『주례(周禮)』 고공기(考工記)의 원리, 오호십육국(五胡十六國)이래 호족(胡族)의 도성 및 그 습속의 영향, 천문사상, 왕조의례의 무대로서 왕도(王都)를 만들려는 예(禮)사상, 음양오행사상, 역(易)사상 등을 말한다. 이에 대한 간략한 소개는 최재영, 2010 「中國 前近代 도성구조와 도성 변화」 『歷史學報』 207 참조.

2   『後漢書』 志 第13 五行 1, p.3265. 「五行傳曰: '田獵不宿, 飲食不享, 出入不節, 奪民農時, 及有姦謀, 則木不曲直.' 鄭玄曰: 「君行此五者, 爲逆天東宮之政. 東宮於地爲木, 木性或曲或直, 人所用爲器也. 無故生不暢茂, 多折槁, 是爲木不曲直. 木·金·水·火·土謂之五材, 春秋傳曰: '天生五材, 民並用之.' 其政逆則神怒, 神怒則材失性, 不爲民用. 其他變異皆屬沴, 沴亦神怒. 凡神怒者,

는 역(易) 사상도 반영되고 있다. 『춘추좌씨전(春秋左氏傳)』은공(隱公) 3년조에 나오는 '衛莊公娶于齊東宮得臣之妹, 曰莊姜.'이라는 구절에 대해 당대(唐代) 공영달(孔穎達)이 동쪽-봄-만물의 생장-태자, 그리고 동쪽-진(震)-장남-태자로 연결시키는 소(疏)를 달고 있기 때문이다.[3]

이러한 수당장안성의 동궁 위치에 관한 원리를 통해 동궁이란 태자나 태자의 거처라는 의미로 이미 선진(先秦)시대부터 널리 인식되고 있는 것처럼 보인다.

그러나 기존 연구 성과에 따르면 동궁의 최초 의미는 두 가지였다고 한다.[4] 하나는 주(周)왕실이 분봉한 제후라는 것이고 다른 하나는 건축물의 지명과 방위, 즉 동쪽에 있는 건축물에 대한 범칭이라는 것이다.

건축물로서 동궁을 가리킬 경우 선진 시대에는 천자나 왕후가 거처하는 궁이나 태자의 궁실을 지칭하는 것을 확인할 수 있다. 태자의 궁실을 가리키는 예로서 『시경(詩經)』 위풍(衛風) 석인(碩人)조의 '衛侯之妻, 東宮之妹.'에 대해 공영달이 '太子居東宮, 故以東宮表太子.'라고 주석을 단 것, 그리고 『여씨춘추(呂氏春秋)』 번응(審應)편에서 위(魏) 소왕(昭王)이 전굴(田詘)에게 '寡人之在東宮之時, 聞之議.'라고 말한 구절에 대해 후한(後漢) 고유(高誘)가 '昭王, 襄王之子. 東宮, 世子也.'라고 주석을 한 것을 들 수 있다.

그러나 태자나 그의 거처를 지칭하는 뜻으로 동궁이 한대(漢代)에 고정된 것은 아니다. 『한서(漢書)』에 등장하는 동궁의 사례를 찾아보면 황태후나[5] 황태후의 거처를[6] 가리키기도 하였다. 구체적으로 장락궁(長樂宮)

日・月・五星既見適于天矣.」洪範:「木曰曲直.」孔安國曰:「木可以揉曲直.」
謂木失其性而為災也.

3 『十三經注疏・春秋左氏傳正義』(1999 北京: 北京大學出版社) 卷3 隱公 3年條,
   p.79.「得臣爲太子, 云常處東宮者, 四時東爲春, 萬物生長在東; 西爲秋, 萬物
   成就在西. 以此君在西宮, 太子常處東宮也. 或可據易・象: 西北爲乾, 乾爲君
   父, 故君在西; 東方震, 震爲長男, 故太子在東宮也.」
4 張軍・龐駿, 2015 『中古儲君制度研究』, 北京: 民族出版社, p.9.
5 『漢書』卷36 劉向傳, p.1960.「大將軍秉事用權, 五侯驕奢僭盛, 並作威福, 擊
   斷自恣, 行汙而寄治, 身私而託公, 依東宮之尊, 假甥舅之親, 以為威重.」; 『漢

을 지칭하는[7] 경우도 있었다. 반면 『후한서(後漢書)』에는 동궁이 점차 태자나 그의 거처를 지칭하는 용어로 사용되는 예를 쉽게 찾을 수 있다.[8] 이로 볼 때 태자나 태자의 거처라는 의미로 동궁이 점차 빈번히 사용된 것은 후한대부터라고 할 수 있다.[9]

그렇다면 수당장안성 동궁의 의미와 관련하여 그 연원을 선진시대에서 비롯된 것으로 이해하기는 힘들다. 그것을 밝히기 위해 수당장안성과 계통적으로 밀접한 위진남북조(魏晉南北朝)시대 도성의 동궁 사례를 추적할 필요가 있다. 이 글에서는 먼저 위진남북조시대에 장안(長安), 낙양(洛陽), 건강(建康), 업(鄴) 등에 도성을 둔 여러 왕조에서 사용된 동궁의 의미를, 기존 연구 성과를 바탕으로 요약 정리하여 소개한 뒤 수당장안성 동궁의 구조와 그 성격을 살펴보고자 한다.

書』卷49 爰盎傳, p.2270.「盎兄子種爲常侍騎, 諫盎曰: "君衆辱之, 後雖惡君, 上不復信."於是上朝東宮, 趙談驂乘, 盎伏車前曰: "臣聞天子所與共六尺輿者, 皆天下豪英. 今漢雖乏人, 陛下獨奈何與刀鋸之餘共載!" 於是上笑, 下趙談. 談泣下車.」; 『漢書』卷93 淳于長傳, p.3730.「久之, 趙飛燕貴幸, 上欲立以爲皇后, 太后以其所出微, 難之. 長主往來通語東宮.」

6 『漢書』卷97上 孝文竇皇后傳, p.3945.「太后後景帝六歲, 凡立五十一年, 元光六年崩, 合葬霸陵. 遺詔盡以東宮金錢財物賜長公主嫖. 師古曰: "東宮, 太后所居."」

7 『漢書』卷43 叔孫通傳, pp.2129~2130.「惠帝爲東朝長樂宮, 及間往, 數蹕煩民, 作復道, 方築武庫南.」; 『三輔黃圖』卷2 漢宮「長樂宮……高帝居此宮, 後太后常居之.」

8 『後漢書』卷15 來歙傳, p.591.「太子乳母王男·廚監邴吉等以爲聖舍新繕修, 犯土禁, 不可久御. 聖及其女永與大長秋江京及中常侍樊豐·王男·邴吉等互相是非, 聖·永遂誣譖男·吉, 皆幽囚死, 家屬徙比景. 太子思男等, 數爲歎息. 京·豐懼有後害, 妄造虛無, 構讒太子及東宮官屬. 帝怒, 召公卿以下會議廢立.」; 『後漢書』卷29 申屠剛傳, p.1017.「剛每輒極諫, 又數言皇太子宜時就東宮, 簡任賢保, 以成其德, 帝並不納. 以數切諫失旨, 數年, 出爲平陰令. 復徵拜太中大夫, 以病去官, 卒於家.」; 『後漢書』卷32 陰識傳, p.1130.「及顯宗立爲皇太子, 以識守執金吾, 輔導東宮. 帝每巡郡國, 識常留鎭守京師, 委以禁兵.」; 『後漢書』卷78 曹騰傳, p.2519.「曹騰字季興, 沛國譙人也. 安帝時, 除黃門從官. 順帝在東宮, 鄧太后以騰年少謹厚, 使侍皇太子書, 特見親愛. 及帝即位, 騰爲小黃門, 遷中常侍.」

9 郭永吉, 2006「先秦兩漢東宮稱謂考」『文與哲』8, p.67.

Ⅰ. 위진남북조시기 동궁의 사례[10]

1. 위(魏)·서진(西晉)의 낙양 동궁

1) 위 낙양의 동궁

현재 위의 도성 낙양에 동궁이 건설되었는지는 명확하지 않다고 한다. 위에서는 태자의 자리가 거의 비어 있었기 때문이다. 위의 초대 황제인 조비(曹丕)에게는 황제의 태자인 시절조차 없었고 그 뒤 명제(明帝)나 제왕(齊王) 방(芳)이 갑작스럽게 태자에 오른 뒤 바로 즉위하였기 때문에 태자로 있었던 시기는 실제 없었다는 것이다.[11] 그런데 『삼국지(三國志)』를 검색해 보면 동궁이 들어간 구절로 37곳을 확인할 수 있다. 거의 대부분은 후한의 동궁을 가리키는 것이며 위의 동궁으로는 『삼국지』 권5 명도황후전(明悼皇后傳)과 『삼국지』 권9 조상전(曹爽傳)의 두 곳뿐이다. 즉

明悼毛皇后, 河內人也. 黃初中, 以選入東宮, 明帝時爲平原王, 進御有寵,
出入與同輿輦. 及即帝立, 以爲貴嬪.[12]
爽字昭伯, 少以宗室謹重, 明帝在東宮 , 甚親愛之. 及即位, 爲散騎侍郎,
累遷城門校尉, 加散騎常侍, 轉武衞將軍, 寵待有殊.[13]

---

10 이 장은 岡部毅史, 2016 「漢晉五胡十六國期の東宮と西宮」『中國都市論への挑動』, 汲古書院의 내용을 중심으로 요약 정리하며 小林 聡, 2007 「晋南朝における宮城の構造と政治空間—入直制度と"内省"に関する一試論」『近世·近代日本社会の展開と社会諸科学の現在』, 新泉社; 岡部毅史, 2013 「六朝建康東宮攷」『東洋史研究』72-1; 龐駿, 2013-3 「東晉建康東宮主體官署建築格局」『閩江學刊』; 李解, 2015 「北魏平城中的宮城布局研究」『山西大同大學學報(社會科學版)』29-3; 內田昌功, 2003 「隋唐長安城の形成過程-北周長安城との關係を中心に」『史朋』46 등을 참조하여 작성한 것이다.

11 岡部毅史, 2016 앞의 논문, p.169.

12 『三國志』卷5 明悼皇后傳, p.167.

13 『三國志』卷9 曹爽傳, p.282.

이다. 여기서 동궁은 앞서 언급했듯이 명제가 실질적으로 태자였던 시기가 없었기 때문에 태자의 거처라기보다는 태자의 지위나 신분이라는 의미로 해석하는 주장은[14] 수긍할 만하다.

2) 서진 낙양의 동궁

서진 낙양의 동궁은 『진서(晉書)』 권33 하소전(何劭傳)에 따르면 혜제(惠帝)가 즉위하고 처음으로 동궁을 세웠고 하소가 태자를 보좌하였다고 기록되어 있어[15] 위 낙양의 동궁과는 달리 태자만이 아니라 태자의 거처라는 뜻으로도 사용된 것은 분명하다. 즉 서진 낙양에는 동궁이 조영되어 있었던 것이다.

그러나 그것이 서진 낙양의 어디에 위치하는가를 둘러싸고 논의가 진행 중이다. 명(明) 영락제(永樂帝)때 집일된 『하남지(河南志)』에 실려 있는

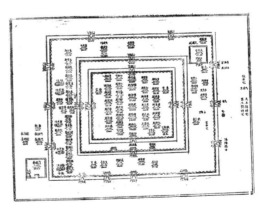

〈그림 2〉 晉都城圖

[출전: 『河南志』(淸 徐松 輯, 高敏 點校, 1994 北京 : 中華書局, p.194]

---

14 岡部毅史, 2016 앞의 논문, p.170.

15 『晉書』 卷33 何劭傳, p.999. 「惠帝即位, 初建東宮, 太子年幼, 欲令親萬機, 故盛選六傅, 以劭為太子太師, 通省尚書事」

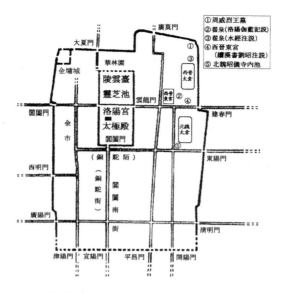

〈그림 3〉 西晉 洛陽 東宮 위치 추정도
[출전: 岡部毅史, 2013「六朝 建康東宮攷」『東洋史研究』72-1, p.42]

「진도성도(晉都城圖)」에 따르면 태자궁(太子宮)이 도성 외곽의 동쪽 성벽에
있는 건춘문(建春門) 안쪽에 있는 것으로 그려져 있다.(〈그림 2〉 참조) 구체적
으로는 동궁(東宮)이 태창(太倉)의 북쪽에 있으며 태극전(太極殿) 등 궁성 중앙
으로부터 보면 동북쪽에 위치하고 있는 셈이다. 이에 대해『낙양가람기(洛
陽伽藍記)』권1 성내(城內) 소의니사(昭儀尼寺)에 서진의 태창이 건춘문의 안쪽에
있고 북위(北魏)의 태창은 동양문(東陽門)의 안쪽에 있다는 기록을[16] 참조하여
서진의 동궁이 태창의 북쪽이 아니라 남쪽에 있다는 의견이 제기되기도
하였다.[17] 이를 바탕으로 동궁의 위치를 그린 추정도가 〈그림 3〉이다.

---

16 『洛陽伽藍記』(北魏 楊衒之 撰, 范祥雍 校注, 1978 上海: 上海古籍出版社) 卷1
　 城內 昭儀尼寺條, p.55.「昭儀寺有池, 京師學徒謂之翟泉也. 衒之按杜預注春
　 秋云翟泉在晉太倉西南. 按晉太倉在建春門内, 今太倉在東陽門内, 此地, 今在
　 太倉西南明, 非翟泉也.」

17 岡部毅史, 2013 앞의 논문, pp.40~42.

이처럼 서진 낙양의 동궁 위치를 둘러싸고 논란이 있지만 두 그림 모두에서 보듯이 분명한 점은 태자의 거처로서 동궁이 궁성의 동쪽에 있다는 것이다. 이를 통해 중국 도성 구조에서 서진 낙양에 이르러서야 비로소 태자의 거처인 동궁이 궁성(宮城)의 동쪽에 위치하게 되었다고 할 수 있다.

2. 동진(東晉)·남조(南朝) 건강의 동궁

건강으로 천도한 진, 즉 동진이 동궁을 건설한 때는 효무제(孝武帝) 통치 시기인 태원(太元) 17년(393) 8월이었다.[18] 또한 『건강실록(建康實錄)』에서는 좌위영(左衛營)을 옮기고서 그곳에 동궁을 지었다는 것을 전하고 있다. 여기서 그 기사에 붙은 주석의 내용이 주목된다. 즉 동진 초에 태자궁은 궁의 서쪽에 있었고 동궁이라고 하더라도 실제 황후의 궁이었으며 열종(烈宗) 즉 효무제가 이 때 동궁을 궁성의 동남쪽에 비로소 지어서야 태자가 동궁에 머물게 되었다는 것이다.[19] 이 기록을 통해 동진 초에는 동궁은 황후가 거처하는 곳이었기에 동궁이라는 용어가 아직까지 태자의 거처라는 의미로만 일컬어지지 않는다는 것을 알 수 있다. 또한 서진 낙양의 동궁처럼 동진 건강에서 태자가 거처하는 곳으로서 동궁이 건강으로 천도한 지 75년이나 지나서 매우 늦게 조영되었다는 것도 확인된다. 이때는 동진이 멸망하기 28년 전이기 때문에 동궁에서 태자 생활을 보낸 황제는 안제(安帝)와 공제(恭帝) 두 명의 황제에 불과하였다.[20]

그런데 동진의 동궁은 앞에서도 언급했듯이 궁성의 동쪽이 아니라

---

18 『晉書』卷9 孝武帝紀, p.239. 「(太元十七年)八月, 新作東宮.」

19 『建康實錄』(唐 許崇 撰, 張忱石 點校, 1986 北京; 中華書局) 卷9 晉中下 烈宗 孝武帝, p.290. 「(太元十七年)八月, 新作東宮, 徙左衛營. 按 太子宮在宮西, 雖 東宮, 實有皇后之宮, 今去臺城西南角外, 西逼運溝. 至此年, 烈宗始新於宮城 東南, 移左衛營, 以其地作之, 卽安帝爲太子所居宮也.」

20 岡部毅史, 2013 앞의 논문, p.45.

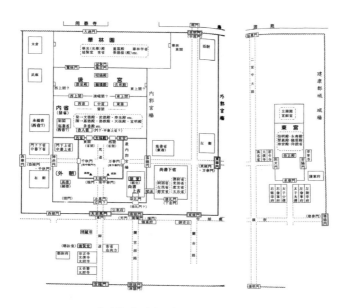

〈그림 4〉南朝 建康의 궁성 구조

[출전: 小林　聡, 2007「晋南朝における宮城の構造と政治空間―入直制度と"内省"
に関する一試論」『近世・近代日本社会の展開と社会諸科学の現在』, 新泉社, pp.442-443]

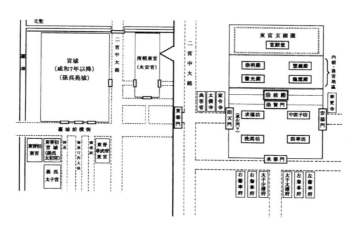

〈그림 5〉六朝 建康 東宮의 배치와 상세 개념도

[출전: 岡部毅史, 2013「六朝建康東宮攷」『東洋史研究』72-1, p.46]

동남쪽에 위치하고 있었다. 이것을 동쪽으로 옮긴 황제는 동진의 뒤를 이어 건강을 수도로 삼은 유송(劉宋)의 3대 황제 문제(文帝)였다. 그는 원가(元嘉) 15년(438) 7월에 궁성 동쪽에 동궁을 조영하였다.[21] 이 때 만들어진 동궁은 큰 변화 없이 송(宋) 이후 제(齊)-양(梁)-진(陳) 등 남조 왕조에게 이어졌다는 것이 현재로서는 학계에서 널리 받아들여지고 있다. 남조 건강의 궁성 및 동궁 구조를 그린 복원도가 〈그림 4〉와 〈그림 5〉이다.

〈그림 4〉과 〈그림 5〉에 나타난 동궁의 시설물에는 전(殿)의 이름이 6개가 보인다. 즉 숭정전(崇正殿), 수안전(壽安殿), 임운전(臨雲殿), 혜의전(慧義殿), 영수전(永壽殿), 숭명전(崇明殿) 등이다. 이 가운데 동궁의 정전인 숭정전에 관한 기록을 상대적으로 잘 남아 있는 편이다. 동진 때의 기록은 현재 전해지지 않고 유송 때부터 숭정전을 언급한 기록을 찾을 수 있다.[22] 숭정전은 숭정전(崇政殿)이라고도 하였다.[23] 숭정전의 기능과 관련하여 정리하면, 유송 때 숭정전은 『효경(孝經)』을 강론하는 곳이나[24], 황후가 돌아가셨을 때 상려(喪廬)를 설치한 곳이었다.[25] 남제 때도 역시 『효경』을 강론하는 곳이었고[26] 양 때에는 연회를 베푸는 곳이었으며[27] 진 때에는 태자

---

21 『建康實錄』卷12 宋中 太祖文皇帝, p.431. 「(元嘉十五年秋七月) 新作東宮, 賜將作大匠布帛有差.」;『南史』卷2 宋本紀 文帝, p.45.「(元嘉十五年) 秋七月辛未, 地震, 新作東宮.」

22 龐駿, 2013-3 앞의 논문, p.72.

23 崇正殿을 崇政殿으로 한 예를 正史에서 검색해 보면 『南齊書』에는 崇正殿이라는 명칭도 기록되어 있지만 崇政殿도 등장하여 南齊때 崇正殿으로 崇政殿으로 개칭하였을 가능성도 있다.(『南齊書』卷4 鬱林王傳, p.68. 「永明五年十一月戊子, 冠於東宮崇政殿.」;『南齊書』卷4 鬱林王傳, p.72. 「嗣主特鍾沴氣, 爰表弱齡, 險戾著于綠車, 愚固彰於崇正.[五]愚固彰於崇正「崇正」南監本作「宗正」. 按崇正即東宮崇政殿, 正政通. 此言居東宮時已甚愚固. 作「宗正」譌.」)

24 『宋書』卷7 前廢帝紀, p,141. 「大明二年, 出居東宮. 四年, 講孝經於崇正殿.」

25 『宋書』卷15 禮志, pp.394~395. 「宋文帝元嘉十七年七月壬子, 元皇后崩. 兼司徒給事中劉溫持節監喪. 神虎門設凶門柏歷至西上閤, 皇太子於東宮崇正殿及永福省並設廬.」

26 『南齊書』卷21 文惠太子傳, p.399. 「永明三年, 於崇正殿講孝經.」

27 『通典』(北京: 中華書局, 1988) 卷147 樂7 p.3762~3763. 「旣于崇正殿宴會, 太

에게 보살계를 주는 불교 법회가 열린 곳이기도 하였다.[28]

3. 십육국(十六國) · 북조(北朝) 도성의 동궁

1) 전조(前趙) 평양(平陽)과 장안의 동궁

전조에서 동궁의 존재가 확인되는 것은 늦어도 하서(河瑞) 원년(309) 1월 평양 천도 이후 유총(劉聰)이 동생 유예(劉乂)를 황태제(皇太弟)로 삼았을 무렵이라고 한다.[29] 이 시기에 동궁의 연명전(延明殿)에 혈우(雨血)가 내렸다는 기록을 통해[30] 당시 동궁은 황태제가 머무르고 있었다는 것을 알 수 있다. 하지만 연명전이 어떤 성격을 지닌 것이지는 알 수 없다. 한편 동궁의 전체 구조에 대해서는

聰東宮四門無故自壞.[31]

라는 기사를 통해 동궁에는 문 4개가 설치되어 있었다는 것을 확인할 수 있다. 그런데 동진 · 남조 건강의 동궁에는 동쪽 · 서쪽 · 남쪽으로 각 1개씩 모두 3개의 문이 나 있다는 것을 참고한다면 전조의 평양 동궁에는 동서남북으로 문 1개씩 설치되었을 것으로 추정할 수 있다. 이를 통해 곧 전조 평양의 동궁이 궁성과 붙어 있는 것이 아니라 별도로 독립하여 조영되었다는 주장은[32] 수긍할 만하다.

子臨座, 其事重, 宜依禮會奏金石軒懸之樂.」

28 龐駿, 2013-3 앞의 논문, p.73.

29 岡部毅史, 2016 앞의 논문, p.176.

30 『晉書』 卷102 劉聰載記, pp.2666~2667. 「聰以粲爲相國, 總百揆, 省丞相以幷相國。 平陽地震, 烈風拔樹發屋。 光義人羊充妻産子二頭, 其兄竊而食之, 三日而死. 聰以其太廟新成, 大赦境內, 改年建元。 雨血 於其東宮延明殿, 徹瓦在地者深五寸.」

31 『晉書』 卷102 劉聰載記, p.2673.

32 岡部毅史, 2016 앞의 논문, p.177.

유요(劉曜)가 광초(光初) 2년(319) 4월에 장안으로 천도한 이후에도 동궁이 설치된 것은 분명하다. 유요가 유윤(劉胤)을 영안왕(永安王)으로 봉하면서[33] 시중(侍中)·위대장군(衛大將軍)·도독이궁금위제군사(都督二宮禁衛諸軍事)·개부의동삼사(開府儀同三司)·녹상서사(錄尚書事)로 삼았는데 '이궁금위(二宮禁衛)'에서 '이궁(二宮)'이란 바로 유요가 건설을 명한 서궁(西宮)[34]과 동궁(東宮)일 것이기 때문이다. 하지만 전조의 장안 동궁의 구조 등을 전해 주는 자세한 기록은 확인되고 있지 않다.

2) 후조(後趙) 양국(襄國)과 업의 동궁

후조에서도 도성에 동궁이 조영되었다는 것이 확인된다. 건국할 당시 도성이었던 양국에 조왕(趙王)원년(319)에 동궁을 만들었다.[35] 그리고 건무(建武) 원년(335)에 동궁과 서궁이 업에 조영되자 석호(石虎)가 업으로 천도하였다.[36] 동궁과 서궁의 의미는 『자치통감(資治通鑑)』 권95 成帝(성제) 咸康(함강) 2년(336) 11월조의 「趙王虎作太武殿於襄國, 作東西宮於鄴.」에 대해 호삼성(胡三省)이 단 주석에서[37] 알 수 있다. 즉 동궁은 태자가 거주하는 곳이며 서궁은 황제가 거주하는 곳이라는 것이다.

3) 전진(前秦) 장안의 동궁

후조를 뒤이어 장안을 도성으로 삼은 전진에서도 동궁이 존재하였다

---

33 『晉書』卷103 劉曜載記, p.2697. 「封胤為永安王, 署侍中·衛大將軍·都督二宮禁衛諸軍事·開府儀同三司·錄尚書事, 領太子太傅, 號曰皇子.」

34 『晉書』卷103 劉曜載記, p.2688. 「曜命起酆明觀, 立西宮, 建陵霄臺於滈池, 又將於霸陵西南營壽陵.」

35 『晉書』卷105 石勒載記, p.2735. 「太興二年, 勒僞稱趙王, 赦殊死已下, 均百姓田租之半, 賜孝悌力田死義之孤帛各有差, 孤老鰥寡穀人三石, 大酺七日. 依春秋列國·漢初侯王每世稱元, 改稱趙王元年. 始建社稷, 立宗廟, 營東西宮.」

36 『晉書』卷106 石虎載記, p.2765. 「於襄國起太武殿, 於鄴造東西宮, 至是皆就.」

37 『資治通鑑』(1976 北京: 中華書局)卷95 成帝咸康二年(336) 11月條, p.3007. 「趙王虎作太武殿於襄國, 作東西宮於鄴. 東宮, 以居太子邃, 西宮, 虎自居之」

는 것이 확인된다. 동궁이라는 표현은 『진서』권112 부건재기(苻健載記)에 기록된 부청(苻菁)의 부건에 대한 반기 사건에 등장한다. 전진의 초대 황제인 부건은 큰 아들 부장(苻萇)을 태자로 삼았으나 부장이 동진의 환온(桓溫) 군대와 전투를 벌이던 중 화살에 맞아 사망하자 황시(皇始) 5년(355)에 부건은 셋째 아들 부생(苻生)을 태자로 세웠다. 부건이 병에 걸리자 부청이 병사를 모아 동궁에 들어가 태자 부생을 살해하려고 하였으나 결국 실패하였다.[38] 이 사건 기록에서 '동궁'이 나오는데 태자 부생이 동궁에 있지 않고 아버지 부건의 병을 간호하였다고 하는 것을 통해 동궁이 바로 태자가 거주하는 곳이라는 것을 알 수 있다.

4) 후진(後秦) 장안의 동궁

후진 역시 전진처럼 장안을 도성으로 삼았다. 『진서』에 기록된 후진 동궁을 직접 언급한 기사는 1건만 보인다. 즉

> 太子詹事王周亦虛襟引士, 樹黨東宮. 弼惡之, 每規陷害周. 周抗志確然,
> 不為之屈. 興嘉其守正, 以周為中書監.[39]

이다. 이 구절에 등장하는 '동궁'은 태자의 속료를 가리킨다고 해석하기도 한다.[40] 그렇다면 후진 장안에는 태자의 거처인 동궁은 없었던 것일까? 이에 대해 2003년 서안시(西安市) 미앙구(未央區)의 누각대유지(樓閣臺遺址)를 발굴 조사한 결과 〈그림 6〉처럼 서소성(西小城)과 동소성(東小城)이라고 칭하는 십육국시대 유적이 발굴된 것은 참고할 만하다. 『진서』권117

---

38 『晉書』卷112 苻健載記, p.2871. 「初, 桓溫之入關也, 其太子萇與溫戰, 為流矢所中死. 至是, 立其子生為太子. 健寢疾, 菁勒兵入東宮, 將殺苻生自立. 時生侍健疾, 菁以健為死, 迴攻東掖門. 健聞變, 升端門陳兵, 眾皆舍杖逃散, 執菁殺之. 數日, 健死, 時年三十九, 在位四年.」

39 『晉書』卷118 姚興載記, p.3000.

40 岡部毅史, 2016 앞의 논문, p.182.

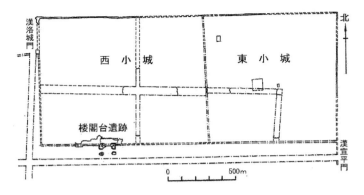

〈그림 6〉北朝 宮城 遺跡

[출전: 中國社會科學院 考古研究所 長安城工作隊,
西安市十六國至北朝時期的長安城宮城遺址鑽探與試掘」,『考古』2008-9, p.26]

요흥재기(姚興載記)에 요흥이 북위와 후량(後涼) 토벌을 도모하면서 요현(姚顯), 요황(姚晃) 등에게 태자 요홍(姚泓)를 보좌하면서 '서궁'에 들어가 숙직할 것을 명령하는 것이[41] 기록되어 있다. 황제가 없는 서궁에서 태자를 보좌하면서 숙직한다는 것에서 곧 태자가 서궁에 있으면서 서궁에서 정무를 맡고 있다는 것을 추측할 수 있다. 이는 곧 '태자감국(太子監國)'을 의미하는 것이자 서궁은 곧 통치 공간임을 전해 주며 이를 고고 발굴의 결과와 서로 대조해 볼 때 서소성은 서궁에 해당하는 것으로 추정하기도 한다.[42] 그렇다면 동소성은 곧 동궁을 가리키는 것으로 짐작할 수 있다. 이를 통해 후진 장안에도 동궁이 설치되었을 것으로 보인다.

---

41 『晉書』卷118 姚興載記, pp.2891~2892. 「遣姚平·狄伯支等率步騎四萬伐魏, 姚碩德·姚穆率步騎六萬伐呂隆. 平等軍次河東, 興遣其光遠党娥·立節雷星·建忠王多等率杏城及嶺北突騎自和寧赴援, 越騎校尉唐小方·積弩姚良國率關中勁卒為平後繼, 姚緒統河東見兵為前軍節度, 姚紹率洛東之兵, 姚詳率朔方見騎, 並集平望, 以會于興. 使沒奕于權鎮上邽, 中軍·廣陵公斂權鎮洛陽, 姚顯及尚書令姚晃輔其太子泓, 入直西宮.」

42 岡部毅史, 2016 앞의 논문, p.183.

5) 북위 평성(平城)과 낙양의 동궁

북위가 평성에 동궁을 건설하였다는 것은 『위서(魏書)』에 명확히 기록되어 있다. 태무제(太武帝)의 통치 시기인 연화(延和) 원년(432) 7월에 동궁의 건설이 시작되었다.[43] 도무제(道武帝)가 천흥(天興) 원년(398)에 평성으로 천도한 지 약 34년만의 일이었다. 태무제가 천사(天賜) 5년(408)에 동궁에서 태어났다는 기록이 있으나 이 때의 동궁은 태자만의 거처가 아닌 황제의 거처였던 서궁 소속의 건물이었다고 추정한다.[44] 연화 원년에 건설되기 시작한 동궁은 2년 뒤에 완성되었는데 그 크기는 서궁의 1/3이었다.[45]

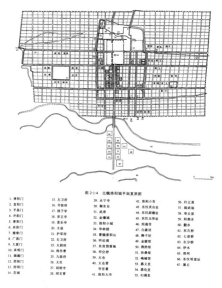

图 2-1-4　北魏洛阳城平面复原图

1. 津阳门	15. 左卫府	29. 永宁寺	42. 洛阳小市	56. 归正里
2. 宣阳门	16. 司徒府	30. 翟泉台	43. 东区美台坛	57. 阛阓城
3. 平昌门	17. 国子学	31. 武库	44. 东区辟雍坛	58. 寿丘里
4. 开阳门	18. 京正寺	32. 金墉城	45. 东区太学坛	59. 阳渠水
5. 青阳门	19. 景乐寺	33. 洛阳小城	46. 四通市	60. 榖水
6. 东阳门	20. 太庙	34. 华林园	47. 白象坊	61. 东石桥
7. 建春门	21. 护军府	35. 曹魏景阳山	48. 狮子坊	62. 七里桥
8. 广莫门	22. 右卫府	36. 听讼观	49. 金羁坊	63. 长分桥
9. 大夏门	23. 太尉府	37. 东宫领翼地	50. 燕然坊	64. 伊水
10. 承明门	24. 将作府	38. 司空府	51. 扶桑坊	65. 洛河
11. 阊阖门	25. 九级府	39. 太仓	52. 崦嵫坊	66. 东区明堂坛
12. 西阳门	26. 太社	40. 太仓市	53. 嘉义里	67. 圜丘
13. 西明门	27. 领军府	41. 洛阳大市	54. 寿化里	
14. 宣城	28. 明玄府		55. 归德里	

〈그림 7〉北魏 洛陽 復原圖
(출전: 『中國古代建築史』第2卷. 中國建築工業出版社, 2001. p.85)

43　『魏書』卷4上 世祖太武帝紀, p.81. 「(延和元年)是月, 築東宮.」

44　李海, 2015 「北魏平城中的宮城布局硏究」, p.41.

45　『魏書』卷4上 世祖太武帝紀, p.84. 「(延和 3年)秋七月辛巳, 東宮成, 備置屯衞, 三分西宮之一.」

그 위치는 평성의 동쪽이었는데[46] 현재 그 위치를 확정하지 못하고 있는 상황이다. 이는 북위 낙양의 동궁 역시 마찬가지이며 현재 복원도에서는 동궁예류지(東宮預留地)라고만 추정하고 있을 뿐이다.(〈그림 7〉 참조)

6) 북주(北周) 장안의 동궁

북주가 장안을 수도로 둔 뒤 동궁은 무제(武帝) 때 건설된 것이 분명하다. 무제는 신임한 육통(陸通)를, 동궁이 건설된 뒤 태자태보(太子太保)로 임명하였기 때문이다.[47] 이후 선제(宣帝) 때도 동궁이었으나 북주말에는 정치적 혼란으로 정제(靜帝)의 궁과 승상부(丞相府)로 사용되었다. 그 위치

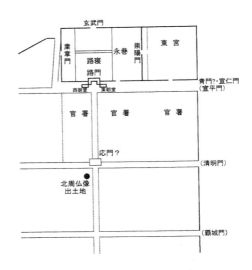

〈그림 8〉 北周 長安 復原圖 부분

[출전: 內田昌功, 「隋唐長安城の形成過程 —北周長安城との關係を中心に」, 『史朋』 46, 2003, p.5]

---

46 『南齊書』 卷57 魏虜傳, p.984. 「僞太子宮在城東, 亦開四門, 瓦屋, 四角起樓.」

47 『北周書』 卷32 陸通傳, p.560. 「武帝深嘉焉, 詔遂其所請, 以彰雅操. 逞在州有惠政, 吏人稱之. 東宮初建, 授太子太保.」

는 앞서 제시한 〈그림 6〉의 동소성으로 추정하고 있다.[48]

특히 〈그림 8〉에서 보듯이 황궁과 동궁은 궁벽에 의해 분리되어 있으나 그 사이에 있는 궁문으로 드나들 수 있어 독자적인 궁벽으로 둘러싸인 채 독립적인 공간을 구성하였던 남북조의 여러 궁과 다른 특징을 지니고 있었다.[49] 이는 수당장안성의 동궁 구조와도 비슷한 점이다.

Ⅱ. 수당장안성 동궁 건물 배치와 성격

앞에서 보았듯이 동궁이란 용어는 늦어도 동진 태원 17년(393) 건강에 동궁이 건설된 이후에 태자 혹은 태자의 거처를 가리키는 것으로 일반화된 뒤 지속적으로 사용되었다. 수당대에 들어서도 변함이 없었다는 것은 정관(貞觀, 627~649)초 태자 이승건(李承乾)이 농번기일 때 곡실(曲室) 즉 밀실 건축을 불법적으로 수개월 걸쳐 저지르자 태자좌서자(太子左庶子) 우지녕(于志寧)이 '지금 거처하고 있는 동궁은 수(隋) 때 조영한 것'이라며 그 사치와 낭비를 비판한 것에서[50] 쉽게 알 수 있다. 또한 이 사례에서 당 장안성의 동궁은 수 대흥성(大興城)의 동궁을 그대로 이은 것이라는 것도 확인된다. 수 문제(文帝)의 첫 태자인 양용(楊勇)이나 이후 그를 대신하여 태자가되어 결국 황제가 되는 양광[楊廣, 양제(煬帝)]이 모두 거주한 동궁에 당의 태자 역시 거주하였던 것이다. 이것은 당조가 수 대흥성의 기본적 구조를 이어받아 장안성으로 활용하였다는 일반적 통념에[51] 부합하는 사례

---

48 內田昌功, 2003 앞의 논문, p.5.

49 內田昌功, 위의 논문, p.6.

50 『舊唐書』卷78 于志寧殿, p.2964. 「時皇太子承乾嘗以盛農之時, 營造曲室, 累月不止, 所爲多不法. 志寧上書諫曰:……**今所居東宮, 隋日營建,** 覩之者尚譏其侈, 見之者猶歎其華. 何容此中更有修造, 財帛日費, 土木不停, 窮斤斧之工, 極磨礱之妙?……」(굵은 부분은 필자가 강조한 것임.)

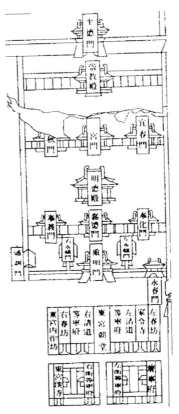

〈그림 9〉呂大防의「長安城圖」殘片 東宮 부분

[출전: 平岡武夫 編, 『唐代的長安與洛陽 地圖』, 上海考籍出版社, 1991]

이기도 하다.

그런데 수 대흥성에 대한 문헌 자료 및 출토 자료가 적으며 수 대흥성의 동궁 구조를 전하는 자료는 더욱 적은 상황이다. 따라서 수 대흥성의 동궁을 전론하기가 힘들어 당 장안성의 동궁을 중심으로 논지를 전개하며 그 과정에서 수 대흥성 동궁의 관련 기사가 있다면 그것을 함께

---

51 이 때문에 隋 大興城과 唐 長安城을 합쳐 隋唐長安城이라고 부르기도 한다. 본고에서도 이를 따르고자 한다.

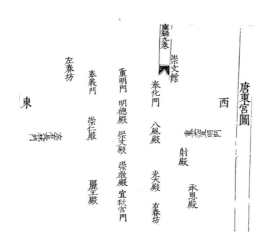

〈그림 10〉唐東宮圖

[출전: 『雍錄』(『宋元方志叢刊』1, 北京, 中華書局, 1990) 卷9 太子, p.485-上]

서술하고자 한다.

　수당장안성에서 궁성의 오른편에 있는 동궁[52] 규모를 살펴보면 『당양 경성방고(唐兩京城坊考)』에 남북 길이는 궁성의 남북과 같고 동서는 1리가 되지 않는다고 기록되어 있다.[53] 궁성의 남북 길이는 2리 270보[54], 약 1,485m이므로 동궁의 남북 길이도 그와 같고 동서 길이는 1리, 약 529m 가 되지 않는다. 그러나 고고 유지를 실측한 결과 남북 길이는 1,492.1m 이고 동서 길이는 832.2m로 판명되어 문헌 기록과 비교할 때 동서 길이 에서 차이가 있다는 것을 알 수 있다. 고고 실측 결과를 바탕으로 동궁의

52　『唐兩京城坊考』(淸 徐松 撰, 張穆 校補, 方嚴 點校, 1985 北京: 中華書局) 卷1 宮城, p.1. 「南則皇城, 北抵苑, 東爲東宮, 西爲掖庭宮.」

53　『唐兩京城坊考』卷1 宮城, p.7. 「東宮, 傅宮城之東, 南北與宮城齊, 長安志不 載東宮東西里數, 以宮城四里除皇城東西五里一百五十步, 則東宮與掖庭宮皆 當不足一里, 惟東宮較廣耳.」

54　『唐兩京城坊考』卷1 宮城, p.1. 「宮城, 東西四里, 南北二里二百七十步, 周十 三里一百八十步, 其崇三丈五尺.」

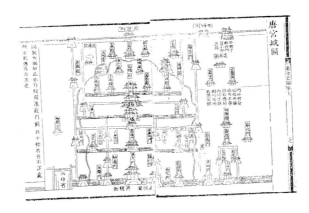

〈그림 11〉唐宮城圖

[출전: 『長安志圖』(『宋元方志叢刊』1, 北京, 中華書局, 1990) 卷上, p.207 上-下]

규모를 정리하면 남북 길이가 1,492.1m이고 동서 길이가 832.2m이어서 남북이 길고 동서가 짧은 장방형이며 둘레는 4646.6m이고 면적은 약 1.24㎢이다.

동궁의 시설 배치와 관련하여 우선 궁문(宮門)을 살펴보면 동궁의 남쪽 벽, 서쪽 벽, 북쪽 벽에 각각 궁문이 설치되었고 동쪽 벽은 궁성 전체의 동쪽 벽으로 문이 설치되어 있지 않았다. 이는 현재 동궁의 구조를 전하는 그림을 통해 쉽게 확인할 수 있다. 송(宋) 여대방(呂大防)의 「장안성도(長安城圖)」, 송 정대창(程大昌)의 『옹록(雍錄)』 「당동궁도(唐東宮圖)」와 원(元) 이호문(李好文)의 『장안지도(長安志圖)』 「당궁성도(唐宮城圖)」에 동궁의 모습이 그려져 있다.[55]

---

55 현재 隋唐長安城의 구조를 확인할 수 있는 주요 문헌은 다음과 같다. 唐代의 기록으로는 韋述의 『兩京新記』 5卷[開元 10年(722)], 『唐六典』[開元 26年(738)] 등이 있다. 宋代 宋敏求의 『長安志』 20卷[熙寧 9年(1076)], 呂大防의 「長安圖題記」 [元豊 3年(1080)], 張禮의 『游城南記』 1卷[元祐元年(1086)], 程大昌의 『雍錄』 10卷[乾道・淳熙年間(1165~1189)], 元代 駱天驤의 『類編長安志』 10卷[元貞 2年(1296)], 李好文의 『長安志圖』 3卷[至正 4年~至正 6年(1344~1146)] 淸代 徐松의

「장안성도」에 그려져 있는 동궁의 궁문은 모두 4곳이다. 동궁의 남쪽 벽의 중앙에 있는 중명문(重明門), 그 동측에 있는 영춘문(永春門), 그리고 서쪽 벽의 남측에 있는 통훈문(通訓門), 북쪽 벽의 중앙에 있는 지덕문(至德門) 등이다. 『옹록』[56] 「당동궁도」의 경우 중명문, 봉화문(奉化門), 봉의문(奉義門), 중광선명문(重光宣明門), 좌우장림문(左右長林門), 그리고 의추궁문(宜秋宮門) 등 모두 6개의 문 이름이 기록되어 있지만 이 가운데 중명문만이 『옹록』 당동궁조의 기사를 통해 남쪽의 중앙에 위치한 동궁의 정문이라는 것을 알 수 있다.[57] 한편 『장안지도』 「당궁성도」에는 모두 6곳의 궁문이 그려져 있어 「장안성도」에 비해 2곳이 더 많고 그 위치도 다르다. 남쪽 벽에 있는 영춘문은 동측이 아니라 중앙에 있고 중명문이 그 서측으로 있는 것으로 그려져 있다. 서쪽 벽의 통훈문은 남측에 있지만 그 북측에 봉황문(鳳凰門)이 추가되어 있다. 북쪽 벽에는 2곳의 궁문이 중앙과 서측에 그려져 있는데 중앙의 궁문 이름은 적혀 있지 않고 서측의 궁문은 안례문(安禮門)이라고 하였다.

『唐兩京城坊考』5卷[嘉慶 15年(1810) 序文, 道光 28年(1848) 刊本] 등이 隋唐長安城의 구조에 대해 상세한 기록을 전하고 있다. 특히 「長安圖題記」, 『雍錄』, 『長安志圖』 등은 隋唐長安城에 관한 그림을 싣고 있어 장안성의 구조를 쉽게 파악할 수 있게 해 준다. 『雍錄』에는 모두 32개의 그림이 게재되어 있다. 그 중 隋唐長安城의 구조를 그린 그림은 「隋大興宮爲唐太極宮圖」, 「閣本大明宮圖」, 「唐宮苑包漢都城圖」, 「唐西內太極宮圖」, 「唐都城內坊里古要迹圖」, 「隋唐都城龍首山分六坡圖」, 「六典大明宮圖」, 「含元殿龍尾道螭首圖」, 「東內入閣圖」, 「太極宮入閣圖」, 「東內西內學士及翰林院圖」, 「大明宮右銀臺門翰林院學士院圖」, 「學士院都圖」, 「閣本興慶宮圖」, 「宮北禁軍營圖」, 「唐東宮圖」, 「唐三苑圖」 등 17개이다. 『長安志圖』에 실린 총 18개의 그림 가운데 隋唐長安城의 구조와 관련된 그림은 「唐禁苑圖」, 「唐大明宮圖」, 「唐宮城圖」, 「城市制度」 등 4개이다.(최재영, 2014 「隋唐初 長安의 皇城內 官署 배치와 그 특징」 『중국고중세사연구』 33, pp.165~166)

56 『雍錄』의 「東內西內學士及翰林院圖」에도 東宮의 麗正殿, 集賢殿, 集仙殿 등이 그려져 있다. 하지만 宮門을 표시한 것은 없다.(『雍錄』(『宋元方志叢刊』 1, 1990 北京: 中華書局) 卷4 「東內西內學士及翰林院圖」, p.423-上)

57 『雍錄』 卷9 唐東宮, p.486-下. 「唐東宮在太極宮中, 自承天門而東其第三門曰重明門者, 則東宮正門也.」

「장안성도」와 「당궁성도」에서는 궁문의 이름과 위치가 다르게 표시되어 있는데 다른 문헌의 기록에서 이를 확인해 보면 우선 남쪽 벽 궁문의 경우 『장안지』에는 중앙에 중명문이 있다고[58] 기록되어 있고 『당양경성방고』에서는 가복문(嘉福門)이라고 하고 중명문은 가복문의 북쪽에 있는 문이라고 하였다.[59] 동궁의 남쪽 궁문의 명칭은 쉽게 확정할 수 없는 상황이지만 「장안성도」와 『옹록』「당동궁도」의 작성 연대가 『당양경성방고』의 편찬 연대에 비해 당대에 가깝고 특히 「장안성도」는 여대방이 직접 장안 지역을 돌아보며 작성한 것이라는 점에서 이들 기록을 따라 동궁의 남쪽 궁문 명칭은 중명문일 가능성이 높다고 생각한다. 한편 영춘문의 위치와 관련해서는 『장안지』와 『당양경성방고』 모두 중명문이 남쪽 중앙에 있다고 기록하고 있어 영춘문의 위치는 남쪽 벽의 동측에 있었다고 할 수 있다. 그런데 남쪽 벽에 설치된 문은 수 대흥성 때부터 중명문과 영춘문 이외에도 광운문(廣運門)이 남쪽 벽의 서측에 있었다고 하여[60] 남쪽 벽의 궁문은 3개일 가능성이 높다.

서쪽 벽 궁문의 경우 『당양경성방고』에 따르면 수나라 초기에는 건춘문이라고 칭해졌지만 뒤에 통훈문으로 개칭된 뒤 현종(玄宗)때 봉황이 통훈문에 날아 들자 현종은 조칙을 내려 봉황문(鳳凰門)으로 명칭을 바꾸도록 하였다고 한다.[61] 이 기록은 서쪽 벽 궁문으로 봉황문 하나만을 언급하고 「장안성도」의 기록과 같아 「당궁성도」의 서쪽 벽 표기는 잘못된 것이라고 추측할 수 있다.

북쪽 벽 궁문의 경우 『장안지』와 『당양경성방고』에서는 현덕문(玄德門)이

---

58 『長安志』(『宋元方志叢刊』1, 1990 北京: 中華書局) 卷6 宮室4 唐上, p.103-下. 「當宮坐者南面有重明門.」

59 『唐兩京城坊考』卷1 宮城, p.7. 「南面門爲嘉福門.……重福, 禁篇作嘉福, 長安志言宣明是嘉福所改名, 則二門爲一門名矣.」

60 辛德勇, 2009-2 「隋大興城城坊考」『燕京學報』, p.7.

61 『唐兩京城坊考』卷1 宮城, p.2. 「東面一門, 鳳凰門. 隋曰建春門, 後改通訓門. 明皇時, 鳳凰飛集通訓門, 詔改鳳凰門.」

라고 하고 있어[62] 「당궁성도」에서 이름이 적혀 있지 않은 북쪽 벽의 중앙 문의 명칭은 현덕문일 가능성이 높다. 그런데 「장안성도」의 지덕문은 수대의 명칭이기 때문에[63] 당대 어느 시점까지 사용되다가 현덕문으로 바뀌었을 것이다. 「당궁성도」에 북쪽 벽의 궁문 하나로서 표시된 안례문은 『장안지』와 『당양경성방고』에서 모두 태극궁 북문의 하나로 기록하고 있어[64] 북쪽 궁문의 서측 문을 안례문이라고 한 것은 잘못이라고 판단된다.

이상을 통해 동궁의 궁문의 수와 위치는 「장안성도」의 묘사가 타당한 듯하다. 즉 남쪽 벽 중앙의 중명문, 그 동측의 영춘문, 서쪽 벽 궁문 남측의 통훈문(후에 봉황문으로 개칭), 그리고 북쪽 벽 중앙의 지덕문(후에 현덕문으로 개칭)이라고 할 수 있다.

이어서 궁문 안쪽으로 동궁 내에 설치된 전(殿), 방(坊), 문(門), 원(院) 등 각종 건물과 그 용도를 살펴보고자 한다. 이를 위해 『장안지』, 『옹록』, 『당양경성방고』, 『유편장안지(類編長安志)』 등의 본문 기술에서 확인되는 건물을 간략히 표로 정리한 것이 〈표 1〉 수당장안성 동궁 내 건물이다.

---

62 『長安志』卷6 宮室4 唐上, p.102-下. 「東宮北門曰玄德門.」;「北面門爲玄德門.」; 『唐兩京城坊考』卷1 宮城, p.2. 「中爲定武門.……通鑑:隋文帝忌太子勇, 於玄武門達至德門量置候人.」

63 『唐兩京城坊考』卷1 宮城, p.7. 「永樂大典載太極宮東宮圖, 北面爲至德門. 按至德門當是隋時舊名, 見前定武門下注.」

64 『長安志』卷6 宮室4 唐上, p.102-上. 「北面三門, 正北曰定武門, 次東曰安禮門, 東宮北門曰玄德門.」;『唐兩京城坊考』卷1 宮城, p.2. 「北面二門, 中爲定武門, 定武門東安禮門.」

〈표 1〉 隋唐長安城 東宮 내 건물

자료	건물 종류	건물 명칭
『장안지』	전(殿)	명덕전(明德殿), 숭교전(崇敎殿), 여정전(麗正殿), 광대전(光大殿), 승은전(承恩殿), 숭문전(崇文殿), 숭인전(崇仁殿), 팔풍전(八風殿), 사전(射殿)
	방(坊)	좌춘방(左春坊), 우춘방(右春坊)
	문(門)	가덕문(嘉德門), 좌가선문(左嘉善門), 우가선문(右嘉善門), 좌영복문(左永福門), 우영복문(右永福門), 선명문(宣明門), 봉화문(奉化門), 서봉화문(西奉化門), 좌장림문(左長林門), 우장림문(右長林門)
	궁(宮)	의춘궁(宜春宮), 의추궁(宜秋宮)
	원(院)	명부원(命婦院), 정자원(亭子院), 산지원(山池院), 불당원(佛堂院), 장생원(長生院)
	관(館)	숭문관(崇文館)
	기타	전선주(典膳廚)
『옹록』	전(殿)	명덕전, 여정전
	방(坊)	좌춘방, 우춘방
『유편장안지』	전(殿)	명덕전, 숭교전, 여정전, 광대전, 승은전
	원(院)	의춘북원(宜春北院)
『관중승적도지』	전(殿)	명덕전, 여정전, 숭교전, 광대전, 승사전, 숭문전, 숭인전, 팔풍전, 사전
	방(坊)	좌춘방, 우춘방
	문(門)	선명문, 가덕문, 동봉화문(東奉化門), 서봉화문, 좌영복문, 우영복문, 좌가선문, 우가선문, 의춘문(宜春門), 좌장림문, 우장림문
	궁(宮)	의춘궁, 의추궁
	원(院)	명부원, 정자원, 산지원, 불당원
	원(苑)	의춘북원(宜春北苑)
	관(館)	숭문관
	기타	전선주
『당양경성방고』	전(殿)	가덕전(嘉德殿), 숭교전, 여정전, 숭인전, 숭문전, 광천전, 승은전, 팔풍전, 사전
	방(坊)	좌춘방, 우춘방, 내방(內坊)
	문(門)	가덕문, 좌영복문, 우영복문, 좌가선문, 우가선문, 봉화문, 봉의문(奉義門)
	궁(宮)	의춘궁, 의추궁
	원(院)	명부원, 정자원, 산지원, 불당원, 장생원
	원(苑)	의춘북원(宜春北苑)
	관(館)	숭문관
	기타	전선주

〈표 1〉을 통해 동궁 내에 세워진 건물은 사료에 따라 크게 차이가 없다는 알 수 있다. 다만 명칭이 다른 것이 있다. 그 이유로 우선 이름이 바뀐 것을 들 수 있다. 그 예가 명덕전(明德殿)이다. 명덕전은 동궁의 정전(正殿)인데 원래 명칭은 가덕전(嘉德殿)이었지만[65] 현덕전(顯德殿)라고도 하였으나 중종(中宗)의 이름 이현(李顯)을 피휘하여 명덕전이 되었던 것이다.[66] 그런데 서봉화문(西奉化門)과 효의문(孝義門)의 경우 앞서 제시한「장안성도」, 『옹록』의「당동궁도」, 『장안지도』의「당궁성도」에서는 모두 같은 위치에 그려놓아 서봉화문과 효의문은 같은 것임을 알 수 있다. 하지만 그 명칭이 어떤 과정에서 바뀌었는지 전해주는 자료는 현재로서는 확인하지 못하였다.

또한 표기의 오류에서 비롯되었을 것으로 추정되는 것도 있다. 의춘북원(宜春北院)과 의춘북원(宜春北苑)이 그것이다. 전자는『장안지』와『유편장안지』에 기록되어 있고 후자는『관중승적도지(關中勝蹟圖志)』와『당양경성방고』에 기록되어 있어 어느 한쪽이 표기를 잘못한 것으로 추정되지만 어느 쪽이 정확한 표기인지는 확정하기란 쉽지 않다. 그러나『당양경성방고』의 찬자인 서송(徐松)이 의춘북원(宜春北苑)을 북원(北苑)이라는 표현 때문에 건물이 아니라 일종의 원림(園林)으로 파악한 것에 대해서는 의문스럽다. 서송은『자치통감』의 호삼성 주를 인용하며 의춘북원이 천보(天寶)년간(742~756)에 설치되었다고 하였는데[67] 이와 관련하여『유편장안지』의 기사가 주목된다. 즉 천보년간에 현종이 궁녀 수백 명을 이원제자(梨園弟子)로 삼아 모두 의춘북원(宜春北院)에 거처하도록 했다고 하였기 때

---

65 『長安志』卷6 宮室4 唐上, p.103-下.「東宮正殿曰 明德殿, 本名嘉德殿. 東廊, 左嘉善門, 西廊, 右嘉善門. 疑此殿卽顯德殿. 太宗卽位之殿, 後避中宗名改也. 沅案: 唐書太宗本紀武德九年卽位于顯德殿, 會要正作明德殿.」

66 『關中勝蹟圖志』(淸 畢沅 撰, 張沛 點校, 2004 西安:三秦出版社) 卷5 西安府 古蹟 宮闕 p.154.「玉海: 則顯德殿, 中宗諱顯, 爲太子時改曰明德.」

67 『唐兩京城坊考』卷1 宮城, p.8.「宜春之北爲北苑. 通鑑注: 天寶中, 則東宮置 宜春北苑. 按旣曰北苑, 當在宜春宮之北.」

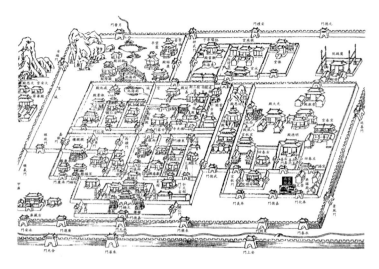

〈그림 12〉 唐西內圖

[출전: 『關中勝蹟圖志』(淸 畢沅 撰, 張沛 點校, 2004 西安:三秦出版社),
卷5 西安府 古蹟 宮闕, pp.150～151]

문이다.[68] 이를 통해 의춘북원(宜春北院)은 원림이라기 보기 어려우며 오히
려 건물이라고 할 수 있다.

홍미롭게도 〈그림 12〉 『관중승적도지』의 「당서내도(唐西內圖)」에는 의
춘북원(우측 하단의 검은 책 부분)이 건물로 그려져 있어 의춘북원은 건물일
가능성이 높다.

동궁 내 설치된 건물의 위치에 관해서는 〈그림 13〉이 참고할 만하다.
이 그림에서 구현한 것은 8세기 장안성의 궁성과 황성이기 때문에 동궁
부분이 수 대홍성의 동궁 구조나 당나라 초기 장안성의 동궁 구조를
반영하고 있는 것은 아니다. 하지만 수당초 이후 동궁 구조를 바꾸거나
보수하는 기사가 없기 때문에 수당초 동궁 구조가 8세기까지 그대로 이어

---

68 『類編長安志』(元 駱天驤 撰, 黃永年 點校, 1990 北京: 中華書局) 卷2 東宮, p.62.
「宜春北院. 譚賓錄: 天寶中, 玄宗命宮女數百又爲梨園弟子, 皆居宜春北院.」

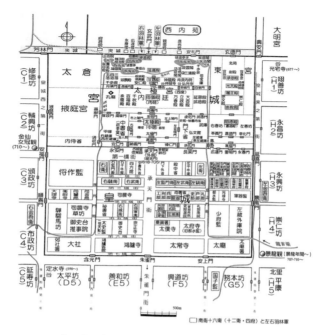

〈그림 13〉 8세기 唐 長安城의 宮城과 皇城

[출전: 妹尾達彦, 2014「東アジア都城時代の形成と都市網の變遷」
『アフロ・ユーラシア大陸の都市と國家』, 中央大學出版部, p.165]

진 것으로 보아도 크게 무리는 없을 것이다.

〈표 1〉에 제시된 건물 가운데 그 용도가 사료상 확인되는 것이 몇 개 있다. 우선 명덕전이다. 이곳은 당 고조(高祖)가 태자 이세민(李世民)에게 황위를 넘겨준 곳이자 태자 이세민이 황제로 즉위한 곳이다. 이를 통해 앞서 언급했듯이 명덕전이 동궁의 정전으로서 위상을 지녔다는 점을 확인할 수 있다.

숭교전(崇敎殿)은 본래 명칭이 홍교전(弘敎殿)으로 고종(高宗)의 아들 태자 이홍(李弘)을 피휘하여 이름을 바꾼 것으로 보이며[69] 명덕전의 북쪽에 위

<hr>

69 『舊唐書』卷89 王方慶傳, p.2901.「今東宮殿及門名, 皆有觸犯, 臨事論啟, 迴

치하며 명덕전 다음으로 큰 대전이다. 이곳에서는 태자가 연회를 거행하기도 하였다. 무덕(武德) 9년(626) 9월 이세민은 진왕부(秦王府)의 관리 및 학사(學士)에게 연회를 베풀었으며 정관 17년(643) 11월 28일에 황태손(皇太孫)이 탄생하자 태자 이치(李治)가 관료에게 연회를 거행하였고 태종(太宗)도 참여하기도 하였다.[70]

여정전(麗正殿)은 숭교전 북쪽에 위치하였는데 정관 2년(628) 6월에 고종 이치(李治)가 태어난 곳이기도 하였으며[71] 개원(開元)초에는 서적이 편찬된 곳이기도 하였다.[72] 광대전[光大殿, 광천전(光天殿)]의 경우 현종이 승려 일행(一行)선사에게 이곳에서 대연력(大衍曆)을 찬술하도록 하였고[73] 승은전(承恩殿)은 개원 8년(720) 일행선사가 현종의 명을 받아 『역경』의 주석을 단 곳이었다.[74]

避甚難. 孝敬皇帝為太子時, 改弘教門為崇教門; 沛王為皇太子, 改崇賢館為崇文館.」;『舊唐書』卷5 高宗本紀, p.100. 「(上元二年)五月己亥, 追諡太子弘為孝敬皇帝.」『舊唐書』卷89 王方慶傳에서는 홍교문(弘教門)이 숭교문(崇教門)으로 바뀌어졌다고 하여 홍교전을 직접 언급하고 있지 않으나 그 변경 이유가 피휘라는 점에서 홍교전 역시 숭교전으로 바뀌었을 것으로 추측된다.

70 『唐會要』(2006 上海: 上海古籍出版社) 卷4 皇太孫, p.55. 「貞觀十七年十一月二十八日, 誕皇太孫, 宴宮寮于弘教門. 太宗幸東宮, 自殿北門入,……謂太子: 爾國之儲貳, 府牆是同, 金玉綺羅, 不足為賜. 但先聖典籍, 可為鑑誡耳.」

71 『舊唐書』卷3 高宗紀, p.65. 「高宗天皇大聖大弘孝皇帝, 諱治, 太宗第九子也. 母曰文德順聖長孫皇后. 以貞觀二年六月, 生於東宮之麗正殿.」 아들 이치가 동궁에서 태어난 것과 관련하여 당 태종이 황제에 오른 뒤에도 동궁에 한 동안 머물렀을 가능성이 높다. 아버지 고조가 태극궁을 벗어나 태종이 진왕(秦王)일 때 거주하던 홍의궁[弘義宮, 대안궁(大安宮)]으로 거처를 옮긴 것이 정관 3년(629) 4월이며 그 뒤에 태종이 태극전에서 비로소 정무를 맡았기 때문이다.(『舊唐書』卷1 高祖紀, p.17. 「徙居弘義宮, 改名大安宮.」;『舊唐書』卷2 太宗紀, p.36. 「(貞觀三年)夏四月辛巳, 太上皇徙居大安宮. 甲午, 太宗始於太極殿聽政.」;『長安志』卷6 宮室4, p.103-上. 「大安宮太宗初居承乾殿. 武德五年, 高祖以秦王有克定天下功, 特降殊禮, 別建此宮以居之, 號弘義宮.」)

72 『類編長安志』卷2 東宮, p.62. 「在崇教殿之北. 高宗降誕此殿. 開元初, 詔此繕寫古今圖籍統紀.」

73 『類編長安志』卷2 東宮, p.62. 「在麗正北. 明皇始造沙門一行禪師於光大殿撰大衍曆.」

74 『類編長安志』卷2 東宮, p.62. 「在光大殿院內, 明皇居春宮造. 開元八年, 勅一

이러한 건물 몇 개에 대한 짧은 기사를 통해 동궁 구조의 성격을 파악하기란 쉽지 않다. 그런데 태극궁의 구조가 그 실마리가 될 수 있을 듯하다. 〈그림 13〉에 그려져 있듯이 태극궁의 구조와 동궁의 구조가 비슷한 것처럼 보이기 때문이다. 수당장안성의 중축선 위에 태극전(太極殿)-양의전(兩儀殿)-감로전(甘露殿)이 위치하며 좌우 대칭 구조의 핵심인 것처럼 동궁의 구조에서도 동궁의 중축선 위에 명덕전-숭교전-여정전이 위치하고 다른 건물도 그에 따라 좌우에 대칭적으로 배치되어 있는 것으로 보여진다.

이와 더불어 각 전각의 용도를 비교하면 우선 명덕전처럼 태극전에서 황제가 즉위하였다는 것은 쉽게 확인할 수 있다. 그 예로 고조,[75] 고종,[76] 덕종(德宗),[77] 순종(順宗),[78] 목종(穆宗),[79] 등을 들 수 있다. 양의전은 황제가 일상적으로 정무를 보는 곳이지만[80] 숭교전처럼 고조가 태상황(太上皇)이던 정관 8년(634)에 이곳에서 서돌궐(西突厥) 사신에게 연회를 베풀거나[81] 고종이 재상 및 홍문관(弘文館) 학사를 이곳으로 부른 일도[82] 있었다. 그리고 궁성의 안쪽으로 들어갈수록 그곳은 황제의 침전이라는 점과

行禪師於院注易.」

[75] 『舊唐書』 卷1 高祖紀, p.6. 「(義寧二年五月)甲子, 高祖卽皇帝位於太極殿.」

[76] 『舊唐書』 卷78 張行成傳, p.2705. 「太宗崩, 與高季輔侍高宗卽位於太極殿梓宮前.」

[77] 『舊唐書』 卷12 德宗紀, p.319. 「大曆十四年五月辛酉, 代宗崩. 癸亥, 卽位於太極殿.」

[78] 『舊唐書』 卷14 順宗紀, p.425. 「貞元二十一年正月癸巳, 德宗崩, 丙申, 卽位於太極殿.」

[79] 『舊唐書』 卷16 穆宗紀, p.475. 「(元和)十五年正月庚子, 憲宗崩. 丙午, 卽皇帝位於太極殿東序.」

[80] 『長安志』 卷6 宮室 4 唐上, p.102-下. 「其內曰兩儀殿, 在太極殿後隋曰中華殿, 至貞觀五年改, 常日聽政視事卽臨此殿.」

[81] 『舊唐書』 卷1 高祖紀, p.17. 「貞觀八年三月甲戌. 高祖讌西突厥使者於兩儀殿, 顧謂長孫無忌曰: "當今蠻夷率服. 古未嘗有.」

[82] 『舊唐書』 卷73 令狐德棻傳, p.2598. 「時高宗初嗣位, 留心政道, 嘗召宰臣及弘文館學士於中華殿而問曰: "何者為王道·霸道? 又孰為先後?"」

개인적 공간이라는 성격이 강해진다는 점에서 감로전 역시 그러한 성격을 띤 것으로 보인다. 건원(建元) 3년(760) 태상황이던 현종이 감로전에 이주하면서 거주한 것이[83] 그 예라고 할 수 있다. 이러한 감로전에서 벌어진 일은 여정전에서 왕자가 태어났다는 황제의 개인사가 일어난 것과 비슷한 모습이라고 할 것이다. 즉 동궁에서, 중조(中朝)인 태극전에 해당하는 것이 명덕전이고 내조(內朝)인 양의전에 해당하는 것이 숭교전이며 그 북쪽으로는 태자의 개인적 공간이 태극궁처럼 배치되었다고 볼 수 있다. 동궁의 전(殿) 배치 구조는 태극궁의 전(殿) 배치 구조를 따른 것으로 태자는 차기 황제라는 위상에 부합하는 구조를 갖춘 셈이다.

이러한 동궁 구조의 성격은 단지 전(殿)의 배치에만 한정된 것이 아니다. 동궁 내의 설치된 좌춘방(左春坊)과 우춘방(右春坊)의 위치와 그 기능이 동궁에 대한 이러한 주장을 뒷받침하는 또 하나의 단서인 것처럼 보인다.

좌춘방과 우춘방은 단순한 건물이 아니라 태자와 관련된 업무를 담당하는 관서이다. 태자에 관한 업무를 맡은 관서로는 좌춘방과 우춘방 이외에도 태자삼사(太子三師), 태자삼소(太子三少), 태자빈객(太子賓客), 태자첨사부(太子詹事府), 태자사직(太子司直), 태자내방(太子內坊), 태자내궁(太子內官), 태자가령시(太子家令寺), 태자솔경시(太子率更寺), 태자복시(太子僕寺), 태자좌우위솔부(太子左右衛率府), 태자좌우사어솔부(太子左右司禦率府), 태자좌우청도솔부(太子左右淸道率府), 태자좌우감문솔부(太子左右監門率府), 태자자우내솔부(太子左右內率府) 등이 있다.[84] 이 가운데 좌춘방과 우춘방이 주목되는 것은 동궁 속관 가운데 두 관서만이 동궁 안에 설치되어 있다는 점이다. 그 이유를 추적하기 위해 우선 좌춘방과 우춘방의 기본적인 직장을 확인할 필요가 있다.

좌춘방의 책임자는 태자좌서자(太子左庶子)로서 그 품계는 정4품상이다.

---

83 『舊唐書』 卷9 玄宗紀, p.235. 「乾元三年七月丁未, 移幸西內之甘露殿.」
84 『舊唐書』 卷44 職官3, pp.1906~1911.

그 주된 직장은 태자를 시종하고 의례를 돕고 태자에게 올리는 상주문을 논박하고 문서의 봉인과 제서(題書)를 살펴보는 것이었다.[85] 우춘방의 책임자는 태자우서자(太子右庶子)로서 그 품계는 태자좌서자보다 한 등급 낮은 정4품하이다. 그 주된 직장은 태자를 시종하고 태자에게 상주문을 헌납하며 태자가 내리는 문서와 말을 선전하는 것이었다.[86] 좌춘방과 우춘방은 문서를 통해서 전개되는 태자의 명을 관장한다고 할 수 있다. 그런데 이는 문하성(門下省)과 중서성(中書省)의 기능과도 매우 비슷하다.[87] 문하성의 실질적인 책임자인 문하시중(門下侍中)은 문안을 모두 심의하며 황제의 문서를 봉인하고 서명하여 상서성(尙書省)에게 보내는 일을 맡고 있었다.[88] 중서성의 책임자인 중서령(中書令)은 황제의 뜻이 담긴 문서를 선전하는 것이다.[89]

그렇다면 앞서 언급했듯이 동궁의 주요 전(殿) 배치가 태극궁의 전(殿) 배치를 따랐듯이 좌춘방과 우춘방의 배치 역시 문하성와 중서성의 배치와 비슷할 런지가 궁금하지 않을 수 없다. 궁성의 모습이 잘 그려져 있는 〈그림 13〉을 통해서 좌춘방과 우춘방은 명덕전의 왼쪽과 오른쪽에 각각 있었고 문하성와 중서성은 태극전의 왼쪽과 오른쪽에 있다는 것을 알 수 있다. 동궁의 구조는 기본적으로 태극궁의 구조를 그대로 따라 이루어졌

---

85 『唐六典』(唐 李林甫 等編: 陳仲夫 點校, 1992 北京: 中華書局) 卷26 太子左春坊, pp.663~664. 「太子左春坊, 左庶子, 正四品上.……左庶子之職, 掌侍從, 贊相禮儀, 駁正啓奏, 監省封題.」

86 『唐六典』 卷26 太子右春坊, p.670. 「太子左春坊, 左庶子, 正四品下.……右庶子之職, 掌侍從左右, 獻納啓奏, 宣傳令言」

87 左春坊의 太子右庶子 직무가 門下侍中의 직무와 비슷하고 右春坊의 太子右庶子 직무가 中書令과 유사하다는 점에서는 김호, 2005「唐代 太子府의 構造와 運營」『中國史硏究』 36, pp.116~117에 구체적으로 설명되어 있다.

88 『唐六典』 卷8 門下侍中, p.242. 「皆審署申覆而施行焉. 覆奏畫可訖, 留門下省爲案. 更寫一通, 侍中注'制可', 印縫, 署送尙書省施行.」

89 『唐六典』 卷9 中書令, p.274. 「皆宣署申覆而施行焉.」;『舊唐書』 卷43 職官2, p.1848. 「凡王言之制有七: 一曰冊書, 二曰制書, 三曰慰勞制書, 四曰發敕, 五曰敕旨, 六曰論事敕書, 七曰敕牒, 皆宣署申覆而施行之.」

던 것이다.

이런 동궁의 구조 성격은 동궁의 범위를 벗어나서도 확인된다. 바로 동궁 앞에 있는 동궁 속관의 배치 역시 태극궁 앞에 있는 중앙 관서의 배치와 비슷하기 때문이다. 태극궁과 동궁 앞에는 그것을 경비하는 군을 중점적으로 배치한 점, 문하외성(門下外省)·중서외성(中書外省)과 좌춘방·우춘방이 각각 있는 점 등이 그것이다. 더구나 동궁 속관인 태자부(太子府)는 중앙관부를 축소한 것이며 그 조직도 중앙 조직과 비슷하여 태자부는 황제가 되기 전 황제 연습을 하는 훈련장이라는 지적도[90] 참고하면 수당 장안성의 동궁은 태극궁의 구조를 좇아 태자의 위상 및 태자의 황제 준비에 걸맞게 구성되어 있었다는 것이 더욱 분명해진다.

맺음말

수당장안성의 동궁은 태자의 거처로서 중국 역대 도성의 대표적인 동궁이라고 할 수 있다. 그런데 동궁이란 처음부터 태자 혹은 태자의 거처만을 지칭한 것은 아니었다. 선진시대에는 제후 혹은 동쪽 건축물에 대한 범칭으로 사용되었으며 전한대까지만 해도 태자 이외에 황태후나 황태후의 거처를 지칭하기도 하였다. 동궁이 태자 혹은 그 거처로만 점차 사용되기 시작한 것은 후한대부터이다. 이는 위진남북조시대에 들어서면서 정착하여 당대까지도 이어졌다.

또한 위진남북조시대의 동궁 구조를 살펴보면 현재 문헌 기록과 고고 발굴 자료의 한계로 각 왕조의 동궁 내부 구조를 명확하게 확인하기란 어렵다. 다만 서진 낙양의 동궁, 남조 건강의 동궁은 황제가 거처하는

---

90 김호, 2005 앞의 논문, p.120.

궁과 떨어져 독립적으로 건설되었다는 것은 명확하다. 또한 북위 평성의 동궁 역시 황제의 궁과 떨어져 건설되었을 가능성은 높으며 북위 낙양의 동궁으로 추정하는 곳 역시 궁성과는 떨어져 있었다. 북주 장안의 동궁에 이르러서야 동궁이 궁성에 붙어 있었을 것으로 추정된다. 결국 위진 남북조시대의 동궁 위치는 대부분 궁성의 동쪽에 있지만 궁성과 접해 있지 않았다가 북주 때에 비로소 궁성에 붙어 있었다고 할 수 있다.

수당장안성의 동궁 구조에 관해서는 기존 문헌 사료와 그에 부속된 그림을 통해 어느 정도 그 모습을 확인할 수 있다. 그 가운데 동궁에 설치된 건물의 배치에 주목하여 동궁 구조를 살펴보면 태극궁의 구조와 기본적으로 같다는 것을 알 수 있다. 동궁의 주요 전(殿)과 동궁 소속의 관서가 태극궁의 건물 배치를 그대로 쫓아 위치하였음이 분명하다. 수당 장안성의 동궁은 차기 황제라는 태자의 위상에 걸맞게 그 구조를 갖추려고 했다고 할 수 있다.

또한 수당장안성의 동궁은 위진남북조시대의 동궁에 비해서는 명확하게 태극궁 옆에 붙어 있는 점이 특색이다. 이는 수당장안성에서 궁성과 황성이 접하고 황성 내에 중앙 관서가 밀집한 것이 중국 도성사의 특징이라는 점과 연관하여서도 주목할 만하다. 황제의 태극궁을 중심으로 중앙 관서만이 아니라 태자 관련 건축물까지도 일원화하여 황제 중심의 도성을 구축하려고 했다는 점이 수당장안성의 동궁 구조에서 확인되기 때문이다.[91]

---

91 본 논고는 『역사와 세계』 51호(2017년 6월 간행)에 게재한 「중국 수당장안성 동궁의 구조와 성격-위진남북조 도성의 동궁과 연관하여」을 약간 수정한 것이다.

참고문헌

『漢書』(이하 正史는 中華書局 標點校勘本임)

『後漢書』

『晉書』

『宋書』

『南齊書』

『魏書』

『北周書』

『舊唐書』

『建康實錄』(唐 許崇 撰, 張忱石 點校), 1986 北京: 中華書局.

『關中勝蹟圖志』(淸 畢沅 撰, 張沛 點校), 2004 西安: 三秦出版社.

『洛陽伽藍記』(北魏 楊衒之 撰, 范祥雍 校注), 1978 上海: 上海古籍出版社.

『唐兩京城坊考』(淸 徐松 撰, 張穆 校補, 方嚴 點校), 1985 北京: 中華書局.

『唐六典』(唐 李林甫 等編: 陳仲夫 點校), 1992 北京: 中華書局.

『唐會要』, 2006 上海: 上海古籍出版社.

『十三經注疏 · 春秋左氏傳正義』, 1999 北京: 北京大學出版社.

『類編長安志』(元 駱天驤 撰, 黃永年 點校), 1990 北京: 中華書局.

『雍錄』(『宋元方志叢刊』 1), 1990 北京: 中華書局.

『資治通鑑』, 1976 北京: 中華書局.

『長安志』(『宋元方志叢刊』 1), 1990 北京: 中華書局.

『通典』, 1988 北京: 中華書局.

『河南志』(淸 徐松 輯, 高敏 點校), 1994 北京: 中華書局.

세오 다츠히코 지음, 최재영 옮김, 2006 『장안은 어떻게 세계의 수도가 되었나』, 황금가지.

傅熹年 主編, 2001 『中國古代建築史』 第2卷, 中國建築工業出版社.

張軍 · 龐駿 『中古儲君制度研究』, 2015 北京: 民族出版社.

김호, 2005 「唐代 太子府의 構造와 運營」, 『中國史研究』 36.

최재영, 2010 「中國 前近代 도성구조와 도성 변화」, 『歷史學報』 207.

최재영, 2014 「隋唐初 長安의 皇城內 官署 배치와 그 특징」, 『중국고중세사 연구』 33.

郭永吉, 2006 「先秦兩漢東宮稱謂考」, 『文與哲』 8.

龐駿, 2013-3 「東晉建康東宮主體官署建築格局」, 『閱江學刊』.

李海, 2015 「北魏平城中的宮城布局研究」, 「山西大同大學學報(社會科學版)』 29-3.

岡部毅史, 2013 「六朝建康東宮攷」, 『東洋史研究』 72-1.

岡部毅史, 2016 「漢晉五胡十六國期の東宮と西宮」, 『中國都市論への挑動』, 汲古書院.

内田昌功, 2003 「隋唐長安城の形成過程-北周長安城との關係を中心に」, 『史朋』 46.

妹尾達彦, 2014 「東アジア都城時代の形成と都市網の變遷」, 『アフロ·ユーラシア大陸の都市と國家』, 中央大學出版部.

小林 聰, 2007 「晋南朝における宮城の構造と政治空間—入直制度と"內省"に関する一試論」, 『近世·近代日本社会の展開と社会諸科学の現在』, 新泉社.

05

고대 일본의 동궁(東宮)에 관한 연구

• • •

강 은 영 (전남대학교 인문대학 사학과 교수)

머리말

　　고대 일본에서 동궁은 율령과 같은 법적 근거의 정립, 동궁(東宮)-춘궁방(春宮坊)으로 이루어진 동궁 관인기구의 확립, 그리고 도성제에 의한 거소로서 동궁(東宮=春宮)의 확정 등[1]을 성립기반으로 한다. 율령과 같은 법적 근거와 동궁-춘궁방제의 확립은 천황의 후계자로서의 태자제 성립을 의미하고, 태자의 거소로서의 동궁확정은 중국 도성제를 모방한 궁도제[2]의 확립과 궤를 같이 한다고 할 수 있다. 본고에서는 고대 일본의

1　本間 滿, 2014 「草壁皇子の立太子について」『日本古代皇太子制度の研究』, 雄山閣, p201.

동궁에 대한 고찰을 위해 도성제의 발달과정 속에서의 동궁과 왕위계승 원리의 성립과정 속에서의 황태자제도가 어떠한 관계를 가지고 있는지를 살펴보고, 차기왕위 계승자인 황태자제도의 확립과정과 황태자의 거소로서의 동궁의 등장을 정합적으로 고찰하고자 한다.

고대 일본에서는 이른 시기부터 대왕이나 왕의 존재가 거주하는 「궁(宮)」과 일체화되어 나타난다. 5~6세기대의 금석문 중의 하나인 사이타마 이나리야마고분(埼玉稻荷山古墳) 출토 철검의 금상감 명문에는 「와카타케루대왕(獲加多支鹵大王)」이 「시키궁(斯鬼宮)」에서 통치하였다고 하였으며, 와카야마 스다하치만진자(和歌山隅田八幡神社) 소장 인물화상경(人物畫像鏡) 명문에는 「오호도왕(男第王)」이 「오시사카궁(意柴沙加宮)」에 있을 당시 거울을 만들었다고 기록하였다. 또한 『고사기』의 「제기(帝紀)3」에 해당하는 부분에는 반드시 각 천황마다 왕권의 소재지인 궁명을 표기하고 있다. 이러한 이유로 고대의 궁과 관련하여 「역대천궁(歷代遷宮)」의 문제가 제기되었다. 역대천궁론4에 의하면, 역대 천황은 반드시 적어도 한번은 새로운 궁을 조영하여 옮기고, 같은 궁이 2대 이상 계속해서 황궁이 되는 일은 7세기 중반 고교쿠천황(皇極天皇)의 아스카이타부키궁(飛鳥板蓋宮)이 중

---

2 궁도라는 용어는 '궁실·도성' 혹은 '궁전·도성'을 축약한 것으로서 기시 도시오(岸俊男)가 제창한 조어다. 궁실·궁전의 '궁(宮)'은 '실(室)'과 동의어로 주거, 특히 천자의 거주지를 의미하며, 일본식 훈독(和訓)으로는 '미야'라고 읽어 '야(屋)'에 존경을 표하는 접두어인 '미(御)'가 더해진 것으로 해석하였다. 이에 대해 도성의 '도(都)'는 천자가 거주하는 취락이 원뜻이고, 일본식 훈독으로는 '미야코'라고 읽고 있는데, 이것은 '미야(宮)'에 장소를 나타내는 '코'가 붙은 것이다. 이처럼 '궁(미야)'은 단순히 천자가 거주하는 건물을 의미하는 것에 지나지 않지만, '미야코(都=京)'는 그러한 궁이 있는 일정한 지역을 나타내는 용어로서 사용되고 있다. 오늘날 일본사학계에서는 일본 고대 도성을 지칭하는 용어로서 '궁도'라는 용어를 보다 일반적으로 사용하고 있다 (岸俊男, 1993 『日本の古代宮都』, 岩波書店).

3 제기(帝紀): '구사(舊辭)'와 함께 『고사기』·『일본서기』가 성립되기 전인 6세기 중반 경에 성립한 야마토국의 성립기에 관한 사적 전승이다. 제기는 각 천황의 즉위·궁호·후비 자녀 등에 관한 기사와 약간의 치적을 기술한 것이고, 구사는 신화와 전승에 관한 것이다.

4 岸俊男, 1993 『日本の古代宮都』, 岩波書店, pp.12~13; 岩永省三, 2008 「內裏改作論」 『九州大學綜合研究博物館研究報告』 6, 九州大學.

조(重祚)한 사이메이천황(齊明天皇)[5]에 의해 사용된 예를 제외하면, 후지와라궁(藤原宮)의 시대에 이르러서야 가능하였다고 한다. 역대천궁이 행해진 이유에 대해서는 (1) 건물의 내구연한(耐久年限)에 의한 설, 즉 굴립주건물[6]은 일정 연한이 지나면 교체해야 하기 때문으로 이세신궁에 보이는 식년천궁[7]이 그 대표적인 예이고, (2) 부자별거제에 의한 설, 즉 당시 부친인 천황과 아들인 황자가 따로 살고 있었기 때문에 부제(父帝)가 사망하면, 황자는 새롭게 자신의 궁에서 즉위한다는 것이며, (3) 사예(死穢)[8]를 피하기 위한 설, 천황의 주거로서의 궁이 사예(死穢)를 입었다는 생각과 그보다도 천황가에 전해지는 신보(劍鏡)의 봉안소로서의 궁이 부정을 탔기 때문이라는 사고가 존재하였고, (4) 새로운 천황 즉위 시, 적당한 땅을 복정(卜定)하여, 그곳에 다카미쿠라(壇場)[9]를 설치하여 즉위식을 행하고 궁지로 정하는 관행이 있었다는 설 등이 논의되었다.

그러나 최근 축적된 발굴 자료와 문헌사학의 성과를 집대성한 연구에 의하면, 적어도 7세기 아스카의 천황궁이 '역대천궁'되었을 가능성은 적고 거의 같은 지역에 계속적으로 조영되었을 가능성이 제기되었다.[10]

---

5   사이메이천황: 『일본서기』에 따르면, 642년 남편인 죠메이천황(舒明天皇)의 뒤를 이어 고교쿠천황(皇極天皇)으로서 645년까지 재위하였으나, '을사의 변'을 계기로 동생 고토쿠천황(孝德天皇)에게 일시 양위하였다가 655년 사이메이천황으로서 재차 즉위(重祚)하였다.

6   굴립주건물(堀立柱建物): 지면에 구멍을 파서 초석을 사용하지 않고 그대로 기둥(굴립주)을 세워 지면을 바닥으로 사용한 건물을 말한다.

7   식년천궁(式年遷宮): 신사에서 일정 연수를 정해 신전(新殿)을 조영하고, 구전(舊殿)에서 모시던 신체를 신전으로 옮기는 것이다. 이세신궁의 예가 유명하다. 이세신궁은 천무14년(685)부터 20년마다 식년천궁이 이루어졌다고 한다.

8   사예: 케가레(穢) 관념 중의 하나. 종교적인 관념으로 일상 보통의 것과 구별하여 특별하고 신성시하는 것을 '터부(taboo)'라고 하는데, 신성한 것 중에는 청정한 것과 부정한 것이 존재하고, 그 중 부정한 것이 '케가레'이다. '케가레'는 죄와 동일시되고, 접촉에 의해 옮기 때문에 격리하여 배제할 필요가 있다. '케가레'의 원인은 다양한데, 죽은 사람이나 피, 더러운 병, 종기 등이 있다. 이중 죽음에 의한 부정을 '사예'라고 한다.

9   다카미쿠라(壇場=高御座): 조정에서 중요한 의식이 이루어질 때 천황이 사용한 어좌(御座)를 일컫는다.

기시 도시오(岸俊男)에 의해 복원된 7세기 최초의 궁인 오하리다궁(小墾田宮)의 구조(大殿–閣門=大門–朝庭·廳(朝堂)–門=南門=宮門 즉 대전–합문–조당–남문)는 훗날 중국의 도성제를 도입한 궁실과 연결되는 요소를 이미 갖추고 있어서, 이후 7세기 아스카 지역에 조영된 궁실은 후지와라궁(藤原宮)의 원초적 모습을 지니고 있다고 할 수 있을 것이다. 그렇다면 7세기 아스카 지역의 궁실에서 율령체제하의 동궁의 본원적인 모습을 확인할 수 있을지도 모른다.

한편 황태자 제도와 관련하여 선구적인 나오키 코지로(直木孝次郎)의 연구[11]를 시초로 다양한 논의가 진행되었다. 일반적으로 7세기후반부터 율령제의 도입으로 인해 황태자제도가 성립되어 간다고 보고, 황태자 제도의 성립이전에는 게이타이천황(繼體天皇) 대의 마가리노오에 황자(勾大兄皇子)부터 나카노오에 황자(中大兄皇子)가 즉위할 때까지 대형제(大兄制)가 기능하였다고 이해하는 시각이 정착하였다. 대형제(大兄制)의 기본적인 틀은 이노우에 미쓰사다(井上光貞)[12]에 의해 이루어졌지만, 현재 대형제에 관한 연구는 이노우에 설의 틀 위에서 다양한 견해가 제시되고 있다.[13] 대형제는 신왕조였던 게이타기 기에 가내적 호칭으로서 대형의 제도가 성립하였고, 하나의 황위계승법의 규범으로서 존재했던 것은 아니며, 황후 소생의 장자에게만 대형의 명칭이 붙었지만, 긴메이조(欽明朝)이후 소가씨(蘇我氏)의 개입으로 소가계의 대형이 탄생하였다가 나카노오에 황자에 의해 폐지되었다고 한다. 즉 대형제는 율령체제의 황태자제도로 흡수되었고, 황태자는 대형의 제도가 가진 장자계승을 발전시킨 제도로서 성립한 것이다.[14]

10 小澤毅, 2003 『日本古代宮都構造の研究』, 靑木書店.

11 直木孝次郎, 1975 「鹿戶皇子の立太子について」『飛鳥奈良時代の研究』, 塙書房.

12 井上光貞, 1965 「古代の皇太子」『日本古代國家の研究』, 岩波書店.

13 荒木敏夫, 1985 「大兄論」『日本古代の皇太子』, 吉川弘文館; 本間滿, 2014 「大兄の制に關する基礎的考察」『日本古代皇太子制度の研究』, 雄山閣.

특히 아라키 도시오(荒木敏夫)는 황태자 제도가 아스카키요미하라료(飛鳥淨御原令)에 의해 성립되고, 천평10년 아베 내친왕(阿部内親王)의 태자 즉위를 계기로 황태자제도가 확립되었다고 보았다면, 혼마 미쓰루(本間満)는 지통(持統) 3년 6월에 반포된 아스카키요미하라료(飛鳥淨御原令)의 실시, 지통 11년 2월에 보이는 동궁관인들의 존재, 지통11년 3월 황태자의 거소인 춘궁의 등장을 통해 가루 황자(輕皇子)를 최초의 황태자로 인정하였다. 다만 중국과 같은 황태자제도는 후지와라쿄(藤原京) 단계에서 시작되었다고 할 수 있지만, 차기왕위 계승자의 존재는 이전 시기부터 있었을 가능성이 크다. 본 논문은 중국적인 도성제와 황태자 제도의 확립이전부터 야마토 왕권의 궁실과 차기 왕권의 후계제도가 존재하였음을 고찰하고, 율령과 도성이라고 하는 중국적 상부구조가 야마토왕권의 재래적 계승제도와 어떻게 융화되어 가는지를 '동궁'의 존재를 통해 살펴보고자 한다. 따라서 본 논문의 시기적 대상은 야마토 왕권의 궁실과 차기 왕권의 후계제도가 등장하였을 것으로 추론되는 7세기부터 중국적 황태자제도[15]가 확립되는 8세기 후반까지로 한정하였다.

I. 율령체제 이전의 차기 왕위계승자와 동궁(東宮)

고대 일본의 궁실과 도성이 본격적으로 발달한 것은 7세기말 후지와라궁(藤原宮)·후지와라쿄(藤原京)의 단계부터라고 할 수 있다. 이는 궁실과

---

14 本間満, 2014 위의 논문.

15 아라키 도시오(荒木敏夫)는 아베내친왕의 황태자 책봉으로 황태자제도가 확립되었지만, 엄밀한 의미에서 천황의 즉위와 가까운 시일 안에 황태자 책봉이 이루어지고, 황태자의 공위(空位) 시기가 적어지는 코닌천황(光仁天皇) 이후부터 중국적인 황태자제도가 정착하였다고 보았다(荒木敏夫, 1985 『日本古代の皇太子』, 吉川弘文館, pp.268~271).

도성의 발달이 율령국가를 지탱하는 2가지 요소 중의 하나인 관료제의 발달과 관련이 있기 때문이다. 그렇지만, 기시 도시오(岸俊男)에 의해 복원된 7세기 최초의 궁인 오하리다궁(小墾田宮)의 구조(대전-합문-조당-남문)는 훗날 중국의 도성제를 도입한 궁실과 연결되는 요소를 이미 갖추고 있다. 또한, 고대 궁실이 오하리다궁(小墾田宮)→오카모토궁(岡本宮)→구다라궁(百濟宮)→아스카이타부키궁(飛鳥板蓋宮)→나니와나가라토요사키궁(難波長柄豊碕宮)→아스카키요미하라궁(飛鳥淨御原宮)→후지와라궁(藤原宮)〈표 1 참조〉으로 발전하는 과정에서 중간에 위치한 나니와나가라토요사키궁(難波長柄豊碕)의 존재는 궁도제가 율령제의 시행과 동시대성을 갖는다는데 의문을 갖게 한다. 중국의 조방제에 의거한 궁실과 도성의 건설은 7세기말에 이루어지지만, 궁실은 7세기 초부터 기본적인 틀이 형성되었을 가능성이 크다.

〈표 1〉 7세기 일본의 궁실과 이궁 현황

	정궁	가궁	이궁연대	위치	비고
추고	小墾田宮		추고11년(603)	飛鳥川 左岸, 飛鳥寺 북변	기존 시설을 재이용한 豊浦宮을 대신할 추고의 정궁으로의 이궁
서명	岡本宮		서명2년(630)	飛鳥	
서명		田中宮 廐坂宮	서명8년(636)		岡本宮의 소실
서명	百濟宮		서명12년(640)		새로운 정궁으로의 이궁
황극	飛鳥板蓋宮		황극2년(643)	飛鳥	새로운 정궁으로의 이궁
효덕		小郡宮	대화3년(647)		
효덕	難波長柄豊碕宮		백치2년(651)	難波	완성은 백치3년(652)
제명	飛鳥板蓋宮		제명원년(655)	飛鳥	
제명		飛鳥川 原宮	제명원년(655)	飛鳥	飛鳥板蓋宮의 소실
제명	後飛鳥岡本宮		제명2년(656)	飛鳥	
천지	大津宮		천지6년(667)	近江	
천무	飛鳥淨御原宮		천무원년(672)	飛鳥	

〈표 2〉 율령제하의 입태자(立太子)

천황	즉위년	태자명	立太子年度	비고
지통 11년	지통4(690) 정월.	輕皇子	지통11년(697) 2.11	동년 8.1 문무천황으로 즉위
문무	문무원년(697)8.1	✕		
원명	경운4(707) 7.17	首皇子	화동7년(714) 6.25	
원정	영귀원년(715)9.2	首皇子	태자연임	
성무	신귀원년(724)2.4	基皇子	신귀4년(727) 11.2	728년 사망
성무		安倍内親王	천평10(738) 1.13	여성태자
효겸	천평승보원년(749) 7.2	道祖皇子	천평승보8세(756) 5.2	천평승보9세(757) 3.29 폐위
효겸		大炊皇子	천평승보9세(757) 4.4	
순인	천평보자2(758) 8.1	✕		
칭덕	천평보자8(764) 10월	白壁皇子	보귀원년(770) 8.4	보귀원년 10.1 광인천황으로 즉위
광인	보귀원년(770) 10.1	他戸皇子	보귀2년(771) 1.23	보귀3년(772) 5. 27 폐위
광인		山部皇子	보귀4년(773) 1.2	
환무	천응원년(781) 4.4	早良皇子	천응원년(781) 4.4	연력4년(785) 10.4 폐위
환무		安殿皇子	연력4년(785) 11.25	

그렇다면 이는 동궁의 경우에도 해당될 수 있을 것이다. 즉 중국의 황태자 제도인 동궁은 확실히 후지와라궁(藤原宮) 건설 이후로나 상정할 수 있지만, 그 본원적인 모습은 7세기에 이미 나타난다고 할 수 있다. 『일본서기』에는 황태자・태자와 같은 용어가 수없이 등장하지만, 동궁 이라는 용어는 게이타이천황 대부터 시작하여 총 13차례 등장한다. 『일 본서기』에 보이는 동궁의 고훈(古訓)은 대체로 「히츠기노미코」나 「마우 케노키미」로 읽힌다. 태자나 황태자도 고훈으로는 「히츠기노미코」라고 읽는다. 이는 일본서기를 편찬하는 과정에서 8세기대의 황태자관에 입 각하여 기술한 것이기 때문이고, 동궁・태자・황태자・저군・춘궁 등 동궁과 관련된 단어를 일괄적으로 「히츠기노미코」로서 인식하고 명명

했기 때문이다. 그러나 동궁이 태자나 황태자와 똑같은 고훈으로 읽힘에
도 불구하고, 한자로는 구별하여 기록한 데에는 그만의 특별한 이유가
있을 것이다.

『영집해(令集解)』[16] 동궁직원령(東宮職員令)의 동궁에 대한 주석을 살펴보
면, 동궁은 태자의 거소이고 태자를 동궁이라 칭한다고 한다. '적설(跡說)'
은 동궁을 '미코노미야(美子宮)'이라 칭하고, '혈설(穴說)'은 '미코노미야(御子
宮)'라 하였으며 어소가 동쪽에 있어 동궁이라 하였다. 또한 '반설(伴說)'은
사시(四時)의 기운이 동쪽으로부터 발하기 때문에 봄에 해당하고 이로
인하여 동궁을 춘궁(春宮)이라 한다고 하였다. 환언하자면, 동궁은 태자의
거처이자 태자를 지칭하는 용어로 사용되고, 일본식 훈독(和訓)으로는
'미코노미야'라 읽을 수 있으며, 태자의 거처가 천자의 동쪽에 있어 음양
오행에서 동쪽은 봄이기 때문에 춘궁이라고도 한다. 다음은 『일본서기』
에 등장하는 동궁 관련 사료이다.

〈사료A〉
① 12월 신사 삭 무자, 조서를 내려, "짐은 천서를 이어 받아 종묘를 유지
하는 것을 두렵고도 위태롭게 여기고 있다. 요새 천하가 안정하고, 해내
가 청평하여 누년에 풍년이 들고, 자못 나라를 윤택하게 하였다. 고마운
일이로다. 마로코(摩呂古=勾大兄)는 짐의 마음을 팔방에 보였다. 성하다,
마가리노오에(勾大兄)여, 나의 교화를 만국에 빛냈구나. 일본이 화합하여
이름을 천하에 빛냈다. 아키쓰(秋津=일본의 미칭)는 혁혁하고, 명예가 왕기
(王畿)에 중하다. 보배로 하는 것은 오직 현자가 좋은 일을 하는 것을
가장 즐거워하는 것이다. 참으로 그대의 노력의 공이다. **춘궁(春宮)**의
자리에 있어 짐을 도와 인을 베풀고, 나를 도와 잘못을 보충하라"고 하셨
다.(『日本書紀』卷17 継体天皇7年〈513〉 12月戊子)[17]

---

16 『영집해』: 9세기 후반, 고레무네노 나오모토(惟宗直本)에 의해 편찬된 영(令) 조
   문에 대한 주석을 모아 만든 주석서이다.

17 十二月辛巳朔戊子, 詔曰, 朕承天緒, 獲保宗廟, 兢兢業業. 間者天下安靜, 海内
   清平, 屢致豐年, 頻使饒國. 懿哉摩呂古, 示朕心於八方. 盛哉勾大兄, 光吾風於

② 5년 춘 3월 기묘삭 무자, 유사가 황후를 세울 것을 청하였다. 조서를 내려 토요미케카시키야노 미코토(豊御食炊屋姫尊)를 황후로 삼았다. 2남 5녀를 낳았다. 첫째를 우지노카이타코노 히메미코(菟道貝鮹皇女)라고 한다 [다른 이름은 菟道磯津貝皇女이다]. 이가 **동궁**(東宮) 聖德에게 시집갔다.(『日本書紀』卷20 敏達天皇5年〈576〉3月戊子)[18]

③ 원년 춘정월 임자삭, 아나호베노하시히토노 히메미코(穴穂部間人皇女)를 황후로 삼았다. 황자 넷을 낳았다. 그 첫째가 우마야도노 미코(廐戸皇子)이다[다른 이름을 豊耳聰聖德이라 한다. 또 다른 이름은 豊聰耳法大王, 혹은 法主王이라 한다]. 이 황자는 처음 상궁(上宮)에 거주하였다. 후에 이카루가(斑鳩)로 옮겼다. 토요미케카시키야노 미코토(豊御食炊屋姫天皇=추고천황)의 시대에 **동궁**(東宮)의 자리에 있었다. 만기를 총섭하여 천황의 일을 하였다. 이 일은 토요미케카시키야노 미코토(豊御食炊屋姫天皇=추고천황)의 기(紀)에 보인다.(『日本書紀』卷21 用明天皇元年〈586〉正月壬子朔)[19]

④ 병오(丙午), 궁 북쪽에 빈궁(殯宮)을 설치하였다. 이를 백제 대빈(百濟大殯)이라 한다. 이때에 **동궁**(東宮) 히라카스와케노 미코(開別皇子=天智天皇)는 나이 16세로 뢰(誄)를 하였다.(『日本書紀』卷23 舒明天皇13年〈641〉10月丙午)[20]

⑤ 임인(壬寅), 오키나가타라시히히로누카노 스메라미코토(息長足日廣額天皇=舒明天皇)를 滑谷崗에 장사지냈다. 이날, 천황이 오하리다궁으로 옮겼다[혹본에 **동궁**(東宮) 남정(南庭)의 임시 궁에 옮겼다고 한다].

(『日本書紀』卷24 皇極天皇元年〈642〉12月壬寅)[21]

⑥ 경신(庚申), 천황이 **동궁대황제**(東宮大皇弟)를 후지와라 내대신(藤原内大

萬國. 日本邑邑. 名擅天下, 秋津赫林, 譽重王畿. 所寶惟賢, 爲善最樂. 聖化憑茲遠扇, 玄功藉此長懸. 寔汝之力. 宜處**春宮**, 助朕於仁, 翼吾補闕.

18 五年春三月己卯朔戊子, 有司請立皇后. 詔立豊御食炊屋姫尊爲皇后. 是生二男五女. 其一曰菟道貝鮹皇女.〈更名菟道磯津貝皇女也〉是嫁於**東宮**聖德.

19 元年春正月壬子朔, 立穴穂部間人皇女爲皇后. 是生四男, 其一曰廐戸皇子.〈更名豊耳聰, 聖德, 或名豊聰耳. 法大王. 或云法主王〉是皇子初居上宮. 後移斑移斑鳩. 於豊御食炊屋姫天皇世位居**東宮**. 總攝萬機行天皇事. 語見豊御食炊屋姫天皇紀.

20 丙午, 殯於宮北. 是謂百濟大殯. 是時**東宮**開別皇子年十六而誄之.

21 壬寅, 葬息長足日廣額天皇于滑谷崗. 是日, 天皇遷移於小墾田宮.〈或本云. 遷於**東宮**南庭之權宮〉

臣) 집에 보내, 대직관(大織冠)과 관위를 주었다. 또 성을 내리어 후지와라 씨(藤原氏)라고 하였다. 이때부터 통상 후지와라 내대신(藤原內大臣)이라 한다.(『日本書紀』卷27 天智天皇8年〈669〉10月 庚申)[22]

⑦ 갑진(甲辰), **동궁태황제**(東宮太皇弟)가 명을 받들어[혹본에는 오토모황자(大友皇子)가 명을 받들었다고 한다], 관위, 법도의 일을 시행하였다. 천하에 대사(大赦)하였다[법도, 관위의 이름은 자세하게 새로운 율령에 실려 있다].(『日本書紀』卷27 天智天皇10年〈671〉正月 甲辰)[23]

⑧ 경진(庚辰), 천황은 병이 점점 중하여졌다. 칙하여 **동궁**(東宮)을 불러 내전에 들여 조서를 내리어, "짐은 병이 심하다. 후사를 너에게 맡긴다"라고 운운하였다. 이때 **동궁**은 재배하고 칭병 고사하여 받지 않고, "대후(大后)께 대업을 맡기십시오. 오토모왕(大友王)에게 모든 정치를 행하게 하십시오. 신은 천황을 위해 출가하여 수도하고자 합니다"라고 하였다. 천황이 허락하였다. **동궁**이 일어나 재배하였다. 내전의 불전에서 남면하고, 걸상에 걸터앉아 수염과 머리를 깍고 사문이 되었다. 천황은 스키타노 오이와(次田生磐)를 보내 가사(袈裟)를 보냈다.(『日本書紀』卷27 天智天皇10年〈617〉10月 庚辰)[24]

⑨ 임오(壬午), **동궁**(東宮)은 천황을 뵙고, 요시노(吉野)에 가서 불도를 수행하겠다고 말했다. 천황이 허락하였다. **동궁**(東宮)은 곧 요시노로 들어갔다. 대신들이 모시고 우지(菟道)까지 갔다가 돌아왔다.(『日本書紀』卷27 天智天皇10年〈671〉10月 壬午)[25]

⑩ 아마노누나(天渟中)[누나(渟中)는 누나(農難)라 한다] 하라오키노마히토노 스메라미코토(原瀛眞人天皇)는 아메미코토히라카스와케노 스메라미코토(天命開別天皇=천지천황)의 동모제이다. 어렸을 적에는 오아마 황자(大海人皇

---

22 庚申, 天皇遣**東宮大皇弟**於藤原內大臣家. 授大織冠與大臣位仍賜姓爲藤原氏. 自此以後, 通曰藤原內大臣.

23 甲辰, **東宮太皇弟**奉宣〈或本云。大友皇子宣命。〉施行冠位法度之事. 大赦天下.〈法度冠位之名, 具載於新律〉.

24 庚辰, 天皇疾病彌留. 勅喚**東宮**引入臥內. 詔曰, 朕疾甚. 以後事屬汝. 云々. 於是再拜稱疾固辭不受曰, 請奉洪業付屬大后. 令大友王奉宣諸政. 臣請願奉爲天皇出家脩道. 天皇許焉. 東宮起而再拜. 便向於內裏佛殿之南, 踞坐胡床剃除鬢髮, 爲沙門. 於是天皇遣次田生磐送袈裟.

25 壬午, **東宮**見天皇、請之吉野脩行佛道. 天皇許焉. **東宮**即入於吉野. 大臣等侍送. 至菟道而還.

子)라 하였다. 나면서부터 용모가 훌륭하였다. 장년에 이르러 용감하고 무덕이 있었다. 천문, 둔갑술에 능하였다. 천지천황(天命開別天皇)의 딸 우노황녀(菟野皇女)를 맞이하여 정비로 삼았다. 천지천황(天命開別天皇) 원년에 **동궁**(東宮)이 되었다.(『日本書紀』卷28 天武天皇 即位前紀)[26]

⑪ 갑신(甲申), 동쪽으로 들어가려 하였다. 한 신하가 주상하여, "오우미(近江)의 군신은 평소부터 모해할 마음이 있었습니다. 반드시 천하를 해칠 것입니다. 그래서 도로도 통하기 어렵게 되었을 것입니다. 어찌 한 사람의 군사도 없이 맨손으로 동쪽으로 들어가려 하십니까. 신은 일이 안 될까 적정됩니다"라고 하였다. 천황이 그 말에 따라서 오요리(男依) 등을 돌이켜 들어오게 하려고 생각하였다. 그래서 오키타노 키미노 에사카(大分君惠尺), 키부미노 미야쓰코노 오토모(黃書造大伴), 오우오미노 시마(逢臣志摩)를 유수사(留守司) 다카사카왕(高坂王)에 보내어 역령(驛鈴)을 빌게 하였다. 에사카(惠尺) 등에게 "만일 영(鈴)을 못 얻으면, 시마(志摩)를 돌려보내 복명하게 하라. 에사카는 달려 오우미(近江)로 가, 다케치황자(高市皇子)와 오츠황자(大津皇子)를 불러 이세(伊勢)에서 만나라"고 말하였다. 에사카들이 유수사(留守司)에 이르러 **동궁**(東宮)의 명을 말하여 다카사카왕(高坂王)에 역령을 줄 것을 청하였다. 그런데 허락하지 않았다. 에사카는 오우미에 갔다. 시마는 돌아와 복명하여 "영을 얻지 못하였습니다"고 말하였다. (『日本書紀』卷28 天武天皇元年〈672〉6月甲申)[27]

⑫ 2월 정묘삭 갑오, 직광일(直廣壹) 다이마노마히토 쿠니미(當麻眞人國見)를 **동궁대부**(東宮大傳)로 삼고, 직광삼(直廣參) 미치노마히토 아토미(路眞人跡見)를 **춘궁대부**(春宮大夫), 직대사(直大肆) 고세노아소미 아와모치(巨勢朝臣粟持)를 **량**(亮)으로 삼았다.(『日本書紀』卷30 持統11年〈697〉2月 甲午)[28]

---

26 天渟中〈渟中, 此云農難〉原瀛眞人天皇, 天命開別天皇同母弟也. 幼曰大海人皇子. 生而有岐嶷之姿. 及壯雄拔神武. 能天文遁甲. 納天命開別天皇女菟野皇女爲正妃. 天命開別天皇元年立爲**東宮**.

27 甲申, 將入東. 時有一臣奏曰, 近江群臣元有謀心. 必害天下. 則道路難通. 何無一人兵, 徒手入東. 臣恐事不就矣. 天皇從之, 思欲返召男依等. 即遣大分君惠尺, 黃書造大伴, 逢臣志摩於留守司高坂王, 而令乞驛鈴. 因以謂惠尺等曰, 若不得鈴, 廼志摩還而復奏. 惠尺馳之往於近江, 喚高市皇子, 大津皇子逢於伊勢, 既而惠尺等至留守司, 擧**東宮**之命乞驛鈴於高坂王. 然不聽矣. 時惠尺往近江. 志摩乃還之復奏曰, 不得鈴也.

28 二月丁卯朔甲午, 以直廣壹當麻眞人國見爲**東宮大傳,** 直廣參路眞人跡見爲**春宮**

⑬ 삼월 정유삭 갑진, 무차대회(無遮大會)를 춘궁(春宮)에서 열었다.
(『日本書紀』卷30 持統11年〈697〉 3月 甲辰)[29]

먼저, 〈사료A-①〉의 춘궁은 『일본서기』의 유일한 '춘궁'기사이고, 율령제적 용어로서 차기 왕위계승자로서의 인물을 지칭한 것이다. 계체조에 춘궁이라는 용어와 개념이 일반적으로 사용되기는 어려웠을 것이므로 〈사료A-①〉은 후대의 수식으로 보아야 할 것이다. 한편 〈사료A-②〉와 〈사료A-③〉의 동궁은 성덕태자를 가리킨다. 이들 사료와 함께 추고천황 원년 4월 경오삭 기묘조(庚午朔己卯條)와 호류지 금당약사상 광배명(法隆寺金堂藥師像光背銘)은 우마야도 황자(廐戸皇子=성덕태자)의 입태자설(立太子說)[30]의 근거가 되고 있다.

○ 여름 4월 경오삭 기묘, 우마야도노토요토미미노 미코(廐戸豊聰耳皇子)를 황태자로 삼았다. 그리고 섭정으로 하여 만기를 모두 맡겼다. 다치바나노토요히노 스메라미코토(橘豊日天皇=用明天皇)의 제2자이다. 어머니 황후를 아나호베노하시히토노 히메미코(穴穂部間人皇女)라고 한다. 황후가 회임 분만하는 날에 궁중을 순행하여 제사(諸司)를 감찰하였다. 마관에 이르러 외양간의 문에 왔을 때, 힘쓰지 않고도 곧 낳았다. 태어날 때부터 말을 하였다. 성지(聖智)가 있었다. 장년이 되어 한번에 10인의 송사를 듣고, 과실없이 처리하였다. 겸하여 일어나지 않은 미래의 일을 잘 알았다. 또 고구려 승려 혜자(惠慈)에게서 불교를 배우고, 박사 각가(覺哿)에게서 유교를 배웠다. 아버지 천황이 사랑하여 궁 남쪽 상전(宮南上殿)에 거주하게 하였다. 그래서 이름을 상궁(上宮) 우마야도노토요토미미노 미코(廐戸豊聰耳太子)라고 한다.(『일본서기』추고천황 원년 4월 庚午朔己卯條)[31]

大夫, 直大肆巨勢朝臣粟持爲亮.

29 三月丁酉朔甲辰, 設無遮大會於春宮.

30 家永三郎, 1985「飛鳥朝に於ける攝政政治の本質-聖德太子攝政の史的意義」『聖德太子と飛鳥佛敎』, 吉川弘文館.

31 夏四月庚午朔己卯, 立廐戸豊聰耳皇子爲皇太子. 仍錄揶政, 以萬機悉委焉. 橘豊日天皇第二子也. 母皇后曰穴穂部間人皇女. 皇后懷姙開胎之日. 巡行禁中.

○ 이케노베 대궁(池辺大宮)에서 천하를 다스리던 천황(用命天皇)께서 몸이 편찮으실 때, 이 해는 병오년으로 대왕천황(推古天皇)과 태자(廐戸皇子=성덕태자)를 불러 서원하시고, 「내 몸의 병이 크게 낫기를 바라기 때문에 장차 절을 짓고 약사상을 만들고자 한다」고 명하셨다. 그러나 당시 붕어하신 바람에 끝내 완공하지 못했다. 오하리다 대궁(小治田大宮)에서 천하를 다스리던 대왕천황(推古天皇)과 **동궁성왕**(성덕태자)은 대명을 받들어 정묘년에 이루셨다. (法隆寺金堂藥師像光背銘)[32]

성덕태자 입태자설(立太子說)의 근거는 『일본서기』보다 사료의 당대사적 성격이 강한 금석문 호류지 금당약사상 광배명(法隆寺 金堂藥師像光背銘)에 보이는 '태자(太子)', '동궁성왕(東宮聖王)'의 표현에 의거한다고 할 수 있다. 호류지 금당약사상 광배명(法隆寺金堂藥師像光背銘)에는 분명 제작연대와 자구의 해석에 의문[33]이 존재하지만, 추고조의 유력한 차기계승자로서의 우마야도 황자(廐戸皇子)의 존재를 부인할 수 있는 강력한 증거는 될 수 없다. 추고조의 유력 차기계승자로서의 우마야도 황자(廐戸皇子)는 당시 실재했고, 사후 형성된 태자상(太子像)과 결부되어 『일본서기』나 호류지 금당약사상 광배명(法隆寺 金堂藥師像光背銘)에 반영되었을 것이다. 특히 위의 추고천황 원년 4월 경오삭 기묘조(庚午朔己卯條)에는 요메이 천황(用明天皇)이 우마야도 황자를 총애하여 궁궐 남쪽 상전에 거하게 했다는 기록을 전하

監察諸司. 至于馬官. 乃當廐戸. 而不勞忽産之. 生而能言. 有聖智. 及壯一聞
十人訴, 以勿失能辨, 兼知未然. 且習内教於高麗僧惠慈, 學外典於博士覺哿,
並悉達矣. 父天皇愛之令居**宮南上殿.** 故稱其名謂上宮廐戸豊聰耳太子.

32 池辺大宮治天下天皇大御身勞賜歲」 次丙午年召於大王天皇與太子而誓願賜我
大」 御病太平欲坐故將造寺藥師像作仕事詔然 當時崩賜造不堪者小治田大王
治天下大王天」 皇乃**東宮聖王**大命受賜而歲次丁卯年在奉.

33 후쿠야마 도시오(福山敏男)는 금석문의 내용 중에 '池辺大宮治天下天皇'과 '小治田大宮治天下大王天皇'이라는 호칭이 후세적인 것이고, '대왕천황'이라는 표현이 자연스럽지 못하다고 지적하였다. 또한 '성왕(聖王)'은 태자홍거 후 세상 사람들이 부른 존칭이고, 명문의 표현이 야츄지 미륵상(野中寺彌勒像)의 문체와 비슷하여, 추고조에 약사상이 조성되기 어렵기 때문에 천무조 이후에 조성된 것으로 인식하였다(福山敏男, 1935「法隆寺の金石文に關する一, 二の問題」『夢殿』第13冊).

는데, 물론 당시 황태자궁이 존재했을 리는 만무하지만, 태자궁의 위치에 대한 인식이 존재했을 가능성이 있다. 『후한서』 동이전 고구려조에 실려 있는 고구려 5부에 관한 세주와 해당 부분의 『한원』에 인용된 『위략(魏略)』[34]에 따르면, 상(上)은 좌(左)=청(靑)=동쪽을 뜻하기 때문에 우마야도 황자의 상전(上殿)은 이케베궁(池辺宮)의 동남쪽(宮南上)에 위치했을 가능성이 존재한다. 즉 적어도 『일본서기』 편찬 당시에는 차기 왕위계승자의 거주지는 대궁의 동남쪽이라는 인식이 형성되었을 것이다.

다음으로 〈사료A-④·⑤〉의 동궁은 가쓰라기 황자(葛城皇子=中大兄皇子=天智天皇), 〈사료A-⑥~⑪〉의 동궁(東宮)·동궁대황제(東宮大皇弟)는 오아마 황자(大海人皇子=天武天皇)를 가리킨다. 선행 연구에서는 가쓰라기 황자(葛城皇子)와 오아마 황자(大海人皇子)의 입태자(立太子)의 사실도 부인되고, 동궁칭호는 후대의 수식으로 여겨졌다.[35] 그러나 부연할 필요 없이 율령제에 기반을 둔 황태자는 존재하지 않았지만, 가쓰라기 황자(葛城皇子)와 오아마 황자(大海人皇子)는 7세기 중후반에 가장 강력한 왕위계승자였다는 사실은 부인할 수 없을 것이다. 그렇다면 동궁이 제도로서의 법적 근거를

---

34 凡有五族, 有消奴部, 絶奴部, 順奴部, 灌奴部, 桂婁部. 案, 今高驪五部, 一曰內部, 一名黃部, 卽桂婁部也. 二曰北部, 一名後部, 卽絶奴部也 . **三曰東部, 一名左部, 卽順奴部也.** 四曰南部, 一名前部, 卽灌奴部也. 五曰西部, 一名右部, 卽消奴部也 . 〔集解〕 惠棟曰, 消, 魏志作涓(『後漢書』 東夷列傳 高句驪條)
後部, 一名黑部, **又曰左部, 一名上部, 一名靑部**, 又曰前部, 一名赤部(『翰苑』 所引 『魏略』)
東宮當御遊年方, 可被忌犯土事, **右東宮者從內裏, 當巽方.** 巽者., 是今年御遊年方也. 陰陽書云, 遊年方不可起土者, 可被忌犯土事. 但至于修理, 不見可忌之由.(『小右記』 治安3年 9月 2日條)

離(南) ☲	坤(南西)☷	兌(西) ☱	乾(北西) ☰	坎(北) ☵	艮(北東) ☶	震(東) ☳	巽(南東) ☴

〈八卦〉
11세기 초반의 상황을 설명하고 있는 『소우기(小右記)』 치안(治安) 3년 9월 2일조에 따르면, 헤이안 시대에는 확실히 동궁의 위치가 손방(巽方) 즉 대전(내리)의 동남쪽(雅院)에 위치해 있음을 확인할 수 있다.

35 本間滿, 2014 「葛城皇子の皇太子について」 『日本古代皇太子制度の硏究』, 雄山閣; 本間滿, 2014 「大海人皇子の皇太弟について」 『日本古代皇太子制度の硏究』, 雄山閣; 荒木敏夫, 1985 『日本古代の皇太子』, 吉川弘文館.

가지게 된 것은 〈사료A-⑫〉의 동궁대부(東宮大傳)와 춘궁대부(春宮大夫), 춘궁량(春宮亮)의 설치부터라고 할 수 있다. 『영의해』동궁 직원령에 의하면, 동궁소속 관인은 동궁부(東宮傳) 1인, 동궁학사(東宮學士) 2인 이외에 춘궁방(春宮坊) 소속의 춘궁대부(春宮大夫) 1인, 량(亮) 1인, 대진(大進) 1인, 소진(少進) 2인, 대속(大屬) 1인, 소속(少屬) 2인, 사부(使部) 30인, 직정(直丁) 3인으로 구성되어 있다. 〈사료A-⑫〉의 지통(持統) 11년 2월 갑오조(甲午條)의 동궁 관인 임명은 가루 황자(輕皇子=文武天皇)를 위한 것으로 이해되나 『일본서기』는 가루 황자가 언제 태자가 되었는지에 대해서는 기술하고 있지 않다. 다만 지통11년은 가루 황자가 15세가 되는 해이기 때문에 동궁관인의 임명일과 거의 동시에 입태자(立太子)가 되었을 가능성이 크다.

이상, 사료에 나타나는 동궁에 대해서 살펴보았다. 율령제에 기반을 둔 황태자제도는 존재하지 않았지만, 적어도 7세기 대부터는 차기 왕위계승자가 존재하였고 『일본서기』에서는 이들을 동궁이라고 표기하였음을 알 수 있었다. 그렇다면 7세기대의 차기 왕위계승자의 거주지(동궁)는 어디에 위치해 있었을까. 7세기대의 차기 왕위계승자의 거주지를 유추해 볼 수 있는 사료가 존재한다. 즉 『일본서기』에 나타나는 '시마궁(嶋宮)'의 존재이다.

〈사료B〉
① 임오(壬午), 요시노궁(吉野宮)에 들어갔다. 좌대신 소가노 아카에 오미 (蘇賀赤兄臣), 우대신 나카토미노 가네 무라지(中臣金連) 및 대납언 소가노 하타야스 오미(蘇賀果安臣) 들이 모시고 우지(菟道)까지 갔다가 돌아왔다. 어떤 사람이 "범에 날개를 달아 놓아 주었다"라고 하였다. 이날 저녁 **시마궁(嶋宮)**에 들어갔다.(『日本書紀』卷28 天武天皇即位前紀)
② 9월 기축삭 병신, 천황이 귀로에 올라 이세(伊勢)의 구와나(桑名)에 묵었다. ○정유(丁酉), 스즈가(鈴鹿)에서 묵었다. ○무술(戊戌), 아헤(阿閇)에서 묵었다. ○기해(己亥), 나하리(名張)에서 묵었다. ○경자(庚子), 왜경(倭

京)에 와서 **시마궁**(嶋宮)으로 갔다. ○계묘(癸卯), **시마궁**(嶋宮)에서 오카모토궁(崗本宮)으로 옮겼다. ○이해, 궁실을 오카모토궁(崗本宮) 남쪽에 지었다. 그해 겨울에 옮겼다. 이를 아스카키요미하라궁(飛鳥淨御原宮)이라 한다. (『日本書紀』卷28 天武天皇元年〈672〉 9月丙申)

③ 을묘(乙卯), 녹(祿)을 두고 서문의 뜰에서 사례(射禮)가 있었다. 표적에 적중시킨 자에게는 녹을 주었는데 차등이 있었다. ○이날, 천황이 **시마궁**(嶋宮)에 가서 연회를 하였다. (『日本書紀』卷29 天武天皇5年〈676〉 正月乙卯)

④ 신축(辛丑), 스오국(周芳國)에서 붉은 거북이를 바쳤다. 인하여 **시마궁**(嶋宮)의 연못에 풀어놓았다. (『日本書紀』卷29 天武天皇10年〈681〉 9月辛丑)

⑤ 삼월 정축삭 병신, 왕경과 기내(畿內)에 있는 사람중 연령 80이상인 자에게 **시마궁**(嶋宮)의 벼(稻) 20속을 내렸다. 관위가 있는 자에게는 피륙 2단을 더 내렸다. (『日本書紀』卷30 持統4年〈690〉 3月丙申)

⑥ **시마궁**(嶋宮)의 마가리(勾)의 연못의 방류된 새는 사람 눈 그리워해 물에 안 들어가네.

嶋宮勾乃池之放鳥　人目尓戀而池尓不潛(しまのみやまがりのいけのはなちどり　ひとめにこひていけにかづかず, 『萬葉集』卷2, 170)

⑦ 높이 빛나는 우리 해의 아들이 영원하도록 통치하기 원했던 **시마**(嶋)의 궁전이여.

高光我日皇子乃　萬代尓国所知麻之嶋宮波母(たかひかるわがひのみこの　よろづよにくにしらさまししまのみやはも, 『萬葉集』卷2, 171)

⑧ **시마궁의 위의 연못**(嶋宮上池)에 있는 방류된 새여 거칠어지지 말게 황자님이 안 계셔도.

嶋宮上池有放鳥　荒備勿行君不座十方(しまのみやうへのいけなるはなちどり　あらびなゆきそきみまさずとも, 『萬葉集』卷2, 172)

⑨ 높이 빛나는 우리 해의 황자가 살아있다면, **시마의 어문**(嶋御門)은 쇠락하지 않았을 걸.

高光吾日皇子乃伊座世者　嶋御門者不荒有益乎(たかひかるわがひのみこのいましせば　しまのみかどはあれずあらましを, 『萬葉集』卷2, 173)

⑩ 항상 가시던 정원의 **섬**(嶋)을 보니 **정원**(庭)에 물이 넘치듯 흘러내리는 눈물 멈추게 할 수 없네.

御立為之**嶋**乎見時 庭多泉流涙止曽金鶴(みたたしのしまをみるとき に はたづみながるるなみたとめぞかねつる,『萬葉集』卷2, 178)

⑪ **다치바나의 시마궁**(橘之嶋宮) 근무로는 부족했던가 사다오카베(佐田乃岡邊)까지 숙직하러 간다네.

橘之嶋宮尓者不飽鴨 佐田乃岡邊尓侍宿為尓徃(たちばなのしまのみやにはあかねかも さだのをかへにとのゐしにゆく,『萬葉集』卷2, 179)

⑫ 우리 황자의 **궁전**(御門) 천년 후도 영원히 번성하리라 생각하고 있었던 나는 슬퍼만지네.

吾**御門**千代常登登婆尓将栄等 念而有之吾志悲毛(わがみかどちよとことばにさかえむと おもひてありしあれしかなしも,『萬葉集』卷2, 183)

⑬ **동쪽에 있는 폭포의 어문**(東乃多藝能御門)에서 근무하지만 어제나 오늘이나 부르는 말씀 없네.

東乃多藝能御門尓雖侍 昨日毛今日毛召言毛無(ひむかしのたぎのみかどにさもらへど きのふもけふもめすこともなし,『萬葉集』卷2, 184)

⑭ 하루에만도 몇 번이나 들어간 **동쪽에 있는 크나큰 어문**(東乃大寸御門) 이젠 들어가기 어렵네.

一日者千遍参入之 **東乃大寸御門**乎入不勝鴨(ひとひにはちたびまゐりし ひむかしのおほきみかどをいりかてぬかも,『萬葉集』卷2, 186)

⑮ 아침 해 빛나는 **시마의 어문**(嶋乃御門)에는 가슴 죄듯한 정적만이 있으니 마음 매우 슬프네.

旦日照**嶋乃御門**尓 欝悒人音毛不為者真浦悲毛(あさひてるしまのみかどに おほほしくひとおともせねばまうらがなしも,『萬葉集』卷2, 189)

『일본서기』에 시마궁(嶋宮)이 처음 등장한 것은 임신의 난의 전년인 671년에 오아마 황자(大海人皇子)가 오츠궁(大津宮)에서 요시노(吉野)로 향하는 도중에 일박하였다는 기사〈사료B-①〉이다. 또한 임신의 난에서 승리한 오아마 황자가 최초로 들린 곳이 〈사료B-②〉의 시마궁(嶋宮)이다. 이로 보아 시마궁(嶋宮)은 오아마 황자에게 큰 의미가 있는 장소, 즉 차기 왕위계승자였던 시절의 거소였을 가능성이 크다. 뿐만 아니라 시마궁(嶋宮)은 가쓰라기 황자(중대형황자)의 거소 중의 하나였을 가능성도 있다. 천지3년(664)에 사망한 누카데히메 황녀(糠手姬皇女, 죠메이 천황의 모친)가 도황조모명(嶋皇祖母命)36이라 불리고 있고, 황극2년(643)에 사거한 기비히메 왕(吉備姬王, 고교쿠 천황의 모친)도 길비도황조모명(吉備嶋皇祖母命)이라 불렸다.37 이들은 가쓰라기 황자의 내외계 조모에 해당하는 황실 인물들로, 이들이 시마가(嶋家)·시마궁(嶋宮)에 기거했기 때문에 도황조모명(嶋皇祖母命)이라는 명칭이 주어졌던 것이다.38 가쓰라기 황자궁의 위치를 나타내는 사료로서 황극4년(645) 6월 기유조에 보이는 노래에 '시마(嶋)의 야부하라(薮原)'가 등장하는데, 가쓰라기 황자의 거소는 두 사람의 조모가 살았던 장소와 같은 곳이거나 가까운 곳일 가능성이 크다.

그렇다면 시마궁(嶋宮)은 언제부터 존재하였을까. 일찍부터 '시마(島)'라는 명칭 때문에 시마궁의 소재지로서 석무대고분이 있는 아스카무라(明日香村) 오지 시마쇼(大字島庄)가 언급되어 왔다. 『일본서기』에는 종종 소가노 우마코가 일반적으로 시마대신(嶋大臣)으로 등장한다. 이는 소가노 우마코가 아스카천(飛鳥川) 근처에 있던 저택의 정원에 연못을 파고 섬(嶋)을 축조했기 때문이다.39 당시 섬이 축조된 연못을 갖춘 정원의 형태는 이전에는 볼 수 없는 것이기에 시마대신(嶋大臣)이라는 이칭이 붙었을 것이고, 이것이 시마노미야(嶋宮)·시마쇼(島庄) 등의 명칭의 기원이 되었던 것이다.40 따라서 '시마(嶋)'는 본래 지명이 아니라 정원을 의미하고, 소가노 우마코의 저택이 있던 아스카천 근처에 위치하였으며 쿠사카베 황자

---

36 『일본서기』 천지3년 6월조.

37 『일본서기』 황극천황2년 9월 丁亥條.

38 薗田香融, 1953 「万葉貴族の生活圏-万葉集の歴史的背景」 『万葉』第八号, 万葉学会.

39 夏五月戊子朔丁未。大臣薨。仍葬于桃原墓。大臣則稲目宿禰之子也。性有武略。亦有辨才。以恭敬三寶。家於飛鳥河之傍。乃庭中開小池。仍興小嶋於池中。故時人曰嶋大臣(『日本書紀』卷22 推古天皇34年〈626〉5月丁未)

40 鶴見泰壽, 2015 『シリーズ「遺跡を学ぶ」102 古代國家形成の舞臺 飛鳥宮』, 新泉社, p.88.

의 만가 중의 '다치바나(橘)의 시마노미야(嶋宮)'라는 표현(『만엽집』권2, 179)이 있는 것으로 보아 다치바나(橘) 지역에 포함되어 있을 가능성이 크다. 오자와 츠요시(小澤毅)에 의하면, 고대의 다치바나 지역은 아스카(飛鳥)의 남쪽 방향이고, 아스카천(飛鳥川)을 사이에 둔 지역을 가리킨다고 한다.[41] 따라서 넓게 보아 시마궁(嶋宮)의 위치는 아스카(飛鳥)의 남쪽이고 다치바나데라(橘寺)의 오른쪽이며 소가노 우마코와 관련된 유적이 분포하는 석무대고분의 좌편에 해당한다. 최근 고고학적 발굴의 성과와 문헌 연구의 진척에 따라 7세기 후반의 궁실들은 같은 장소인 아스카데라(飛鳥寺) 남쪽에 반복적으로 조영되었음을 알 수 있다. 그렇다면 시마궁은 7세기 후반의 정궁인 아스카이타부키궁(飛鳥板蓋宮)・아스카키요미하라궁(飛鳥淨御原宮)의 남동쪽에 위치한다고 할 수 있다.〈그림 1 참조〉이는 당의 장안성과 같이 태극궁의 정동 방향에 동궁이 위치하는 것과 달리, 6세기 후반 요메이 천황 이래로 차기 왕위계승자의 거주지가 남동쪽 내지는 동남쪽에 위치하는 계통을 이은 것일 것이다.

　　오아마 황자가 천무천황으로 즉위한 이후, 정확한 시기는 알 수 없지만 시마궁(嶋宮)은 천무대의 차기 왕위계승자인 쿠사카베 황자(草壁皇子)의 거소가 되었을 가능성이 크다. 시마궁이 쿠사카베 황자의 거소가 된 시기를 추론해보자면, 아마도 아스카키요미하라령(飛鳥淨御原令)의 반포와 쿠사카베 황자(草壁皇子)의 황태자 즉위가 이루어진 천무천황 10년(682) 2월 25일[42]을 즈음한 시기일 것이다. 천무가 아스카키요미하라궁(飛鳥淨御原宮)으로 옮기고 나서 시마궁이 쿠사카베 황자의 거소가 되는 천무 10년까지의 10여 년 동안 시마궁은 〈사료B-③・④〉가 전하는 바와 같이 향연

41　小澤毅, 2003「小墾田宮・飛鳥宮・嶋宮」『日本古代宮都構造の研究』, 青木書店, p.96.

42　二月庚子朔甲子天皇。皇后共居于大極殿。以喚親王。諸王及諸臣。詔之曰。朕今更欲定律令。改法式。故倶修是事。然頓就是務。公事有闕。分人應行。○是日。立草壁皇子尊爲皇太子。因以令攝萬機。(『日本書紀』卷二九 天武天皇 十年〈681〉二月 甲子條)

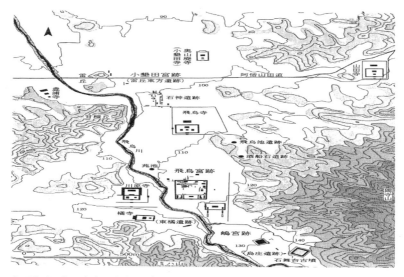

〈그림 1〉 아스카키요미하라궁(飛鳥淨御原宮)과 시마궁(嶋宮)―小澤毅(2003)의 案

(饗宴)과 의례(儀禮)의 장소로 사용되었다. 이후 시마궁은 쿠사카베 황자가 사망하기 전까지 차기 왕위계승자의 거소로서 사용되었음이 『만엽집』의 쿠사카베황자(草壁皇子) 빈궁만가(殯宮挽歌)에 전한다. 〈사료B-⑥~⑮〉의 노래는 쿠사카베 황자의 도네리(舍人)들이 그를 추모하여 부른 만가이다. 쿠사카베 황자의 거소였던 시마궁에는 '시마궁 마가리의 연못(嶋宮勾乃池) · 시마궁 위의 연못(嶋宮上池) · 뜰(庭)'의 표현과 같이 여전히 정원을 갖춘 시설이 있었고, '시마궁의 대문(嶋御門) · 동쪽 폭포의 대문(東乃多藝能御門) · 동쪽의 대문(東乃大寸御門) · 시마궁의 대문(嶋乃御門)'과 같은 표현은 어문(御門)이 천자의 어소(御所)를 가리킨다는 점에서 쿠사카베 황자의 도네리들이 다음 차기 계승자였던 쿠사카베 황자의 거소를 가리킨 별칭으로 볼 수 있다. 쿠사카베 황자가 죽은 이후, 시마궁은 〈사료B-⑤〉와 같이 지통4년 3월 병신에 시마궁의 벼(稻)를 경기(京畿)의 고령자들에게 10속씩 분급하는 것을 보아, 여전히 대왕가에 소속되어 상당량의 벼(稻)를 비축하고 있었

고, 후지와라쿄(藤原京) 천도로 아스카노 미야코(飛鳥京)가 폐도가 된 이후에 도 대왕가의 별업(別業)적인 궁(宮)으로 사용되었다.

Ⅱ. 율령체제하의 황태자(皇太子)와 동궁(東宮)

지통8년(694) 12월, 야마토의 궁실은 아스카키요미하라궁(飛鳥淨御原宮) 에서 후지와라궁(藤原宮)으로 옮겨졌다. 이는 백 여 년에 걸친 아스카시대 의 종언과 일본의 율령도성제의 성립을 의미하는 획기적인 사건이다. 후지와라쿄의 중심이 되는 후지와라궁은 천황 대대로 항구적인 궁실로 서 건설되었고, 대극전·조당 등의 중추부와 궁성문은 일본의 궁전으로 서는 처음으로 초석위에 기와를 이은 형태를 띠게 되었다. 후지와라궁의 격절된 규모와 모습은 천황을 정점으로 하는 율령지배체제의 권위를 발양하는 장치로서 시각적으로는 절대적인 효과를 낳았을 것이다.[43] 후지와라쿄에 대한 조도사업은 천무조에 이미 시작되었다. 『일본서 기』를 살펴보면, 천무5년(676)에 '신성(新城)'으로의 천도계획을 비롯하여 천무11년(682) 3월에는 미노왕(三野王)과 궁내관대부(宮內官大夫)를 '신성(新 城)'에 파견하여 지형을 시찰하고 있고, 천무13년 2월에는 히로세왕(廣瀬 王) 등을 기내로 파견하여 3월에는 새로운 도읍지를 정했다고 한다. 기시 도시오(岸俊男)는 천무13년 3월에 결정된 궁실지가 바로 후지와라궁을 가 리키고, 이때 후지와라궁의 대략적인 조영플랜이 세워졌다고 보았다.[44] 천무13년 3월에 결정된 후지와라궁 조영 플랜은 쿠사카베 황자의 즉위 를 위한 준비였을 것이나 686년 천무의 사거와 689년 왕위계승자인

---

43 小澤毅, 2003 「古代都市「藤原京」の成立」『日本古代宮都構造の研究』, 靑木書 店, p.201.
44 岸俊男, 1993 『日本の古代宮都』, 岩波書店, p.62.

쿠사카베 황자의 죽음으로 조영사업은 중단되었다가 지통천황이 즉위(690년)한 후에 재개되었다고 생각된다. 그러나 지통천황 대에 재개된 후지와라궁 조영 플랜은 천무조대와는 약간의 변형이 있었을 것이다. 즉 천무조대 계획된 후지와라궁 조영은 쿠사카베 황자의 천황즉위를 위한 것이었다면, 지통천황 대에 조영된 후지와라쿄(藤原京)은 가루 황자(輕皇子=쿠사카베황자의 아들)의 즉위를 염두에 둔 것이었다. 가루황자(輕皇子)가 황태자가 된 그 해에 바로 천황으로 즉위한 것을 보더라도 가루 황자의 거소로서 동궁은 고려의 대상이 아니었을 것이다. 현재 발굴 결과에 따라 복원된 후지와라궁에서 동궁을 찾을 수 없는 이유는 바로 이 때문인지도 모른다.〈그림 2 참조〉

경운4년(707) 7월 17일, 원명천황은 아들인 문무천황을 이어 천황으로 즉위하자마자, 반년만인 화동원년(708) 2월에는 헤이죠쿄(平城京) 천도의 조서를 내린다. 이 천도계획은 문무재세 중인 경운4년 정월에 이미 5위 이상의 관인들 사이에서 의논 중이었다. 그러나 천도의 조서가 발표되기도 전에 문무가 와병 상태가 되어 모친인 아헤황녀(阿閇皇女=원명)에게 양위를 하게 되고 나서야 천도계획이 본격화되었다. 따라서 헤이죠쿄천도는 원명천황의 즉위와 일체화된 것으로 파악해야 할 것이고 헤이죠궁(平城宮)의 조영플랜에는 원명천황의 의도가 강하게 반영되었을 것이다. 원명천황의 즉위조서[45]에 본인이 천황위를 계승한 이유로서 쿠사카베 황자의 장자인 문무천황의 뒤를 이어 천황이 되었는데 이것은 천지천황이 만든 '불개상전(不改常典, 바꿀 수 없는 법)'에 의거한다고 하였다. '불개상전'에 대한 견해[46]는 다양하지만, 8세기 초두에 쿠사카베 황자-가루 황자(문무)-오비토 황자(성무)의 직계상속을 원활하게 실현하기 위해 원명의 부친인 천지천황에 가탁한 것[47]이라는 이해가 수긍할 만하다. 그렇다면 원명천황이

---

45 『続日本紀』卷四 慶雲四年(707) 七月壬子條.

46 靑木和夫 外, 1989 『新日本古典文學大系12 續日本紀1』, 岩波書店, 보주4-2.

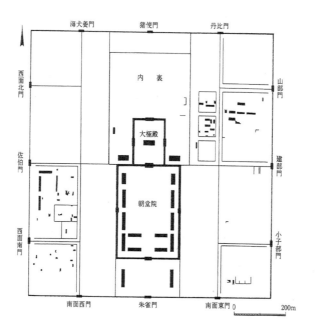

〈그림 2〉 후지와라궁(藤原宮) 복원도-小澤毅(2003)의 案

헤이죠궁을 조성한 이유 중의 하나는 나이어린 손자를 천황 자리에 무사히 안착시키는 것이었을 것이고, 이러한 내부적 상황이 헤이죠궁 플랜에 그대로 반영되었을 것이다.

각 궁실 복원도를 살펴보면, 헤이죠궁의 각 전각의 구조는 다른 궁실들과 다르다는 점을 알 수 있을 것이다.〈그림 참조〉 7세기대 나니와나가라토요사키궁(難波長柄豊碕宮, 前期難波宮)이래로 궁실의 구조는 〈내리-대극전-합문-조당-남문〉과 같이 일직선상에 놓여있는데 반해, 전기 헤이죠궁만이 내리가 공적 공간으로부터 분리되어 동편에 위치하였다가, 성무천황이 즉위한 신귀원년(724) 정월에는 원래의 일직선상에 위치한다. 동편내리와 조당 유구의 하층에서는 화동천도 때로 소급되는 굴립주 건물과

_____

47 武田佐知子, 1974 「「不改常典」について」『日本歷史』309, 吉川弘文館.

담장이 검출되었고, 대극전 유적의 발굴조사에서는 대극전 기단하층에도 7간×4간의 동서동(東西棟) 굴립주 건물이 있음을 확인할 수 있다.[48] 동편 내리-굴립주 전각-조당원의 일직선 건물〈그림 3〉은 중심부 구조인 대극전-조당의 건물들과 같은 시대에 병존했다가 〈내리-제2차대극전-조당, 그림 4참조〉으로 개조되었을 가능성이 크다. 그렇다면 헤이죠궁 초창기에 조영된 동편 건물은 원명천황과 어린 차기 천황계승자를 위한 거주지로서 중궁(中宮)[49]과 동궁(東宮)이 함께 조영된 것일 것이다. 헤이죠궁의 중심건물인 대극전-조당의 건물들이 평성궁의 정문인 주작문(朱雀門)을 정문으로 한다는 점에서 대극전-조당 건물이 주된 건물들임을 알 수 있다. 반면 내리-굴립주 전각-조당원의 건물들은 헤이죠궁 남면 동문인 임생문(壬生門)을 정문으로 하고 있다. 헤이죠궁 궁문의 명칭은 헤이안궁의 궁문으로 계승되었다고 여겨지는데, 선행 연구[50]에서는 대부분의 궁호가 궁문을 지키는 씨족명에서 유래하였다고 본다. 그러나 헤이죠궁의 정문인 주작문은 후지와라궁 단계에서 처음 등장하고, 이는 장안성의 주작문을 계승한 것이다. 한편 헤이죠궁 남면 동문인 임생문은 헤이죠궁 단계에 처음 등장하고, 이는 궁문을 수호하는 씨족명에서 유래된 것이 아니라 임생문을 정문으로 하는 내리-굴립주 전각-조당원의 건물군에서 유래하였을 가능성이 크다. 임생(壬生)은 대화개신 이전에는 유방(乳房)이라 불리며 황자의 양육을 위해 조성된 경제기반이다. 이처럼 황자 내지는 황태자의 양육을 위해 조성된 임생(壬生)이 궁문호로 사용되었다고 한다면, 임생문을 정문으로 가진 주건물은 동궁이 되지 않으면

---

48 岸俊男, 1993 『日本の古代宮都』, 岩波書店, p.74.

49 천황과 태상천황의 거주공간으로서 내리의 또 다른 이름, 혹은 내리를 중심으로 그 외의 공적인 부분까지 포함한 공간으로 생각된다. 중궁 혹은 중궁원이라는 표현이 종종 사료에 양로7년(723)부터 등장하는 것으로 보아 여성천황의 즉위와 관련 있는 명칭으로 보인다.

50 佐伯有清, 1963 「宮城十二門號と古代天皇近侍氏族」 『新撰姓氏錄の硏究 硏究篇』, 吉川弘文館.

안 된다. 따라서 내리-굴립주 전각-조당원의 건물들은 왼쪽의 중심부 건물들과 병존하면서 성무천황이 즉위할 시점에 〈그림 5〉와 같은 구조로 개조되었을 가능성이 크다. 또한 동궁으로 추정되는 건물이 헤이죠궁의 중축건물인 대극전의 동남쪽에 해당한다는 점도 특기할 만하다.

그렇다면, 종래 헤이죠궁의 동궁으로 지목되어 온 동원(東院)이 문제가 된다. 동원은 후지와라궁에는 존재하지 않았고, 헤이죠궁 단계에서야 등장하게 되는데, 헤이죠궁의 동쪽 모서리에 동서 약 250m, 남북 750m의 크기로 돌출되어 있는 부분이다. 동원은 후지와라노 후히토(藤原不比等)의 저택과 문 하나를 사이에 두고 위치하고 있을 정도로 아주 가까운 곳에 위치하고 있으며, 이는 외조부인 후지와라노 후히토가 오비토 황자(首皇子)의 양육에 깊이 관여하고 있었던 상황과 관련이 있을 것이다.

이상을 조합하여 헤이죠궁 동궁의 위치를 과감하게 유추해 본다면, 헤이죠쿄(平城京)로의 천도는 원명천황의 의도가 반영된 것으로, 조영 플랜에서는 어린 차기 계승자를 위해 대극전-조당의 주된 건물 옆에 중궁과 동궁을 건설하였으나, 오비토 황자가 황태자가 된 화동7년(714) 혹은, 오비토 황자가 원복(元服)을 한 영귀원년(715) 경에 헤이죠궁 동남쪽에 동궁을 조영하였을 가능성이 크다. 오비토 황자의 부친인 문무가 15살에 천황이 되었음에도 불구하고 원복을 한 오비토 황자를 대신해 고모인 원정천황이 즉위한 이유는 오비토 황자의 정치적 기반이 불안정했기 때문이다. 원정천황의 즉위에 앞서 원명천황의 양위의 조서에 「신기(神器)를 황태자에게 넘겨줘야 하지만, 나이가 너무 어려 아직 후궁을 떠나지 못한다」고 한 표현은 이러한 정치적 상황을 대변한 것이며, 불안한 오비토 황자(首皇子)의 천황즉위를 도모하기 위해 외가이자 처가인 후지와라노 후히토의 저택 가까이에 동궁을 마련하였을 것이다. 『등씨가전(藤氏家傳)』 양로3년 정월과 7월조[51]에 따르면, 양로3년(719) 정월에 오비

토 황자의 원복입태자(元服立太子)가 있었고, 동시에 후지와라노 무치마로
(藤原武智麻呂)가 동궁부(東宮傳)에 임명되었다고 한다. 오비토 황자가 원복
입태자(元服立太子)한 시기가 화동7년(714)이고, 후지와라노 무치마로의 동
궁부 임명기사가 『속일본기』와 『공경보임(公卿補任)』에 보이지 않는다는
이유로 이 사료는 부정되기도 하지만[52], 양로3년의 기사는 양로5년 후
지와라노 무치마로가 지조궁사(知造宮事)에 임명된 사실과 관련하여 살펴
야 한다.

---

51 敍正四位下, 於是儲君始加元服, 血氣漸壯, 師傅之重, 其人爲善, 故其七月, 拜
    爲東宮傳, 公出入春宮, 贊衛副君, 勸之以文學, 匡之以淳風, 太子爰廢田獵之
    遊, 終趣文敎之善, 由是卽位已後, 常施善政, 矜愍百姓, 崇重佛法也.(『寧樂遺
    文』下, 「藤氏家傳」)

52 本間滿, 2014「藤原武智麻呂の東宮傳について」『日本古代皇太子制度の硏究』,
    雄山閣.

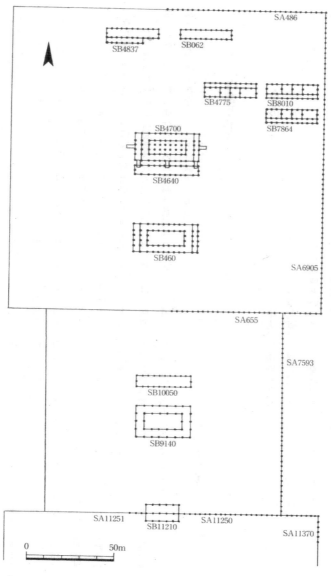

〈그림 3〉 헤이죠궁(平城宮) 내리(内裏) 제Ⅰ기(710~715)의 배치,
小澤毅(2003)의 案에 의거

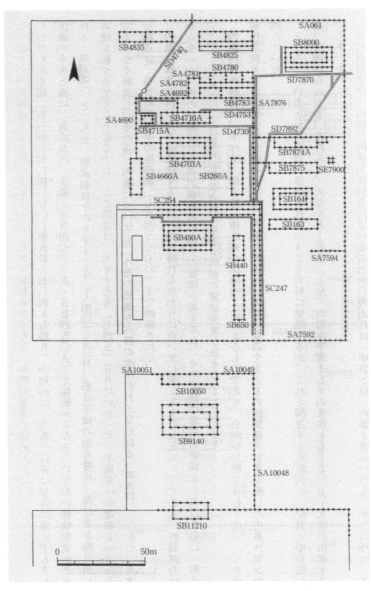

〈그림 4〉 헤이죠궁(平城宮) 내리(内裏) 제 II 기(715~724)의 배치,
小澤毅(2003)의 案에 의거

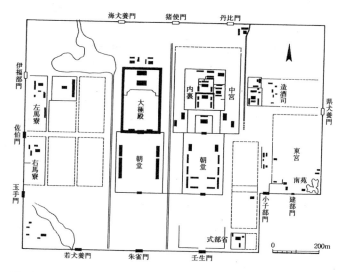

〈그림 5〉 전기 헤이죠궁(前期平城宮) 복원도-小澤毅(2003)의 案에 의거

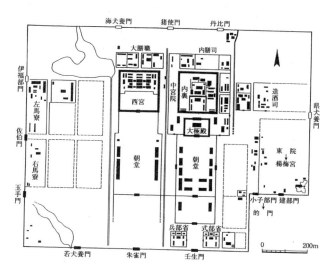

〈그림 6〉 후기 헤이죠궁(後期平城宮)복원도- 小澤毅(2003)의 案에 의거

주지하다시피 원명의 양위에서 오비토 황자의 즉위로 자연스럽게 천황위의 연계가 이루어지지 못한 이유는 오비토 황자의 지지기반이 약했기 때문이다. 어쩔 수 없이 원명을 이어 원정이 중계자역할을 하게 되었지만, 차기의 순번은 오비토 황자가 되지 않으면 안 되었다. 따라서 오비토 황자의 외가이자 처가인 후지와라씨(藤原氏)로 오비토 황자의 지지기반을 다지게 되었고 『등씨가전(藤氏家傳)』의 무치마로의 동궁부 임명은 이를 나타내는 사료이며, 양로5년의 지조궁사의 역할은 헤이죠궁 초창기의 동궁지인 동편 내리-굴립주 전각-조당에 대한 개조공사였을 것이다.

한편, 오비토 황자가 성무천황으로 즉위한 이래, 동궁은 남원이라 칭하며 향연과 의례의 장소가 되었다. 다음은 『속일본기』에 나타나는 남원에 관한 사료이다.

〈사료C〉
① 3월 신사(辛巳), 5위이상을 **남원(南苑)**에서 연회를 베풀었다. 다만 6위이하 관인 및 대사인(大舍人), 수도사인(授刀舍人), 병위(兵衛)들을 모두 어재소(御在所)로 불러 소금과 살포(鍬)를 하사했는데 각각 차등이 있었다. 〈神龜三年(726) 三月辛巳〉
② 임오(壬午), **남원(南苑)**에 행차하시어 5위이상에게 연회를 베풀었다. 비단(帛)를 내렸는데 차등이 있었다. 〈神龜四年(726) 正月壬午〉
③ 갑오(甲午), 천황이 **남원(南苑)**에 행차하셨다. 참의(參議) 종3위 아베노 아소미 히로니와(阿部朝臣廣庭)가 칙을 발표하기를, '위부(衛府)'의 사람들은 밤낮으로 궁궐(闕庭)을 숙위하여 쉽게 그 부(衛府)를 떠나 다른 곳으로 파견하지 말라'고 말했다. 따라서 오위부(五衛府)와 수도료(授刀寮)의 의사(醫師) 이하에서 위사(衛士)에 이르기까지 옷감을 내렸다. 사람마다 차등이 있었다. 〈神龜四年(727) 三月甲午〉
④ 갑진(甲辰), 천황이 **남원(南苑)**에 행차하시어 5위 이상에게 연회를 베푸시고 녹을 내림에 차등이 있었다. 〈神龜五年(728) 正月甲辰〉

⑤ 을사(乙巳), 동지(冬至)에 **남원**(南苑)에 행차하시었다. 친왕 이하 5위 이상에게 연회를 베풀고, 성긴 비단(絁)을 내림에 차등이 있었다. 〈神龜五年(728)十一月乙巳〉

⑥ 11월 병인(丙寅), 동지(冬至), 천황이 남원에 행차하시어 군신에게 연회를 베풀었다. 친왕 이하에게 성긴 비단을, 나이 많은 이(高年者)에게는 면(綿=누에 솜뭉치)을 내리셨는데 차등이 있었다. 〈天平四年(732)十一月丙寅〉

⑦ 추7월 병인(丙寅), 천황이 상박희(相撲戲)를 관람하였다. 이날 저녁 **남원**(南苑)으로 옮기어 문인들에게 칠석(七夕)의 시를 짓게 하였다. 녹을 내림에 차등이 있었다. 〈天平六年(734)七月丙寅〉

⑧ 경신(庚申), 천황이 **남원**(南苑)에 행차하셨다. 종5위 아스카베왕(安宿王)에게 종4위하, 무위인 키부미왕(黃文王)과 종5위하의 마토가타여왕(圓方女王), 기여왕(紀女王), 오시누미베여왕(忍海部女王)에게 모두 종4위하를 내렸다. 〈天平九年(737)十月庚申〉

⑨ 계묘(癸卯), 천황이 **남원**(南苑)에서 시신(侍臣)에게 연회를 베풀었다. 백관 및 발해객(渤海客)은 조당(朝堂)에서 연회를 하였다. 5위이상에게는 습의(摺衣)를 하사하였다. 〈天平十二年(740)正月癸卯〉

⑩ 19년 춘정월 정축삭(丁丑朔), 조회를 폐하였다. 천황이 **남원**(南苑)에 행차하시어 시신(侍臣)에게 연회를 베풀었다. 칙(勅)하기를, '짐의 침식이 조화롭지 못하고, 이어져 세월이 지나간다. 나를 돌아보고 사물을 추측하건데, 더욱 불쌍히 여기고 자애로워야 한다. 천하에 대사(大赦)를 행하여, 걱정스럽고 괴로운(憂苦) 자를 구제해야 한다. 천평19년 정월 1일 새벽보다 이전의 유죄(流罪) 이하, 죄의 경중을 따지지 않고, 이미 발각이 되었거나 아직 발각이 되지 않은 것도 기결수나 미결수도, 금고형의 죄수(繫囚)나 태형을 받아 수감중인 죄수(見徒)도 모두 사면하라. 다만 사죄(死罪)를 지은 자는 1등을 내려라. 사주전(私鑄錢)한 사람의 주범과 강도 절도의 두 도둑질과 상사(常赦)에서 빠지는 자는 사면의 범위에 없다.〈天平十九年(746)正月丁丑朔〉

⑪ 병신(丙申), **남원**(南苑)에 행차하시어 5위이상에게 연회를 베풀었다. 제 관청의 주전(主典) 이상에게는 술과 안주를 내렸다. 〈天平十九年(747)正月丙申〉

⑫ 정묘(丁卯), 천황이 **남원**(南苑)에 행차하였다. 대신주(大神主) 종6위상

오호미와노 아소미 이카호(大神朝臣伊可保), 야마토노칸누시 정6위상 얌마토노스쿠네 미모리(大倭宿祢水守)에게 모두 종5위하를 내렸다.〈天平十九年(747)四月丁卯〉

⑬ 경진(庚辰), 천황이 **남원**(南苑)에 행차하시어 기사주마(騎射走馬)를 관람하였다. 이날, 태상천황이 조서하기를 '옛날, 오월 단오절에는 항상 창포를 사용하여 화관(縵, 가즈라)을 만들었다. 이후 이것을 그만두었다. 지금 이후로 창포로 된 화관(가즈라) 없이는 궁중에 들어오지 말라.〈天平十九年(747) 五月庚辰〉

⑭ 경인(庚寅), **남원**(南苑)에서 인왕경을 강설하였다. 천하 제국에서도 똑같이 강설하게 하였다〈天平十九年(747) 五月庚寅〉

『속일본기』에 보이는 헤이죠궁의 정원은 남원(南苑), 서지궁(西池宮), 송림원(松林苑), 조지당(鳥池塘), 성북원(城北苑), 양매궁남지(楊梅宮南池) 등이지만, 현재 위치를 추정할 수 곳은 헤이죠궁 북방의 송림원과 동남쪽 모서리에 위치한 동원(東院)이다. 정원의 명칭으로 보아서 남원, 양매궁남지가 헤이죠궁 동남쪽 모서리에 위치한 동원일 가능성이 크다. 동원지구는 지금까지 남부 및 서부를 중심으로 발굴조사가 진행되고 있다. 남부에서는 L자형 정원유구가 발견되었고, 서부에서는 건물군들이 수차례에 걸쳐 개축되었음이 확인되었다. 2006년부터는 서부의 건물군들에 대한 중점적인 발굴조사가 이루어지고 있고, 최근 2012년까지 발굴조사가 지속되었다.[53]〈그림 8〉1966년 11월부터 나라국립문화재연구소(奈良國立文化財研究所)에 의해 실시된 동원지구의 조사에 의하면, 동원정원(東院庭園)은 최하층(1기), 하층(2기), 상층(3기)로 구분할 수 있다. 1기는 화동6년(713)~양로4년(720), 2기는 양로4년~신호경운원년(767), 3기는 신호경운원년~연력3년(784)이다.[54] 따라서 동원남원은 헤이죠궁이 건설된 이후 얼마

---

53 奈良文化財研究所, 2012「東院地區の調査-第481次」『奈良文化財研究所紀要』 2012.

54 平澤毅, 2010 「古代庭園の世界」『古代の都2 平城京の時代』, 吉川弘文館, pp.194~196.

되지 않아 조영되었던 정원이었지만, 성무가 동궁이 되면서 동궁 건물에 부속된 정원이 되었고, 성무천황이 즉위한 이후로는 남원(南院)이라 불리며, 성무천황이 재위하는 동안 향연에 이용되었다고 할 수 있다. 뿐만 아니라 아베내친황이 동궁이 된 이후에도 여전히 조정의 향연과 의례에 사용되었다.[55]

성무천황은 천평12년(740) 이래로 5년간의 방황을 끝내고 헤이죠쿄(平城京)로 환도한 천평17년(745) 9월에 행행지였던 나니와궁(難波宮)에서 병을 얻은 뒤, 건강이 회복되지 않은 상태가 계속되자 천평승보원년(749) 7월에 아베내친왕에게 양위하였다. 효겸천황으로 즉위한 아베내친왕은 미혼으로 아이가 없었기 때문에 성무천황이 사거하기 전에 유조(遺詔)로서 니타베 친왕(新田部親王)의 왕자 후나도왕(道祖王)을 황태자로 세웠지만, 천평승보8세(756) 5월에 성무가 사거하자, 유조는 무시되어 천평승보9세(757) 3월에 폐위시키고, 후지와라노 나카마로(藤原仲麻呂)가 지지하는 오이왕(大炊王)을 태자로 삼았다. 성무천황의 유조를 통해 후나도왕(道祖王)이 태자가 되었기 때문에 후나도왕이 동궁에 들어간 시기는 성무천황 사후일 가능성이 높다. 그러나 후지와라노 나카마로와 효겸천황의 의지로 1년 만에 폐위당하는데, 폐위의 이유로서 『속일본기』에는 성무천황의 복상 중에 마음대로 시동과 통하고, 기밀을 민간에 발설하였으며, 몇번이나 타일러도 소용없었고 부녀자의 말만 듣고 도리에 어긋났으며, 마음대로 춘궁을 나와 사(舍)로 돌아갔다고 하였다. 이를 통해 후나도왕은 성무천황이 사거하자 동궁인 동원에 거주하였으나 종종 마음대로 동궁과 자신의 사저를 왕래한 듯하다.

한편 후지와라노 나카마로의 비호를 받고 있던 오이왕(大炊王)은 『속일본기』순인폐제전기에 의하면, 황태자가 되기 이전부터 후지와라노 나카

---

55 김은정, 2013 「평성궁(平城宮) 정원(庭園)의 사용형태(使用形態)와 그 특징(特徵)」 『백제연구』 57.

마로의 저택인 다무라테이(田村第)에 거주하고 있었고, 황태자가 된 이후에도 한동안 다무라궁(田村宮)에 거주하였다. 뿐만 아니라 효겸천황은 천평보자원년 5월 신해(辛亥) 일에 후지와라노 나카마로의 다무라궁(田村宮)으로 이어(移御)하였다. 그런데 『동대사요록(東大寺要錄)』[56]에 따르면, 천평승보4년(752) 4월 9일, 효겸천황은 대불공양회를 마친 뒤 동궁으로 환어하였다고 한다. 이 기사와 관련하여 『속일본기』에서는 효겸천황이 환어한 곳은 동궁이 아니라 후지와라노 나카마로의 사저인 다무라테이(田村第)라고 전한다. 양 기사의 합리적인 해석은 당시 다무라테이 혹은 다무라궁이 양매궁(楊梅宮)의 바로 남쪽에 위치[57]하고 있기 때문에 자신이 황태자 시절의 거소인 동궁에 들렀다가 동궁과 맞닿아 있는 다무라테이로 환어하였다고 보는 것이 타당하다.

　『속일본기』에 효겸천황의 다무라궁 이어(移御) 이유를 대궁(大宮) 즉 내리의 개수(改修)를 위한 것이라고 하지만, 효겸천황의 다무라궁 이거와 황태자 오이왕의 다무라궁 거주는 당시 후지와라노 나카마로의 독재체제라는 특수한 상황 하에서 만들어진 이례적인 사건이다. 이듬해 천평보자2년(758) 8월에 효겸천황은 오이왕(순인천황)에게 양위하였다. 두 사람 모두 차기 후계자가 없는 상황에서 천평보자6년(762) 5월에는 순인천황과 효겸태상천황 사이에 불화가 생겼다. 두 천황은 호라궁(保良宮)에서 헤이죠쿄로 돌아와 순인천황은 중궁원(中宮院)에 거주하고, 효겸천황은 법화사로 들어갔다가 내리(內裏)에 거주하게 되는데, 내리는 동편의 내리가 아니라 나라시대 전기의 대극전 자리에 신설된 궁전으로 이곳은 효겸이 칭덕천황으로 중조(重祚)했을 때 '서궁(西宮)'으로 불리는 곳이다. 효겸천황은 후지와라노 나카마로의 난을 제압하고, 순인천황을 폐위시키고 나서 칭덕천황으로서 재차 즉위하여 태상천황시대의 어재소였던 서궁

56 　『東大寺要錄』卷第2, 供養章第3.
57 　岸俊男, 1966 「藤原仲麻呂の田村第」『日本古代政治史研究』, 塙書房.

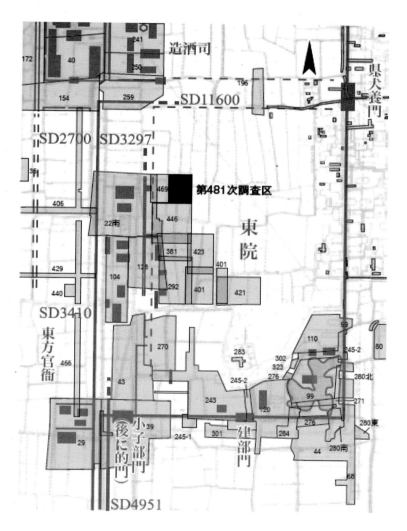

〈그림 7〉 헤이죠궁(平城宮) 동원유구 배치도– 奈良文化財研究所, 2012
「東院地區の調査–第481次–『奈良文化財研究所紀要』.

을 계속 사용하였다. 칭덕조에도 차기 계승자가 부재한 상태로 신호경운 4년(770) 8월에 칭덕천황은 사거하였다. 황태자가 존재하지 않았던 순인·칭덕 천황대의 동궁에 관한 기사는 다음과 같다.

〈사료D〉
① 계묘(癸卯), 천황이 **동원**(東院)에 행차하시어 5위 이상에게 연회를 베풀었다. 칙(勅)이 있었는데, 정5위하 다지히노마히토 야카누시(多治眞人家主), 종5위하 오토모노스쿠네 마로(大伴宿祢麻呂) 두 사람을 앞으로 불러 특별히 4위의 해당 색을 내리고, 4위의 열에 있게하였다. 즉 종4위하를 내렸다. 〈天平勝宝六年(754) 正月癸卯〉

② 기사(己巳), **동원**(東院)에 행차하시어 조서하기를, '지금 제왕(諸王)들을 보건대, 나이를 먹은 자가 많다. 그 중에는 근로를 우대해야 할 이도 있고, 혹은 짐의 마음에 가여히 여기는 부분도 있다. 그러므로 그 상황에 따라 모두 작급(爵級)을 내린다. 모두에게 알려서 이 마음을 알게 하라'고 하셨다. 〈神護景雲元年(767) 正月己巳〉

③ 갑오(甲午), **동원**(東院)에 행차하셨다. 이즈모국조(出雲國造) 외종6위하 이즈모노오미 마쓰카타(出雲臣益方)가 신의 일을 주상하였다. 인하여 마쓰카타에게 외종5위하를 내렸다. 나머지 하후리(祝部) 등에게는 서위를 내리고 물건을 사여함에 차등이 있었다. 〈神護景雲元年(767)二月甲午〉

④ 계사(癸巳), **동원옥전**(東院玉殿)이 새롭게 완성되었다. 군신이 모두 모였다. 그 전각은 유리와를 얹었고, 수초의 문장을 그려넣었다. 이때 사람들이 **옥궁**(玉宮)이라 하였다. 〈神護景雲元年(767) 四月癸巳〉

⑤ 병술(丙戌), **동원**(東院)에 행차하시어 시신(侍臣)에게 연회를 베풀었다. 문무백관 주전 이상과 무쓰(陸奥)의 에미시(蝦夷)를 조당에서 대접하였다. 에미시(蝦夷)에게는 관작과 물건을 사여함에 각각 차등이 있었다. 〈神護景雲三年(769) 正月丙戌〉

⑥ 보귀원년 춘정월 신미(辛未), 차시종(次侍従) 이상을 동원에서 연회를 베풀었다. 미후스마(御被=이불)를 내렸다. 〈宝亀元年(770)正月辛未〉

위의 사료를 살펴보면, 순인·칭덕 천황대의 동궁은 동원 혹은 동원옥전이라 불리게 되었다. 특히 효겸천황이 중조(重祚)한 이후인 칭덕조(764~770)에는 동궁에 옥전(玉殿)이 건설되었다. 이 전사(殿舍)는 유리기와를 얹은 것으로 화려한 외관을 자랑하고 있으며, 실제로 녹유와(綠釉瓦)와 삼채와(三彩瓦)가 주변에서 출토되었다.[58] 이시기 동원의 용도는 성무천황대의 남원과 같은 것이었음을 알 수 있다.

한편, 칭덕이 사거한 이후, 조정 대신들에 의해 황태자로 옹립된 62세의 시라카베왕(白璧王)은 일단 춘궁에 들어갔다가 보귀원년(770) 10월 1일에 대극전에서 광인천황으로 즉위한다. 칭덕천황 사후에 『속일본기』에서는 동원에 관한 언급이 사라진다. 대신 보귀4년(773) 2월 27일에는 고마노 후쿠신(高麗福信)을 양매궁조궁경(楊梅宮造宮卿)으로 삼고, 양매궁(楊梅宮)으로 이거한다고 하여 양매궁에 관한 기사가 속출한다. 『속일본기』에 보이는 양매궁과 관련된 기사는 다음과 같다.

〈사료E〉

① 기사(己巳), 혜성(彗星)이 남쪽에 보였다. 승려 100인을 청하여 **양매궁(楊梅宮)**에서 재회(齋會)를 열었다. 〈宝亀三年(772) 十二月己巳〉

② 임신(壬申), 처음에 조궁경(造宮卿) 종3위 고마노아손 후쿠신(高麗朝臣福信)으로 하여금 **양매궁(楊梅宮)**을 조성하는 일을 전지(專知)하게 하였다. 이에 이르러 궁이 완성되었다. 그 아들 이시마로(石麻呂)에게 종5위하를 내렸다. ○이날, 천황이 **양매궁(楊梅宮)**으로 거처를 옮겼다. 〈宝亀四年(773) 二月壬申〉

③ 병진(丙辰), 5위 이상을 **양매궁(楊梅宮)**에서 연회를 베풀었다. 데바(出羽)의 에미시(蝦夷) 부수(俘囚)를 조당에서 대접하였다. 서위(叙位)하고 녹을 내림에 차등이 있었다. 〈宝亀五年(774)正月丙辰〉

④ 무술(戊戌), **양매궁(楊梅宮)**의 남쪽 연못에 연꽃이 피었다. 줄기 하나에 꽃이 2개였다. 〈宝亀八年(777) 六月戊戌〉

---

[58] 小澤毅, 2003「平城宮の構造」『日本古代宮都構造の研究』, 青木書店, p.326.

양매궁이 사료 상 처음 나타난 것은 〈사료E-①〉의 보귀3년 12월 23일의 일이다. 주지하다시피, 광인천황은 천지천황의 손자에 해당하기 때문에 칭덕천황의 죽음은 황위계승이 천무계에서 천지계로의 이동을 뜻한다. 뿐만 아니라 보귀3년 3월에는 성무천황의 딸이자 광인의 정비인 이노우에 황후(井上皇后)가, 5월에는 그의 소생인 오사베 황태자(他戸皇太子)가 대역의 모반죄에 연루되어 폐위되는 사건이 있었다. 따라서 양매궁에서의 재회(齋會)는 천무천황계의 폐절에 따른 불안한 정서를 없앰과 동시에 동원을 새롭게 개수하는 과정에 재액의 성격을 첨가한 것이다. 양매궁의 위치를 추정해보면, 현재 헤이죠궁 동남편에 복원된 동원의 북쪽에 앵매신사(櫻梅神社=宇奈多理坐高御魂神社, 그림 8)가 위치하고 있고, 앵매신사는 양매신사와 음이 통하기 때문에 양매궁이 동원임을 알 수 있다. 이와모토 지로(岩本次郎)는 〈사료E-②〉를 근거로 광인천황대에 개수된 양매궁의 공간구조는 헤이죠궁 제2차내리와 유사한 것으로 상정하고 있지만[59], 광인의 거처는 칭덕이 사용했던 서궁이 아니라 중궁원이라 불리는 제2차 내리였을 가능성이 크다. 다만, 양매궁이 동원이 아닌 다른 명칭을 갖게 된 데에는 별궁의 의미가 있기 때문일 것이다. 따라서 사료 상에 나타나는 양매궁은 향연이 행해지는 곳으로서 동원의 성격과 전통을 이은 것이고, 보귀4년에 황태자가 된 야마베황자(山部皇子=환무천황)의 거소인 동궁에 포함된 정원이었다.

헤이죠쿄(平城京) 천도로부터 70년 후인 연력3년(784) 11월 환무천황은 나가오카쿄(長岡京)로 천도했다. 나가오카궁(長岡宮)에서 내리(內裏)는 나가오카쿄 시대 10여 년 동안 2번의 이전이 이루어지고, 3곳에 조영되었다. 문헌사료에 의하면 환무천황은 연력8년(789) 2월 27일, 서궁(西宮)에서 동궁(東宮)으로 천어(遷御)하고, 연력12년(793) 1월 21일, 궁을 해체하기 위해 동원(東院)으로 천어(遷御)했다고 전해진다. 현재까지 발굴조사로 확인된

---

59 岩本次郎, 1991 「楊梅宮考」『甲子園短期大學紀要』10, 甲子園短期大學.

〈그림 8〉 우나타리이마스타카미타마신사
(宇奈多理坐高御魂神社=楊梅天神=櫻梅神社)

내리는 동궁(東宮)과 동원(東院)이고, 서궁(西宮)의 소재는 아직 확정되지 않았다.[60] 나가오카궁의 동궁은 헤이죠궁 동궁과 질적으로 다른 차이를 보인다. 즉 나가오카궁의 동궁은 황태자의 거소로서의 동궁이 아니라 서궁에 대칭되는 방위개념으로서의 동궁인 것이다.

---

60 向日市教育委員会, 2009 『長岡宮第二次内裏「東宮」地区東脇殿の調査現場調査説明會』, 財團法人向日市埋藏文化財センタ-.

맺음말

　이상, 고대 일본의 차기왕위 계승자인 황태자제도의 확립과 황태자의 거소로서의 동궁의 등장을 살펴보았다. 종래 일본의 고대 궁과 관련하여 「역대천궁(歷代遷宮)」의 문제가 제기되었다. 역대천궁론에 따르면, 역대 천황은 반드시 적어도 한번은 새로운 궁을 조영하여 옮기고, 같은 궁이 2대 이상 계속해서 황궁이 되는 일은 7세기 중반 황극천황의 아스카이타부키궁(飛鳥板蓋宮)이 중조(重祚)한 제명천황에 의해 사용된 예를 제외하면, 후지와라궁(藤原宮)의 시대에 이르러서야 가능하였다고 한다. 그렇지만 최근 축적된 발굴 자료와 문헌사학의 성과를 집대성한 연구에 의하면 적어도 7세기 아스카의 천황궁실은 '역대천궁'되었을 가능성이 적고 거의 같은 지역에 계속해서 궁이 조영되었다는 견해가 힘을 얻고 했다.
　중국적인 도성제와 황태자 제도의 확립이전부터 야마토 왕권의 궁실과 차기 왕권의 후계제도가 존재하였다고 할 수 있다. 견수사의 파견과 관료제의 확충의 결과물인 추고조의 오하리다궁의 구조는 대전-합문-조당-남문으로 복원할 수 있고, 이는 7세기말 중국적 도성인 후지와라궁의 원형이라 할 수 있다. 한편 황태자 제도와 관련하여 빠르면 6세기말부터 차기 왕위계승자의 거주지는 대궁의 동남쪽이라는 인식이 형성되었을지도 모른다. 이외에도 『일본서기』에 동궁으로서 등장하는 인물은 가쓰라기황자(葛城皇子=中大兄皇子), 오아마황자(大海人皇子), 쿠사카베황자(草壁皇子), 가루황자(輕皇子) 등으로 이들은 7세기 중후반에 가장 강력한 왕위계승자였다. 가쓰라기황자, 오아마황자, 쿠사카베황자의 거소로는 시마궁(嶋宮)이 유력하다. 시마궁(嶋宮)의 위치는 아스카(飛鳥)의 남쪽이고 다치바나데라(橘寺)의 오른쪽이며 소가노 우마코와 관련된 유적이 분포하는 석무대고분의 좌편에 해당한다. 최근 고고학적 발굴의 성과와 문헌 연구의 진척에 따라 7세기 후반의 궁실들은 같은 장소인 아스카데라(飛鳥寺) 남쪽에 반복적으로 조영되었음을 알 수 있다. 그렇다면 시마궁은 7세기 후반의 정궁인 아스카이타부키궁(飛鳥板蓋宮)·아스카키요미하라궁(飛鳥淨御原宮)의 남동쪽에 위치한다고 할 수 있다. 이는 당의 장안성과 같이 태극궁의 정동 방향에 동궁이 위치하는 것과 달리, 6세기 후반 용명천황이래로 차기 왕위계승자의 거주지가 남동쪽 내지는 동남쪽에 위치하는 야마토의 전통을 이은 것일 것이다.

천무조에 시작되었던 후지와라궁 조영은 지통천황 대에 재개되었고, 지통대의 후지와라궁 조영 플랜은 천무조대와는 약간의 변형이 있었을 것이다. 즉 천무조대 계획된 후지와라궁 조영은 쿠사카베 황자의 천황즉위를 위한 것이었다면, 지통천황 대에 조영된 후지와라쿄는 가루황자(輕皇子)의 즉위를 염두에 둔 것이었다. 가루황자(輕皇子)가 황태자가 된 그 해에 바로 천황으로 즉위한 것을 보더라도 가루황자의 거소로서 동궁은 고려의 대상이 아니었을 것이다. 현재 발굴 결과에 따라 복원된 후지와라궁에서 동궁을 찾을 수 없는 이유는 바로 이 때문인지도 모른다.

한편, 헤이죠궁 동궁의 위치를 과감하게 유추해 본다면, 헤이죠쿄(平城京)로의 천도는 원명천황의 의도가 반영된 것으로, 조영 플랜에서는 어린 차기 계승자를 위해 대극전-조당의 주된 건물 옆에 동궁과 중궁을 건설하였으며, 오비토 황자(首皇子)가 황태자가 된 화동7년(714)이나, 오비토 황자가 원복을 한 영귀원년(715) 경에 헤이죠궁 동남쪽에 동궁을 조영하였을 가능성이 크다. 이후 평성궁 동남쪽의 동궁은 성무천황 치세 내내, 아베내친황의 동궁시절을 포함하여 남원이라 불리며, 향연과 의례가 열리는 장소가 되었다. 효겸·순인·칭덕 천황대는 동궁의 주인이 존재하지 않았고, 동궁은 동원 혹은 동원옥전이라 불리며, 성무천황대의 남원과 같은 성격을 유지하였다. 광인천황대에는 동원지역에 양매궁이 조영된다. 양매궁의 성격은 동원의 전통을 이은 것이고, 보귀4년에 황태자가 된 야마베황자(山部皇子)의 거소인 동궁에 포함된 정원이었다.

요컨대 고대 일본의 동궁은 율령제에 기반을 둔 8세기에는 확실히 존재하지만, 야마토왕권의 차기 계승자를 책정할 수 있는 7세기 초반, 더 나가서는 6세기말부터 정전의 동남쪽에 위치했었을 가능성이 크다. 물론 동궁의 위치가 변하지 않고 한 곳에 정착되는 시기는 헤이안시기에 와서야 가능하다. 이는 8세기대의 폐태자 사건에서 보는 바와 같이 불안정한 황태자제도가 헤이안 시대에 와서야 정착되기 때문이다. 뿐만 아니라 8세기에는 율령제에 근거한 황태자제도가 확립되었음에도 불구하고 황태자가 공위(空位)인 시대도 상당하다. 이는 재래의 왕위계승제가 중국적 태자제로 변해가는 과도기적 모습을 나타내는 것이다. 특히 고대 일본의 동궁은 차기계승자의 거소이면서 조정의 유연(遊宴)과 의례의 장소로서 활용되었다. 이러한 특징은 헤이안 시대의 동궁에도 계승되었다. 본고에서는 7~8세기대 황태자제도의 확립과 거소로서의 동궁문제를 본격적으로 다루고자 하였다. 그러나 이 주제는 일본 고대의 궁도문제, 대형제(大兄制)·히츠기문제(日繼問題), 궁문호(宮門號)의 문제 등이 다각적으로 복합되어 있기 때문에 본고에서 해결하지 못한 부분이 많다. 이는 앞으로의 연구과제로 남기고자 한다.[61]

---

61 본 논고는 『일본역사연구』 44집(2016년 12월 간행)에 게재한 「고대 일본의 동궁에 관한 연구」를 약간 수정한 것이다.

참고문헌

1. 사료

『後漢書』東夷列傳
『翰苑』
『日本書紀』
『續日本紀』
『萬葉集』
『東大寺要錄』
『令集解』
竹內理三, 1962「法隆寺金堂藥師像光背銘」『寧樂遺文』下, 東京堂出版.

2. 연구서

本間 滿, 2014『日本古代皇太子制度の研究』, 雄山閣.
小澤毅, 2003『日本古代宮都構造の研究』, 靑木書店.
岸俊男, 1993『日本の古代宮都』, 岩波書店.
荒木敏夫, 1985『日本古代の皇太子』, 吉川弘文館.

3. 연구논문

家永三郎, 1985「飛鳥朝に於ける攝政政治の本質−聖德太子攝政の史的意義」
　　『聖德太子と飛鳥佛敎』, 吉川弘文館.
김은정, 2013「평성궁(平城宮) 정원(庭園)의 사용형태(使用形態)와 그 특징(特徵)」
　　『백제연구』57.
奈良文化財研究所, 2012「東院地區の調査−第481次」『奈良文化財研究所紀
　　要』2012.
武田佐知子, 1974「「不改常典」について」『日本歷史』309, 吉川弘文館.
福山敏男, 1935「法隆寺の金石文に關する一, 二の問題」『夢殿』第13冊.
岸俊男, 1966「藤原仲麻呂の田村第」『日本古代政治史研究』, 塙書房.
岩本次郎, 1991「楊梅宮考」『甲子園短期大學紀要』10, 甲子園短期大學.
岩永省三, 2008「內裏改作論」『九州大學綜合硏究博物館硏究報告』6, 九州大學.
薗田香融, 1953 「万葉貴族の生活圈−万葉集の歷史的背景」『万葉』第八号,
　　万葉学会.

井上光貞, 1965「古代の皇太子」『日本古代國家の研究』, 岩波書店.

佐伯有淸, 1963「宮城十二門號と古代天皇近侍氏族」『新撰姓氏錄の研究 研究篇』, 吉川弘文館.

直木孝次郞, 1975「廐戶皇子の立太子について」『飛鳥奈良時代の研究』, 塙書房.

平澤毅, 2010「古代庭園の世界」『古代の都2 平城京の時代』, 吉川弘文館.

鶴見泰壽, 2015『シリーズ「遺跡を学ぶ」102 古代國家形成の舞臺 飛鳥宮』, 新泉社

向日市教育委員会, 2009『長岡宮第二次內裏「東宮」地区東脇殿の調査現場調査說明會』, 財團法人向日市埋藏文化財センター.

찾아보기

(ㅇ)

저자 소개

전덕재
서울대학교 인문대학 국사학과 졸업
동대학원 국사학과 석사와 박사과정 수료(문학박사), 한국고대사 전공
현재 단국대학교 문과대학 사학과 교수

나용재
단국대학교 문과대학 사학과 졸업
동대학원 사학과 석사과정 수료(문학석사), 한국고대사 전공
현재 단국대학교 대학원 사학과 박사과정

김문식
서울대학교 인문대학 국사학과 졸업
동대학원 국사학과 석사와 박사과정 수료(문학박사), 조선후기사 전공
현재 단국대학교 문과대학 사학과 교수 및 조선시대사학회 회장

최재영
서울대학교 인문대학 동양사학과 졸업
동대학원 동양사학과 석사와 박사과정 수료(문학박사), 중국고 · 중세사 전공
현재 한림대학교 인문대학 인문학부 사학전공 교수

강은영
전남대학교 인문대학 사학과 졸업
서울대학교 대학원 국사학과 석사과정 수료(문학석사)
일본 교토대학교 대학원 박사과정 수료(문학박사), 일본고대사 전공
현재 전남대학교 인문대학 사학과 교수

한국과 동아시아 동궁 연구

초판 인쇄 2018년 7월 10일
초판 발행 2018년 7월 10일

저   자 전덕재, 나용재, 김문식, 최재영, 강은영
펴 낸 이 박종서
펴 낸 곳 역사산책
등   록 2018년 4월 2일 제25100-2018-000060호
주   소 경기도 고양시 덕양구 은빛로 39, 4층 401호(화정동, 세은빌딩)
전   화 031-969-2004
팩   스 031-969-2070
이 메 일 historywalk2018@daum.net
페이스북 https://www.facebook.com/historywalkpub/

© 전덕재·나용재·김문식·최재영·강은영, 2018
ISBN 979-11-964076-0-5 93900

이 도서의 국립중앙도서관 출판예정도서목록(CIP)은 서지정보유통지원시스템 홈페이지
(http://seoji.nl.go.kr)와 국가자료공동목록시스템(http://www.nl.go.kr/kolisnet)에서 이용
하실 수 있습니다.(CIP제어번호:CIP2018018397)